U0837043

我们从哪里来？我们走向何方？中国到了今天，我无时无刻不提醒自己，要有这样一种历史感。

——习近平

摘自习近平总书记在北京会见第二届“读懂中国”国际会议外方代表时的谈话（《人民日报》2016 年 1 月 5 日）

读懂中国

读懂中国丛书

编委会：

主　　任： 郑必坚

副 主 任： 张福海　于幼军　李君如　周明伟

委　　员：（按姓氏笔画排序）

于幼军　王博永　冯　炜　李君如

邬书林　牟卫民　张福海　陆彩荣

周明伟　徐伟新　徐　步

编辑部：

主　　任： 王博永　徐　步

副 主 任： 冯　炜　胡开敏

成　　员： 谢茂松　史小今　于　瑛　曾惠杰

徐　实

读懂中国丛书

网络时代的中国

吕本富　郝叶力　编著

CIPG China Foreign Languages Publishing Administration 中国外文出版发行事业局
外文出版社 FOREIGN LANGUAGES PRESS

总 序

郑必坚

读者面前的这套丛书，有一个总题目，叫作：读懂中国。

为什么要提出“读懂中国”的问题呢？

你看，当今世界发生的变化，可谓天翻地覆，令人目不暇接。最大的变化，莫过于中国。

从20世纪中叶新中国成立以来，特别是最近这40年时间，就使一个多达十三亿多人口的贫穷落后的东方大国，实现了跨越式大发展，迅速成为世界第二大经济体。

人们自然会问：在中国，究竟发生了什么事情？中国快速发展的奥秘究竟是什么？

人们自然也会问：一个正在强起来的中国，和世界怎么相处？

于是乎，问题套问题，疑虑叠疑虑，“中国威胁论”“中国崩溃论”，“修昔底德陷阱”“中等收入陷阱”，这“论”那“论”，这“陷阱”那“陷阱”，纷纷指向中国。

毫无疑问，中国人应当坚定不移地走自己的路，把自己的事情办好。而这本身就包含着，为了回答人们的关切、问题和疑虑，必须做好一件事:“读懂中国”。

为此，由我主持的国家创新和发展战略研究会发起，联合中国人民外交学会，和国际知名智库“21世纪理事会”合作，在2013年11月和2015年11月先后举办了两届“读懂中国”国际会议。

这两次重要的国际会议，得到了中共中央总书记、国家主席习近平的重视和支持，亲自到会同与会外国嘉宾座谈。国务院总理李克强和副总理张高丽分别出席了第一届和第二届会议，并在会上作了开幕演讲。中共中央和国务院许多部门的领导同志，也到会同来自世界各国的政要和专家学者进行面对面的交流，回答大家提出的问题。

会议取得的成功，给我们的最大启示是：只要直面问题，只要心诚意真，只要实事求是且生动具体地讲好中国故事，讲好中国共产党的故事，讲好中国和世界相处的故事，将大有利于关心中国的人获得新知，怀疑中国的人逐步释惑。

为此，我们设想，把“读懂中国”的国际会议搬到书本上，搬到视频上，搬到网络上，在更大的场合，用更加生动的形式，回答人们的关切、问题和疑虑。

这一设想，不仅得到了有关部门的大力支持，不仅得到了中国外文局和外文出版社的大力支持，而且得到了一批对这些问题有亲身实践经验和较深研究的专家学者和领导同志的大力支持，为丛书撰稿。

这就是读者面前这套丛书的由来。现在编辑出版的还只是这套丛书的第一辑，以后还会有第二辑、第三辑以至更多的好书问世；现在这一辑主要是中国作者的作品，以后还会有其他国家作者的作品。

不仅是丛书，以后还会有配套的电视专题片和网络视频，陆陆续续奉献给大家。

在我们看来，“读懂中国”，包括“读懂中国共产党”、“读懂中国和世界的关系”，是一个宏大的事业。

让我们共同以极大的热情，来关注这一事业、参与这一事业！

2018年3月

目　录

序　言

1994 年 4 月 20 日，一条 64K 国际专线让中国和国际互联网进行了全功能连接，成为互联网大家庭的第 77 名成员，由此进入了网络时代。回首过去，人们绝想不到，互联网会以其不可阻挡之势渗透到中国经济社会生活的各个领域，成为亿万人工作生活不可或缺的一部分。23 年过去，弹指一挥间，中国已经成为名副其实的互联网大国。

根据 CNNIC 第 41 次《中国互联网发展状况统计报告》的数据，截至 2017 年 12 月，中国互联网普及率为 55.8%，网民规模达 7.72 亿，中国网民的人均周上网时长为 27.0 小时。从规模数量的角度衡量看，中国网民人数世界第一，而且 40 岁以下为主力人群；中国网络普及率超过全球平均水平 4.6 个百分点。中国网民平均每天接近 4 小时挂在网上，主要在干什么？

根据 CNNIC 的统计，中国网民主要有 22 项活动，承载活动的软件服务，按频率从高到低排序，具体如下：即时通信、搜索引擎、网络新闻、网络视频、网络音乐、网上支付、网络购物、网络游戏、网上银行、网络文学、旅行预订、电子邮件、互联网理财、网上炒股、微博、地图导航、网上外卖、在线教育、网约车、网络直播和共享单车。

从早期的通过互联网发送邮件、发布及查询信息，逐渐发展到运用 QQ、微信等进行社交聊天，运用网络购物、网络地图导航、骑行共享单车等。中国互联网也经历了从跟跑到并跑、领跑的过程，创造了很多独特的商业模式。各类商业模式、服务模式还会不断涌现，中国百姓将越来越多地享受到互联网带来的红利和福利。

“数字鸿沟”问题是一个巨大的国际难题，但在中国正在被逐渐填平：

村庄的小店铺也开启了移动扫码支付；村口有京东、圆通快递，4G 宽带、智能手机的广告刷遍了马路旁的墙面；中年人上网斗地主、打麻将、玩全民 K 歌，年轻人则秀直播、玩抖音、组团打王者荣耀；留守在家给小孩陪读的妇女还做起了微商生意；县城影院在春节几天更是连续爆满，去糯米、美团看票，“明天的电影要今天下单”……

早期新浪、搜狐、网易是互联网事业的先锋，后来腾讯、百度、阿里巴巴等互联网经济发展的主力军，再后来又出现了奇虎、京东、小米等。目前的 BAT（百度、阿里巴巴、腾讯）已成为国际知名的互联网巨头企业。互联网也渗透到传统产业、赋予传统产业更多的属性，将传统产业提高到一个新的层次，形成产业协同的质的飞跃，即原有的非互联网业务，在与互联网连接后产生跨界融合的质变，并且这种质变不仅在于提升效率，海尔、红领、商品宅配等数字化互联工厂就是典型代表。互联网从单一的辅助工具，转变为企业管理方法、转型思路，助力中国的供给侧改革。

阿里巴巴、京东、苏宁易购等电子商务企业及其相关的各类物流配送、仓储、网络设计等服务企业组成了新型的电子商务生态圈，引领构筑了互联网消费的大平台和大通道，广大消费者通过网络进行购物、消费。截止到 2017 年 12 月，该年交易额达到 71751 亿元，占社会消费品零售总额的比重达到 15% 左右；网络购物用户规模达到 5.33 亿，占网民总体的 69.1%。中国成为世界最大网络零售市场，为中国经济增长释放了强大的动力。

社交网络、网络视频、网络音乐、网络文学、网络直播丰富了网民的精神生活，同时也塑造中国的网络文化和网民的表达方式。“发红包、晒照片、议时事”成为中国的主流文化。也存在“一日不见，如隔三秋”现象，只要离开一个二次元朋友圈一段时间，再进入时，需要脑补很多情节，才能明白他们的网络黑话。

互联网的普惠、便捷、共享特性，也渗透到了公共服务领域，中国政府也在加快推进社会化应用，创新社会治理方式，提升公共服务水平，促进民生改善与社会和谐。互联网已成为各工作部门的标配，政府部门正在广泛地使用互联网获取信息，回应网民的关注，通过网络办理各种涉及群众的政务。

十几年前，托马斯·弗里德曼出版过一本书《世界是平的》，互联网确实使世界变得平坦、地球变得更小，网络成为新的国际公域，中国政府和人民主张建设网络空间的人类命运共同体。未来，中国也将以积极的姿态迎接网络时代的各种机遇与挑战，让中国的互联网既造福中国人民，也造福世界人民。

本书由吕本富对内容进行了框架设计，郝叶力和吕本富统筹了全部内容。王菡审核一、二、三章；鄂尔江审核四、五、八章；刘晓鸥审核六、十章；夏博阳审核七、九章。徐培喜、熊烨明、曾鹏志、李家琳提供了部分文献内容和数据。感谢他们参与研究工作和对本书的贡献。感谢本书的编辑蔡箐老师，正是她耐心的沟通与安排，让本书尽快地面世。

本书是国家创新与发展战略研究组织的“读懂中国”系列丛书中的一本；也是国家社科基金资助的重点项目（14AZD044）最重要的成果之一，在此一并感谢参与工作的相关人员。

国家创新与发展战略研究会副理事长
中国科学院大学经济与管理学院教授
吕本富

第一章

网络时代的区间值

互联网是 20 世纪最伟大的发明，也是对中国经济社会发展影响最大的技术革命，没有之一。当 19 世纪铁路网兴起的时候，当时清朝政府是排斥的。今天的中国正以前所未有的热情拥抱互联网。从 1994 年，中国第一次全功能接入国际互联网；到 2008 年，中国获得了互联网发展的“三项世界第一”：网民总人数首次跃居世界第一、宽带网民数量居世界之首、.CN 域名成为全球规模最大的国家顶级域名；到 2015 年，中国进入新时代，正在依靠“互联网+”重塑经济增长的重心，重塑经济社会和生产生活的形态，为中国未来发展注入难以估量的活力。

筚路蓝缕，以启山林。中国的创业者和企业家一边修路架桥、搭建平台、构筑生态，一边发展互联网的应用服务，从通讯、物流到支付，中国互联网实现了很多“单点突破”意义的重大创新。在国际竞争中，拥有了比竞争对手更长的赛道，更从容地进行长期布局，获得了扎根中国沃土的长期红利。

第77个成员

中国的国际互联网研究项目起源于上个世纪的80年代。在引入互联网的探索和实践中，凝聚了众多科学家、工程师、政府部门和国际友人的辛苦付出。国家也重视互联网的引入，基础设施的建设逐步展开。

第一封邮件

1983年在北京举行的第一届CASCO会议上，当时在卡尔斯鲁厄大学任教的维纳·措恩（Werner Zorn）教授与机械电子部科学研究院的王运丰教授相识，关于在中国如何推广及应用计算机网络等问题展开讨论，为后续合作做了铺垫。20世纪80年代，通讯设施并不发达，昂贵的越洋电话促使措恩教授与中国科学家们开始研究电子邮件发送的课题。

> 1986年，由于尚未成为国际计算机数据通信网CSNET的成员，且面临计算机软硬件兼容性问题，中国当时还不具备连接国际网络和发送电子邮件的技术基础，后来，经过措恩教授的有力援助，使用从德国带来的可兼容软件并经由卡尔斯鲁厄大学“中转”连接国际网络，终于，中国兵器工业计算机应用研究所在1987年9月20日20时55分（北京时间）发出了第一封电子邮件，意味着中国互联网在国际发出了第一个声音：“Across the Great Wall we can reach every corner in the world.（越过长城，走向世界）”，也向世界传达中国“开放、平等、协作、分享”的互联网精神。
>
> 德国大学的服务器顺利收到这封邮件后，将其转发到国际互联网上。几天后收到了来自法国、美国等国家的祝贺邮件。第一个回信的是一位美国计算机教授，还有海外华人华侨、留学生发来的贺信。[①]

① 中国互联网络信息中心. http://www.cnnic.net.cn/hlwfzyj/hlwdsj/201206/t20120612_27414.htm

第一封电子邮件的发出成为中国互联网发展史上的重要里程碑，搭建了中国与世界的网络沟通交流渠道。

“.CN”域名

互联网上每个国家和地区的网络站点需要用域名标识。1990 年，“.CN”域名的注册标志着中国在国际互联网上有了自己的身份标识。

从申请到注册，作为第一个参与国际性互联网会议的中国人，钱天白教授负责与措恩教授联系及主导。由于当时中国尚未实现与国际互联网的全功能连接，在得到中方授权后，措恩教授在德国卡尔斯鲁厄大学内建立 .CN 顶级域名服务器，并在 SRI-NIC（Stanford Research Institute’s Network Information Center）完成 .CN 域名的注册登记，同时开通了 .CN 的国际电子邮件服务，由钱天白教授担任管理联系人员。后来，钱天白担任 .CN 域名的行政联络官，同时，主持“中国国家计算机与网络设施”（NCFC 工程）建设工作的钱华林担任了技术联络官。

连接了中关村地区多个研究所及三里河中科院院部的中科院院网（CASNET）（NCFC 工程的院校网建设的重要部分）建成后，.CN 服务器移入了 CASNET，一直延续到今天。

正式拥抱互联网

如上所述，在正式接入互联网前，部分科研学者已经尝试使用网络信息检索、发送电子邮件等，科研工作者和政府机构做了很多准备工作，为后续全面加入互联网大家庭做好了铺垫。前期的准备工作为大众引入了“互联网”的概念，越来越多的人被吸引，迫不及待地享受网络带来的便利，而应用的初步成果也坚定了中国引入互联网的决心。在 INET’92 和 INET’93 两次会议上，中国代表提出了接入互联网的问题后，得到了多方的认可和欢迎。

中国正式拥抱互联网要从 1994 年算起。1994 年在华盛顿举行的中美科技合作联委会前，中国科学院副院长胡启恒代表中方向美国国家科学基金会（NSF）提出连入 Internet 的要求，终于在 1994 年 4 月 20 日实现了与 Internet

的全功能连接。NCFC 工程通过美国 Sprint 公司连入 Internet 的 64K 国际专线开通，成为国际互联网大家庭中的第 77 个成员。

【最早的 INTERNET——NCFC 网络】[①]

所谓 NCFC 就是由中国科学院主持，联合北京大学、清华大学共同实施的“中关村地区教育与科研示范网络”项目的简称，为世界银行所命名 National Computing and Networking Facility of China（简称 NCFC）。当时的国家计委将 NCFC 列入“世界银行贷款重点学科发展项目”，在 1989 年 8 月组织项目招标，10 月该项目正式立项，于 11 月正式启动。世界银行对 NCFC 项目内容界定为主干网，不包括大学和研究机构内部的园区网络，其建设目的是在中关村地区建立一个示范性的超级计算中心，并用高速网络将该地区的中国科学院院网（CASNET）、北京大学校园网（PUNET）、清华大学校园网（TUNET）与 NCFC 互联。使该地区的科技人员能使用高速网络并通过网络使用超级计算机资源。NCFC 项目实施中解决了多项技术问题，从开放、实用的角度，确定了以 TCP/IP 协议为主的技术路线，首次使用光纤线路建设计算机主干网络并自行开发路由器，为后续互联网设施建设做好了技术准备。在 NCFC 和 CASNET 的基础上，以服务科研信息化为定位和发展方向，中国建设了中国科技网（CSTNET），它是全国连接国际互联网的骨干网络之一。

筚路蓝缕，以启山林

1995 年 5 月 17 日，也是当年的“世界电信日”，中国邮电部宣布向公众开放互联网接入业务，用户只需通过简单的申请程序即可连入互联网。标志着互联网正式走入普通大众的生活。从高校、学院派的信息搜索、国际交流工具，逐渐过渡到草根、屌丝茶余饭后的消遣、精神生活的舞台，中国互联网开始了前所未有的商业化进程。

---

① 中国科学院. http://www.cas.cn/kxcb/kpwz/201404/t20140419_4093686.shtml

瀛海威拓荒

在 1995 年，一个可以浏览新闻、网络聊天、收发电子邮件的网络世界是怎样的呢？通过瀛海威公司的上网客户端“瀛海威时空”，就可以进入瀛海威为中国互联网设计的场景，这也是当时国内为普通家庭开放的网站。

当年竖立在中关村南大街零公里处的广告牌“中国人离信息高速路还有多远？向北 1500 米。”指引人们前往瀛海威科教馆，在那里人们可以体验互联网带来的乐趣、学习网络知识。瀛海威还推出一套全中文多媒体网络系统，将信息展现在大众面前。

瀛海威的创始人张树新毕业于中国科技大学，在 1995 年 5 月创建了瀛海威信息通信有限责任公司的前身——北京科技有限责任公司。作为第一个申请做互联网服务的企业，瀛海威担任了启蒙者的角色，普及网络概念、提升网络意识、打开网络世界的大门。但瀛海威的后来经营运作中，错过了互联网的一些关键机遇，也经历了产品推广失败的局面，最终成为中国互联网的“先烈”之一。但它所犯的错误均成为业界和后起之秀的借鉴经验。

新浪和搜狐

新浪和搜狐是中国互联网早期发展过程中的两个明星。

新浪集团的前身是四通利方信息技术有限公司，它是中关村历史上第一家真正按照硅谷模式架构的企业。从“村”里的高新技术企业，到美国纳斯达克上市的中国互联网集团，新浪的故事浓缩了中国本土创业者的传奇历程。

新浪的创始人王志东，1989 年毕业于北京大学，放弃了出国深造的机会，进入中关村一家不到 10 人的小公司攒计算机、倒计算机，忙里偷闲地设计软件。王志东和严援朝等人，研制出国内第一个外挂式中文软件平台——Rich Win。实现了多种中文内码间的相互转换，在短时间内，依靠中文平台系列软件——“利方多元系统支撑环境”（Rich Win）取得的成功，四通利方迅速成为行业内领先企业。1996 年，四通利方开办了 SRSNET 网站。1998 年法国世界杯期间，四通利方的网站 24 小时报道世界杯，创中文访问最高纪录，被法国官方站点制定为唯一的赛事中文站点。这个意外惊喜，成为四通利方探索未来业务的新起点。四通利方将 SRSNET 改版为“利方在线”，很快在国内首推“中文门户”概念，以技术起家的四通利方迅速转变为中国最大的互联网公司。1998 年，四通利方正式宣布并购华渊资讯，宣布新浪网正式诞生，直到今天新浪网依然是中国最有影响力的网站之一。四通利方国际网络部于 1996 年推出了中文搜索引擎，并致力于建立全球最大的网上中文虚拟社区，两年后就已经围绕网民关注的 30 多个话题开设论坛和聊天室，而参与讨论的注册用户将近 13 万。利方在线于 1998 年正式改版，推出了中国的网上门户站点，以虚拟社区构筑网上门户。当时美国的大型门户网站已经发展成熟并有向世界各地扩张的趋势，此时利方在线的改版也是对此趋势的迅速反应。四通利方副总经理汪延评价此次改版为四通利方国际网络部发展战略中的重要里程碑，也是该公司大规模开展网络服务的前奏。

1998 年 12 月，四通利方公司与华渊资讯公司合并，成立了新浪网公司并推出同名中文网站，成为新闻资讯门户。

搜狐就是一个硅谷版本的中国故事。创始人张朝阳，1986 年毕业于清华大学物理系，然后赴美国麻省理工学院学习。“硅谷”式的创业故事给张朝阳带来启发，1996 年 8 月，在 MIT 尼葛洛庞帝教授和美国风险资金的支持下，张朝阳回国创业，成立了搜狐的前身——爱特信公司，并成为中国第一家以风险资金建立的互联网公司。经过一系列观察和调研，张朝阳和他的团队发现网民上网时将更多的时间用于查询信息，并产生了推出“导航搜索”服务的概念并确定其为重点发展方向。在创业的过程中，张朝阳用“一连串艰苦的努力和惊弓之鸟般的等待”形容融资过程，除了融资，商业模式、人才引进等都是摆在创业路途上的困难，他采取的一系列举措也为后续互联网发展提供了借鉴意义。搜狐公司于 2000 年 7 月 12 日在美国纳斯达克上市成功，成为很多创业者效仿的对象。

电商的物种起源

1999 年是中国电子商务发展史上最传奇的一年，各种电子商务的创业者同时闪亮登场。王峻涛及其团队创办了 8848 公司，和美国的亚马逊对标，属于 B2C 类型（B2C 是 Business-to-Customer 的缩写，企业通过互联网为消费者提供一个新型的购物环境——网上商店，消费者通过网络在网上购物、网上支付等）；邵亦波和谭海音在上海创立了易趣，属于C2C类型（C2C是Customer-to-Customer的缩写，是消费者个人间的电子商务行为）；马云在杭州建立了阿里巴巴，属于B2B类型（B2B是Business-to-Business的缩写，指企业与企业之间通过专用网络或Internet，进行数据信息的交换、传递，开展交易活动的商业模式。通俗地讲，B2B是指进行电子商务交易的供需双方都是商家（或企业、公司），她（他）们使用了互联网的技术或各种商务网络平台，完成商务交易的过程）；沈南鹏、梁建章等创办了提供网上机票和酒店预订服务的携程网；李国庆和俞渝创建了中国第一家网上书店当当网，携程网和当当网都属于Vertical E-commerce类型（Vertical E-commerce垂直电子商务是指在某一个行业或细分市场深化运营的电子商务模式，优势在于专注和专业，能够提供更加符合特定人群的消费产品，满足某一领域用户的特定习惯）。

十年生死两茫茫，经过大浪淘沙，很多企业由盛转衰，网络世界更新换代的速度让人猝不及防，这些早期的互联网从业者，有的只留下一些传说，有的已经成为世界巨无霸企业。

中国互联网的大盘数据

2018年1月31日，中国互联网络信息中心（CNNIC）在京发布了第41次《中国互联网络发展状况统计报告》。从1995到2018，23年过去，弹指一挥间，《报告》显示，截至2017年12月，中国互联网普及率为55.8%，超过全球平均水平4.6个百分点。从规模和数量的角度衡量，中国的互联网发展水平已经绝对处于世界第一。

网民规模达7.72亿

截至2017年12月，中国网民规模达7.72亿，其中2017全年共计新增网民4074万人。互联网普及率为55.8%，较2016年底提升2.6个百分点。从网民数量的角度看，已经连续10年蝉联世界第一。

中国网民规模和互联网普及率【图 1–1】[1]

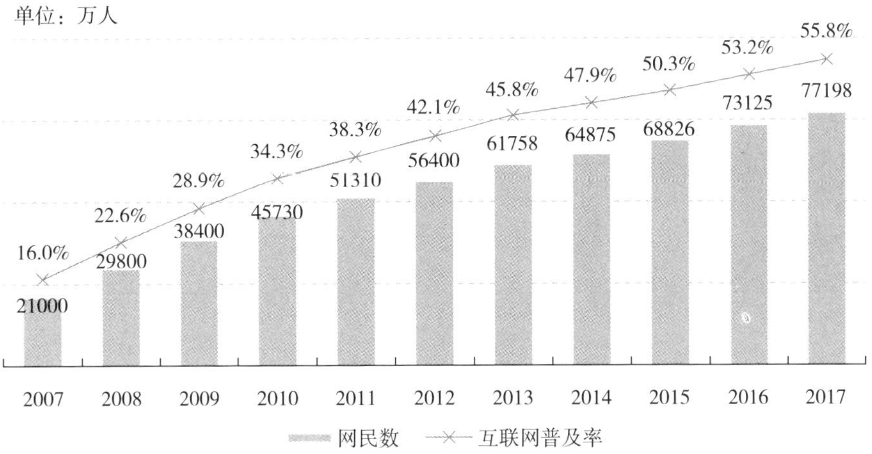

从上图可以看出，2008 年到 2013 年，网民数量增长最快。从 2015 年，互联网的普及率达到 50% 以后，增长的幅度有些缓慢。

上网终端有 14 亿

中国网民上网的设备包括台式电脑、笔记本电脑、平板电脑、手机、网络电视五大类，按照网民数量计算，中国网民使用手机上网的比例达 97.5%，也就是说截至 2017 年 12 月，较 2016 年底提升了 2.4 个百分点，使用率再创新高。与此相反，使用台式电脑、笔记本电脑上网的比例分别为 53.0%、35.8%，较 2016 年底均有所下降，其中使用台式电脑的比例变化尤为明显，下降 7.1 个百分点。网民使用电视上网的比例达 28.2%，较 2016 年底提升了 3.2 个百分点。按照网民的五大类上网设备，至少有 7 亿部手机在联网，其他类型设备总共也有 7 亿台，所以总体估算上网终端至少有 14 亿部（台）。

移动互联网居于主导

由于网民手机上网比例继续攀升，手机网民占比达 96.3%，移动互联网主导地位继续强化。

---

①《中国互联网络发展状况统计报告》，中国互联网络信息中心

互联网络接入设备使用情况【图 1-2】①

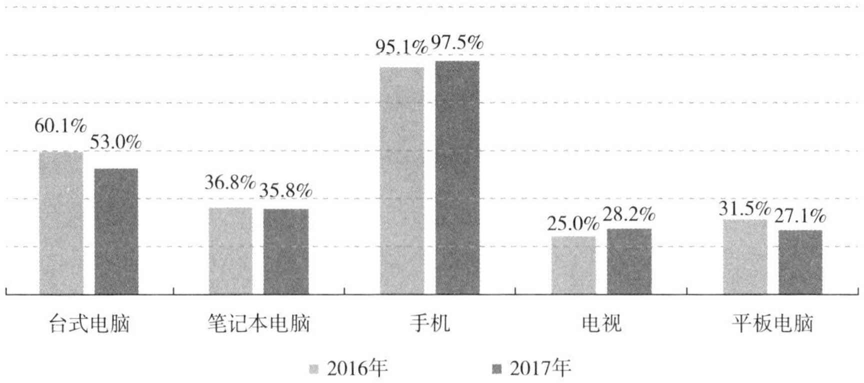

中国手机网民规模及其占网民比例【图 1-3】②

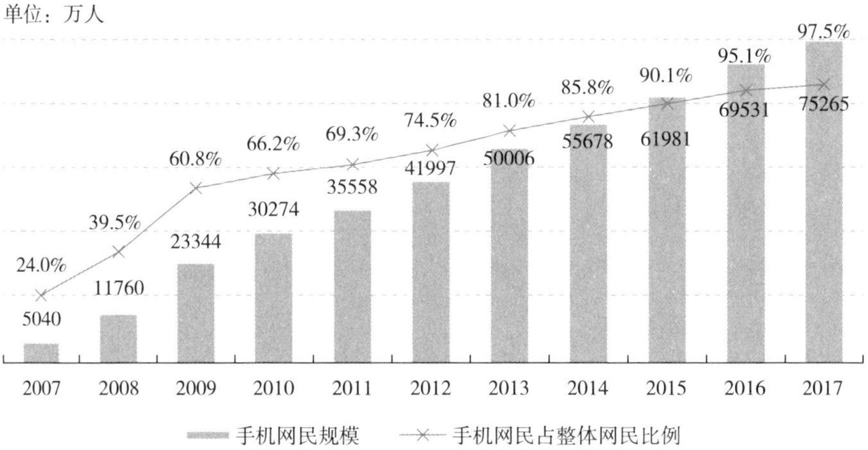

从上图中可以看出，从 2010 年到 2015 年，手机网民的增长速度最快，基于移动互联网的各种应用，成为主流，由此改变了网民的结构，增加了上网时长。

40 岁以下为主力人群

就网民的年龄结构而言，中国网民的年龄结构依然偏向年轻，以 10~39 岁群体为主。截至 2017 年 12 月，10~39 岁群体占整体网民的 73.0%。其中 20~29 岁年龄段的网民占比最高达 30.0%；10~19 岁、30~39 岁群体占比分别为 19.6%、23.5%，与 2016 年底基本持平。与 2016 年底相比，60 岁以上高

①《中国互联网络发展状况统计报告》. 中国互联网络信息中心

②《中国互联网络发展状况统计报告》. 中国互联网络信息中心

龄群体的占比有所提升，互联网继续向高龄人群渗透。

中国网民年龄结构【图 1-4】[1]

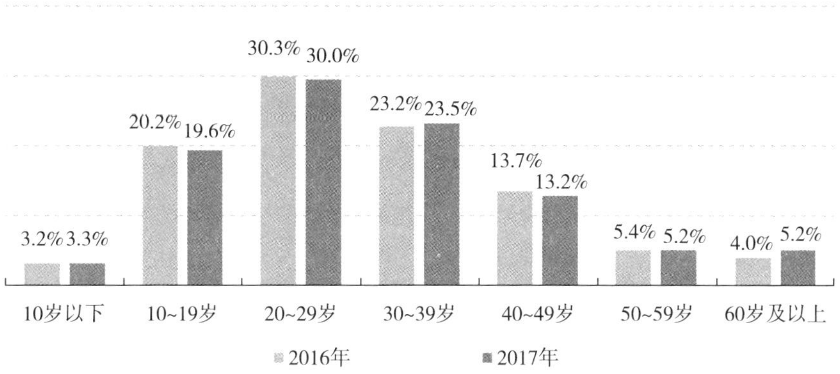

人均上网时长

2017 年，中国网民的人均周上网时长为 27.0 小时，也就是说，平均每天接近 4 小时挂在网上，相比 2016 年提高 0.6 个小时。可以肯定地说，互联网已经成为生活和工作的重要组成部分。

网民平均每周上网时长【图 1-5】[2]

互联网基础资源

衡量一个国家的互联网发展水平，还有一些技术指标。截至 2017 年 1 月，中国 IPv4 地址数量为 338704640 个，拥有 IPv6 地址 23430 块 /32。中国域名总数为 3848 万个，相比去年减少 9.0%，但“.CN”域名总数仍实现了 1.2%

①《中国互联网络发展状况统计报告》，中国互联网络信息中心

②《中国互联网络发展状况统计报告》，中国互联网络信息中心

的增长，达到 2085 万个，在域名总数中占比提升至 54.2%。国际出口带宽为 7320180Mbps，年增长 10.2%。具体见表 1-1：

2016.12—2017.12 中国互联网基础资源对比【表 1-1】①

	2016 年 12 月	2017 年 12 月	年增长量	年增长率
IPv4（个）	338102784	338704640	601856	0.2%
IPv6（块 /32）	21188	23430	2242	10.6%
域名（个）	42275702	38480355	–3795347	–9.0%
其中 .CN 域名（个）	20608428	20845513	237085	1.2%
国际出口带宽（Mbps）	6640291	7320180	679889	10.2%

所谓国际出口带宽，主要体现了中国和其他国家信息流动速率。从下图可以看出，中国每年国际出口带宽的增长率都在 20% 以上，远远高于中国对外贸易的增长率。

中国国际出口带宽及其增长率【图 1-6】②

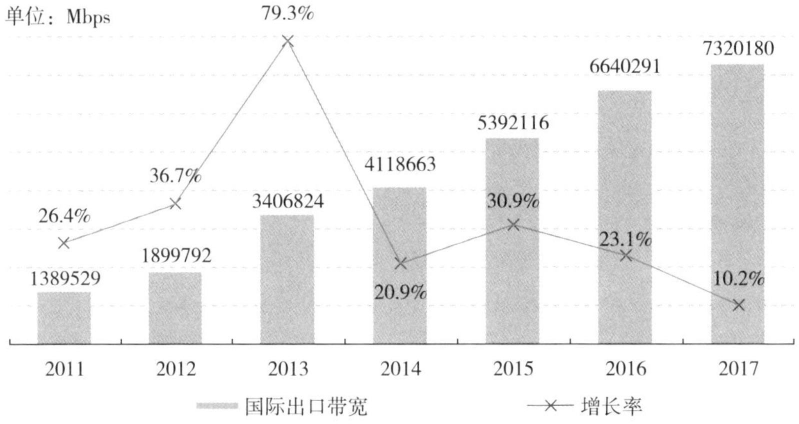

网站和网页

互联网上网站和网页的数量，体现了虚拟世界的信息总量。截至 2017 年 12 月，中国网站数量为 533 万个，网站主办者达 401.65 万个，接入商数量达到 1274 家。与 2016 年底相比，网站数量增长 51 万个，主办者增加 41 万个，接入商新增 62 家，年增长率为 10.6%，总体上保持高速增长。

①《中国互联网络发展状况统计报告》，中国互联网络信息中心

②《中国互联网络发展状况统计报告》，中国互联网络信息中心

中国网站数量【图 1–7】[①]

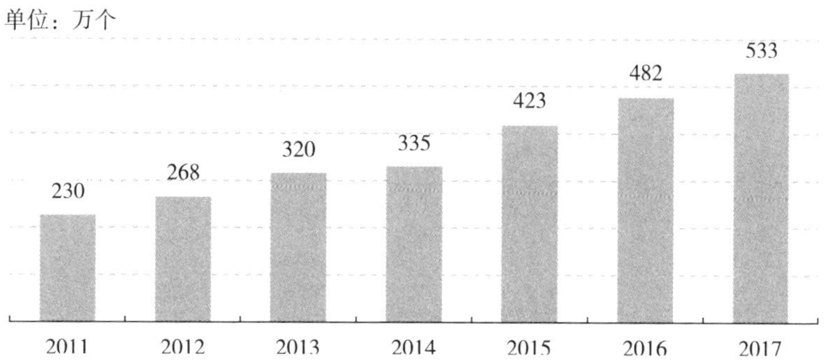

从整个发展过程看，从 2011 年至 2017 年中国网站数量的变化见图 1–7。2000 年中国有 26.5 万个网站，2017 年 12 月，中国网站总数为 533 万个，是 2000 年的近 19 倍。在发展的过程中，2010 年中国网站数出现过下降，从 2009 年的 323 万个降为 191 万个，一方面，金融危机爆发，无法形成盈利模式的网站退出市场；另一方面，非法网站的关闭也是网站数量降低的原因之一。

中国网页数【图 1–8】[②]

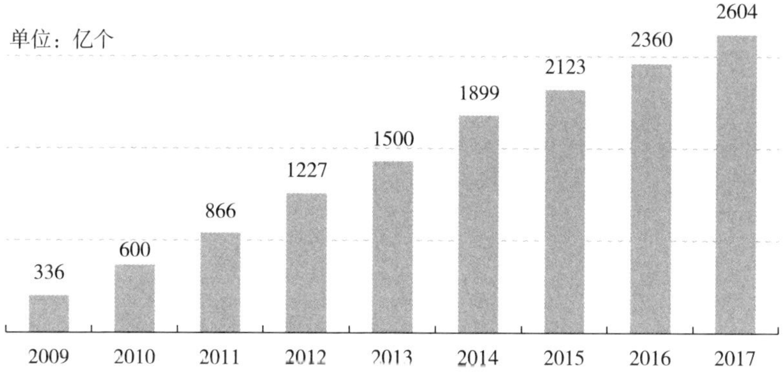

截至 2017 年 12 月，根据百度提供的数据，中国网页数量为 2604 亿个，年增长 10.3%。网页数量也从 2009 年的 336 亿个，上升为 2017 年的 2360 亿个（见图 1–8），表明了以中文信息为载体的互联网内容的稳步增长。

网站的行业和内容

从网站主办者分布看，以企业和个人为主，遍布国民经济的各个行业。统计表明，74% 的网站由企业主办，22% 的网站由个人主办，其余网站由事

① 《中国互联网络发展状况统计报告》. 中国互联网络信息中心

② 百度在线网络技术（北京）有限公司

业单位、政府机关和社会团体主办。按照行业分布进行统计，批发零售业、信息技术产业、制造业、房地产业等行业主办网站的数量较多，而卫生、金融、商务、交通、餐饮等行业主办网站也逐渐兴起。可以预计，随着“互联网+”理念的不断深入，各传统行业主办网站的情况将越来越普遍。

网站在各行业占比情况【图 1-9】①

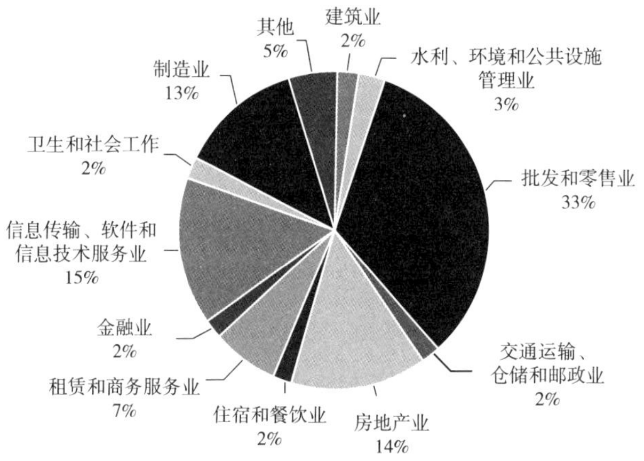

从网站内容分布看，网络科技、休闲娱乐、生活服务、行业企业、商务服务、综合网站、购物网站和教育文化等类型网站数量最多。在网站支持语言种类方面，除了中英文网站外，俄语、法语等其他语种的网站数量较 2016 年增加 1284 个。

网站内容主题分布【图 1-10】②

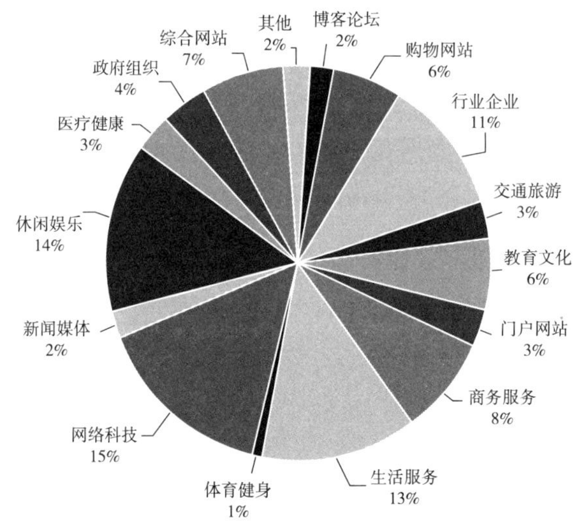

①《互联网行业运行指数报告——中国网站》，中国互联网协会和国家互联网应急中心联合发布

②《互联网行业运行指数报告——中国网站》，中国互联网协会和国家互联网应急中心联合发布

数字经济

在互联网发展的大背景下，以数据资源为核心要素、信息技术为内生动力、融合创新为典型特征的数字经济，革故鼎新、大势已现。数字经济作为一种新的经济形态。互联网基础资源的本身发展及其对经济辐射带动作用均呈现爆发式增长态势，正成为转型升级的重要驱动力，也是全球新一轮产业竞争的制高点。

数字经济是指以使用数字化的知识和信息作为关键生产要素、以现代信息网络为重要载体、以信息通信技术的有效使用作为效率提升和经济结构优化的重要推动力的一系列经济活动。数字经济规模包含两个部分，一是信息产业本身，称之为“数字经济基础部分”，包括电子信息、电信运营、互联网和广播电视，其可通过现有统计体系直接进行采集和测算；二是信息通信技术对其他产业融合渗透带来的产出增加与效率提升，称之为“数字经济融合部分”，其以增长核算方法为基础，通过投入产出法进行计算，计算信息经济资本存量对 GDP 增长的贡献。

2016 年，中国数字经济首次超过 20 万亿元人民币，达 22.6 万亿元（3.40 万亿美元），增速高达 18.9%，占 GDP 的比重达到 30.3%。就数量来说，已超过日本（2.29 万亿美元）、德国（2.06 万亿美元），与位居第一位的美国差距仍较为明显，仅达到美国数字经济总量（10.83 万亿美元）的 31.5%。中国数字经济规模优势进一步凸显，全球第二大数字经济体的地位进一步巩固（中国信息化百人会连续第三年的研究报告，见图 1–11）。

从历史的发展进程看，中国数字经济占 GDP 比重快速提升。测算表明，已由 1996 年的 5% 提升至 2016 年的 30.3%，提升了 25.3 个百分点。中国数字经济占 GDP 比重总体加速上升，也表现出显著的阶段性特征。1996 年至 2005 年，中国数字经济占 GDP 比重由 5% 提升至 14.2%；2005 年至 2008 年，这一比重增长相对缓慢，3 年间仅增长了 1 个百分点；2008 年以后，中国整体经济中的数字经济比重迅速提升，至 2016 年，这一比重已达到约 30.3%。

2016 年各国数字经济发展规模【图 1–11】[①]

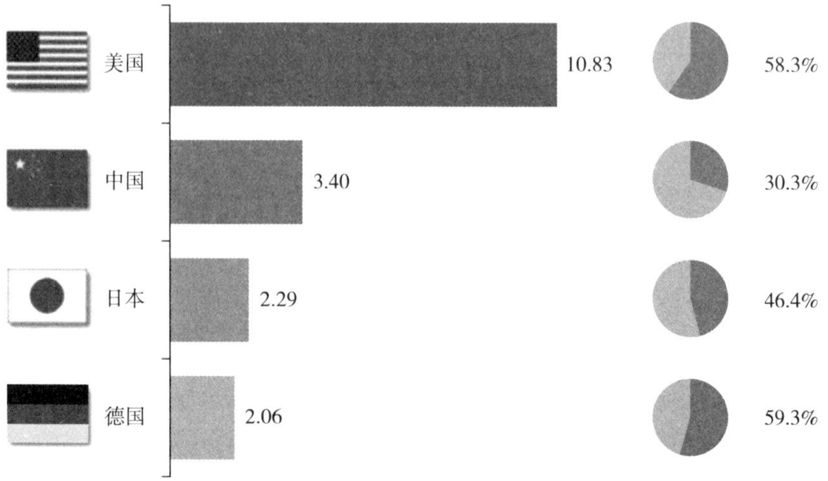

1996—2016 年中国数字经济发展增速【图 1–12】[②]

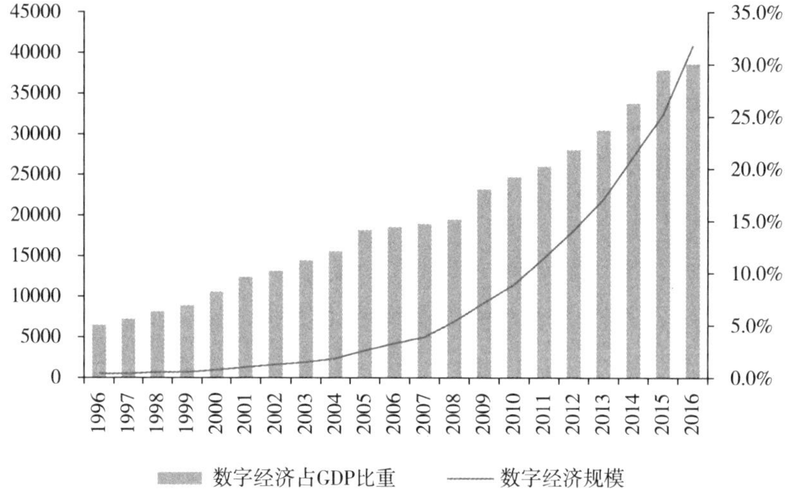

中国的电子信息制造业规模、网民数量均位于世界第一。2015 年，各地政府相继推进大数据和智慧城市建设，促进大数据和智慧城市产业的落地，智慧政务、智慧交通、智慧医疗、智能电网等行业对利用云计算、大数据先进技术创新产品和服务的需求不断高涨，由此带动信息技术产品市场的繁荣。网络产品种类丰富、数量攀升，屡创历史新高，多种网络服务（网络视频、网络音乐、网络文学、网络游戏等）用户规模不断攀升。即时通信、搜索引擎、

① 《2017 年中国数字经济发展报告》. 中国信息化百人会

② 《中国数字经济发展白皮书 2017》. 中国信通院,《2017 年中国数字经济发展报告》. 中国信息化百人会

网络新闻等应用已进入相对成熟的发展阶段，用户规模增长平稳。网络购物更加多元化和规范化，跨境电商步入调整期，农村电商服务日趋完善。大众的网络支付习惯逐渐养成，出门“无钱包”时代悄然来临。伴随家长的付费意愿和能力增强，在线教育得到迅速发展。中国的数字经济内涵和外延都在扩展。

中国互联网进入新时代

2017 年，习近平总书记在十九大报告中多次提及互联网，中国互联网的发展也进入新时代：数字经济成为经济发展新引擎，互联网和数字化推动传统经济向互联网经济转型，“互联网+”持续助推传统产业升级；信息化服务普及、网络扶贫大力开展、公共服务水平的提升，让广大人民群众在共享互联网发展、成果上拥有了更多获得感；加快互联网、大数据、人工智能、网络安全技术发展，向网络强国建设目标持续迈进。

促进经济结构转型

在过去 30 多年里，中国依靠大规模投资和劳动力扩张推动了经济的快速发展，但现在这两台引擎的动力正在减弱，当前中国经济发展已步入新常态攻坚期。

【新常态的含义】

新常态就是不同以往的、相对稳定的状态。这是一种趋势性、不可逆的发展状态，意味着中国经济已进入一个与过去 30 多年高速增长期不同的新阶段。新常态的指向是国民生活质量提高，老百姓的“获得感”提升，就业稳，价格稳，民生保障更完善。

这就不仅要求我们的经济增长速度要更加稳健，更要实现经济结构快速转型升级，由传统的要素驱动、投资驱动转变为创新驱动。数字经济的发展将会释放企业的生产率潜力，互联网可帮助中国实现其走向更可持续的经济模式的目标。

过去依靠工业崛起的中国如今正迈入后工业社会的信息时代，作为新兴经济体，中国实现了 30 多年的高速增长，在取得巨大成就的同时，经济的动能需要转换。新常态下，中国经济发展表现出速度变化、结构优化、动力转换三大特点。什么样的动力能够和人口红利、投资拉动等量齐观，解决上述三个问题？汹涌而至的数字经济大潮将是解决问题的最佳机遇。从内部看，这是中国实现创新驱动和跨越式发展的契机；从外部看，互联网提供了弯道超车的机会。

奇虎 360 企业安全集团董事长齐向东在第七届中国民营科技实业家协会发表演说时表示：互联网主要从三个方面促进传统行业转型：1）打破信息的不对称性格局，竭尽所能透明一切信息；2）对产生的大数据进行整合利用，使得资源利用最大化；3）产业与互联网的结合，诞生工业互联网。工业互联网革命的动力来自三个方面：1）消费互联网的外溢效应，网民们对便利生活的需求将延伸到工业领域；2）传统工业导致的能源、气候和环境危机，将外部要求传统产业提升效率；3）移动互联网、大数据、人工智能等创新技术的应用。

互联网对中国经济发展的意义重大，站在历史进程中的路口，十九大报告强调了互联网在中国未来发展进程中的重要位置。

“互联网＋”的国家战略

事实上，早在三年前（2015 年 3 月 5 日），李克强总理的政府工作报告中就提出“互联网＋”行动计划。“互联网＋”就是“互联网＋各个传统行业”，但这并不是简单的两者相加，而是利用信息通信技术以及互联网平台，让网络与传统行业紧密结合、深度融合。开放、互联的网络与实体产业融合，使互联网落地，也让实业添翼，更让互联网真正渗透到人们的生活。互联网开始大规模地进入现实产业，从工业制造、信贷金融，到餐饮服务、教育培训，再到医疗、传媒、政务……

2016 年 3 月，《中华人民共和国国民经济和社会发展第十三个五年规划纲要》正式发布，《纲要》共 20 篇，其中多个篇章涉及互联网，在第六篇“拓展网络经济空间”中特别指出：“牢牢把握信息技术变革趋势，实施网络强国战略，加快建设数字中国，推动信息技术与经济社会发展深度融合，加快推动信息经济发展壮大。”通过互联网技术、模式等改造传统产业，不仅要推进“互联网+传统产业”，更要实现“传统产业+互联网”，促进互联网经济各类商业模式创新、健康发展，引导互联网企业国际化发展，参与和引领国际规则制定，提升中国互联网经济的国际话语权和竞争力，并以互联网经济的发展推进改革和经济升级，形成以创新为驱动的经济发展新格局。

在新一轮互联网创业浪潮中，“传统产业+互联网”将大众的衣食住行与网络紧紧绑定在一起。伴随着网络基础设施的大面积覆盖、宽带的提速、智能终端的普遍使用、技术的迭代升级、应用的不断拓展，以及人们对互联网本质越来越深入的研究和领悟，网络作为生产要素、管理元素融入生产、运营、销售的各个环节，打通各个节点，大大提高生产效率和信息传播的影响力，并且产生化学反应，带来了各个领域、各个层面的融合创新。

在“互联网+”时代，细观周围的点滴变化，互联网对传统行业的渗透深入，传统制造业也得以加快转型，实现由中低端向中高端的迈进，农业生产正向着精确化、智能化和高效化的现代农业发展……各行各业积极运用大数据、云计算、移动互联网、物联网等新技术推动产业升级改造、创造新的产业生态。

> 吉林一家米业公司，在农田里安装上了摄像头，无线传感器实时采集农业生产现场的光照、温度、湿度等参数，工作人员可以随时查看庄稼的生产状况；在重庆一家传感器制造工厂，只听机器轰鸣，不见工人忙碌，自动云数据处理的机器人让“无人工厂”实现了资源的高效配置。

随着“互联网+”的持续升温，互联网应用范围不断扩大，互联网与农业、制造、流通、金融、旅游、餐饮、医疗、教育、交通、物流等传统行业跨界融合不断加深，越来越多的制造业和流通企业运用互联网、大数据技术等创新商业模式，探索适应消费结构转化的新生产、贸易方式，互联网经济已成为中国经济新常态下创新发展的驱动引擎。其蓬勃生机也成为低迷的世界经济中一道靓丽风景，国际社会将之称为中国的“数字革命”。通过打通线上线下的商业活动，蓬勃崛起的互联网经济成为引领消费、扩大内需的绿色增长新引擎。

互联网生态化网络强国战略提出以来，互联网的创新成果与经济社会各领域深度融合，“互联网+”全面实施，开始了互联网生态化阶段。进入互联网发展的“下半场”。互联网发展的“人口红利”已经消化殆尽，“上半场”时期那种对“风口”一拥而上、野蛮生长的阶段一去不复返。代之以专业化程度更高、智力输入更加密集、范式创新更为关键的新发展阶段。大数据、云计算、物联网、语音识别、人工智能、5G、VR等技术更加趋向于智能化、移动化、协同化、云端化。智慧城市深度融合信息、工业与城镇化建设，新一代信息技术充分运用在城市的各行各业、百姓的日常生活之中，是基于知识社会下一代创新的城市信息化高级形态。

进入新时代，互联网不再是过去固定在桌面上的、被动的、静态的一种现象的存在，而是成为大众生活中如影随形的陪伴，是闺蜜也是助手，是同事也是合作伙伴。互联网与人的关系从过去以人的意志为主导，变为二者交融互动、彼此影响、彼此培养，一种更加有趣且有效的伙伴式体验。网与人、人与网的关系越来越紧密，与人相关的一切产业随之迸发。作为平台，互联网就像血管，当实业的血液在血管中流通，才有了生命，没有实业的参与就无法真正体现互联网的价值和意义，也无法支持互联网的长远发展，所谓用进废退。作为内容，互联网是一剂强心针，为产业发展注入营养、活力和动能。作为渠道，“互联网+”就像是集成电路嵌入液晶板，让行业成为了安装着接口的导体，彼此之间一旦对接便可以通电发光。当然这种结合伴随着传统的崩塌与再生，互联网在延续了过去作为工具、平台、渠道的基础上，打通了各个产业门类的联系，解构了传统又进行重构，进而形成了一个更为广阔的数字经济体概念。中国正在稳步地向名副其实由网络大国迈向网络强国。

附录：中国网站500强

按照中国互联网协会计算出的网站指数排名，中国500强网站排名如下：[①]

①《2017年网站指数报告》. 中国互联网协会. http://index.isc.org.cn/report.html

序号	网站名称	网站域名	总分
1	百度	www.baidu.com	99.54
2	腾讯网	www.qq.com	99.17
3	淘宝	www.taobao.com	97.25
4	新浪网	www.sina.com.cn	96.57
5	360 官网	www.360.cn	96.53
6	搜狐网	www.sohu.com	96.51
7	京东商城	www.jd.com	96.47
8	支付宝	www.alipay.com	95.58
9	天猫	www.tmall.com	95.55
10	新浪微博	www.weibo.com	95.46
11	爱奇艺	www.iqiyi.com	95.25
12	搜狗搜索	www.sogou.com	95.22
13	360 搜索	www.so.com	94.92
14	网易	www.163.com	94.92
15	网址之家	www.hao123.com	94.72
16	CSDN 软件开发网	www.csdn.net	94.49
17	优酷	www.youku.com	94.43
18	阿里巴巴国际交易市场	www.alibaba.com	94.20
19	阿里 1688	www.1688.com	94.16
20	阿里云	www.aliyun.com	94.16
21	中华网	www.china.com	93.99
22	知乎	www.zhihu.com	93.96
23	新华网	www.xinhuanet.com	93.90
24	友盟站长统计	www.cnzz.com	93.85
25	凤凰网	www.ifeng.com	93.79
26	迅雷在线	www.xunlei.com	93.77
27	美团网	www.meituan.com	93.77
28	宝宝树网	www.babytree.com	93.75
29	头条	www.toutiao.com	93.73
30	大众点评网	www.dianping.com	93.73
31	人民网	www.people.com.cn	93.71
32	小米商城	www.mi.com	93.69
33	酷狗网	www.kugou.com	93.69
34	MIUI 官网	www.miui.com	93.68

续表

序号	网站名称	网站域名	总分
35	网易有道	www.youdao.com	93.65
36	微软网站	www.microsoft.com	93.64
37	SOSO 网	www.soso.com	93.64
38	360 安全中心	www.360.cn	93.63
39	哔哩哔哩弹幕网	www.bilibili.com	93.61
40	苏宁易购	www.suning.com	93.58
41	58 同城	www.58.com	93.56
42	易车网	www.bitauto.com	93.55
43	天涯社区	www.tianya.cn	93.55
44	东方网	www.eastday.com	93.55
45	小米网	www.xiaomi.com	93.51
46	中国青年网	www.youth.cn	93.48
47	环球网	www.huanqiu.com	93.46
48	全球速卖通（英文）	www.aliexpress.com	93.40
49	高德地图	www.amap.com	93.30
50	光明网	www.gmw.cn	93.27
51	360doc 个人图书馆	www.360doc.com	93.20
52	腾讯官方网	www.tencent.com	93.18
53	Adobe 官网	www.adobe.com	93.16
54	斗鱼直播平台	www.douyu.com	93.11
55	优视科技	www.uc.cn	93.10
56	友盟网	www.umeng.com	93.08
57	中国网	www.china.com.cn	93.04
58	39 健康网	www.39.net	93.04
59	虾米音乐网	www.xiami.com	93.03
60	东方财富网	www.eastmoney.com	93.01
61	卓越亚马逊	www.amazon.cn	93.01
62	中关村在线	www.zol.com.cn	92.98
63	妈妈网	www.mama.cn	92.97
64	新浪微博	www.weibo.cn	92.95
65	4399 小游戏	www.4399.com	92.95
66	站长之家	www.chinaz.com	92.94
67	阿里妈妈	www.alimama.com	92.93

续表

序号	网站名称	网站域名	总分
68	必应搜索	www.bing.com	92.92
69	育儿网	www.ci123.com	92.92
70	PPTV 视频	www.pptv.com	92.91
71	携程旅行网	www.ctrip.com	92.90
72	sina 手机新浪网	www.sina.cn	92.84
73	新浪网	www.sina.com.cn	92.84
74	多玩游戏网	www.yy.com	92.83
75	魅族科技	www.meizu.com	92.82
76	谷歌	www.google.cn	92.80
77	无忧技术网	www.51cto.com	92.79
78	新东方教育科技有限公司	www.xdf.cn	92.79
79	iP138 查询网	www.ip138.com	92.76
80	苹果公司网站	www.apple.com	92.75
81	华为商城	www.vmall.com	92.74
82	昵图网	www.nipic.com	92.73
83	vivo 智能手机官方网站	www.vivo.com.cn	92.70
84	WPS Office 官方网站	www.wps.cn	92.66
85	博客园	www.cnblogs.com	92.65
86	17173 游戏网	www.17173.com	92.62
87	秒拍网	www.miaopai.com	92.60
88	智联招聘网	www.zhaopin.com	92.58
89	豆瓣网	www.douban.com	92.54
90	中国工商银行中国网站	www.icbc.com.cn	92.52
91	中国建设银行网站	www.ccb.com	92.51
92	同花顺金融服务网	www.10jqka.com.cn	92.51
93	中国日报网	www.chinadaily.com.cn	92.51
94	金融界	www.jrj.com.cn	92.50
95	和讯网	www.hexun.com	92.49
96	财经网	www.caijing.com.cn	92.48
97	华为技术有限公司	www.huawei.com	92.47
98	网易 126 免费邮箱	www.126.com	92.47
99	熊猫直播	www.panda.tv	92.42
100	PP 助手	www.25pp.com	92.40

续表

序号	网站名称	网站域名	总分
101	多玩游戏网	www.duowan.com	92.39
102	芒果 TV 网	www.mgtv.com	92.32
103	未来网	www.k618.cn	92.30
104	酷我音乐网	www.kuwo.cn	92.29
105	360 影视	www.360kan.com	92.27
106	115 云	www.115.com	92.26
107	证券之星	www.stockstar.com	92.26
108	2345 网址导航	www.2345.com	92.23
109	饿了么	www.ele.me	92.22
110	美图网	www.meitu.com	92.20
111	Mtime 汽车之家	www.autohome.com.cn	92.19
112	时光网	www.mtime.com	92.19
113	乐居购房网	www.leju.com	92.17
114	招商银行一网通网站	www.cmbchina.com	92.17
115	火狐中文网	www.firefoxchina.cn	92.17
116	毒霸网址大全	www.duba.com	92.16
117	喜马拉雅 FM	www.ximalaya.com	92.14
118	土豆网	www.tudou.com	92.14
119	房天下	www.fang.com	92.14
120	中国联通网上营业厅	www.10010.com	92.13
121	领英网	www.linkedin.com	92.12
122	糗事百科	www.qiushibaike.com	92.12
123	互动百科	www.baike.com	92.12
124	爱词霸	www.iciba.com	92.11
125	糯米网	www.nuomi.com	92.09
126	金山网络	www.duba.net	92.07
127	优视科技	www.ucweb.com	92.06
128	中国电信欢 Go 网	www.189.cn	92.06
129	音悦网	www.yinyuetai.com	92.05
130	央视国际	www.cctv.com	92.03
131	新浪网	www.sinaimg.cn	92.02
132	中国农业银行门户网站	www.abchina.com	92.02
133	微云	www.weiyun.com	92.02

续表

序号	网站名称	网站域名	总分
134	暴风影音	www.baofeng.com	92.02
135	网宿科技	www.chinanetcenter.com	92.01
136	搜狐焦点房产网	www.focus.cn	91.98
137	腾讯云	www.qcloud.com	91.95
138	小米路由器	www.miwifi.com	91.95
139	淘车	www.taoche.com	91.94
140	114 啦网址导航	www.114la.com	91.94
141	安居客	www.anjuke.com	91.93
142	乐视视频	www.le.com	91.93
143	游民星空	www.gamersky.com	91.93
144	NBA 官方网站	www.nba.com	91.93
145	人人网	www.renren.com	91.91
146	去哪儿网	www.qunar.com	91.90
147	战旗官网	www.zhanqi.tv	91.90
148	唯品会	www.vip.com	91.89
149	天极网	www.yesky.com	91.89
150	太平洋亲子网	www.pcbaby.com.cn	91.88
151	阿里九游游戏	www.9game.cn	91.87
152	机锋网	www.gfan.com	91.85
153	中国移动门户网站	www.10086.cn	91.84
154	中国知网	www.cnki.net	91.83
155	重庆华龙网	www.cqnews.net	91.82
156	178 游戏网	www.178.com	91.82
157	快科技（原驱动之家）	www.mydrivers.com	91.81
158	当当网	www.dangdang.com	91.80
159	中国铁路客户服务中心	www.12306.cn	91.79
160	PPS 影音	www.pps.tv	91.78
161	IBM 官方网站	www.ibm.com	91.78
162	吉屋网	www.jiwu.com	91.78
163	太平洋汽车网	www.pcauto.com.cn	91.76
164	魔兽世界官方网站	www.battlenet.com.cn	91.71
165	快递 100 网	www.kuaidi100.com	91.71
166	赶集网	www.ganji.com	91.70

续表

序号	网站名称	网站域名	总分
167	中国数字科技馆	www.cdstm.cn	91.70
168	乐视网	www.letv.com	91.69
169	搜库	www.soku.com	91.67
170	红网	www.rednet.cn	91.67
171	站酷网	www.zcool.com.cn	91.66
172	新蓝网	www.cztv.com	91.66
173	作业帮	www.zybang.com	91.66
174	360 搜索	www.haosou.com	91.65
175	滴滴官网	www.xiaojukeji.com	91.65
176	中国银行网站	www.boc.cn	91.65
177	钉钉 DINGTALK	www.dingtalk.com	91.65
178	中国新闻网	www.chinanews.com	91.63
179	国美网上商城	www.gome.com.cn	91.63
180	起点中文网	www.qidian.com	91.62
181	网易 126	www.126.net	91.61
182	沪江	www.hujiang.com	91.60
183	北青网	www.ynet.com	91.59
184	一点资讯	www.yidianzixun.com	91.59
185	土巴兔装修网	www.to8to.com	91.58
186	虎牙直播	www.huya.com	91.58
187	TGBUS 电玩巴士	www.tgbus.com	91.57
188	下厨房	www.xiachufang.com	91.56
189	中青在线	www.cyol.com	91.56
190	nvidia 公司网站	www.nvidia.com	91.55
191	奇艺网	www.qiyi.com	91.54
192	蚂蜂窝	www.mafengwo.cn	91.53
193	天气网	www.weather.com.cn	91.53
194	龙珠直播	www.longzhu.com	91.52
195	奇酷 360 手机网	www.qiku.com	91.52
196	第一视频	www.v1.cn	91.50
197	56 网	www.56.com	91.50
198	我要搜了网	www.51sole.com	91.48
199	中国教育在线	www.eol.cn	91.47

续表

序号	网站名称	网站域名	总分
200	寻医问药网	www.xywy.com	91.47
201	美拍	www.meipai.com	91.46
202	OPPO 移动互联网	www.oppomobile.com	91.44
203	联想官网	www.lenovo.com.cn	91.44
204	国际在线	www.cri.cn	91.43
205	Microsoft Office 365	www.office.com	91.43
206	一呼百应	www.youboy.com	91.42
207	美食天下	www.meishichina.com	91.41
208	360 安全中心	www.360safe.com	91.40
209	Unity 官方平台	www.unity3d.com	91.39
210	金山网络	www.ijinshan.com	91.39
211	神马	www.sm.cn	91.39
212	中国网络电视台	www.cntv.cn	91.38
213	多麦联盟	www.duomai.com	91.38
214	鲁大师官网	www.ludashi.com	91.37
215	盛大游戏	www.sdo.com	91.37
216	Nike 官方网站	www.nike.com	91.35
217	百姓网	www.baixing.com	91.35
218	奇虎问答网	www.qihoo.com	91.34
219	深圳新闻网	www.sznews.com	91.32
220	途牛旅游网	www.tuniu.com	91.31
221	中国移动通信集团公司网站	www.chinamobile.com	91.30
222	中彩网	www.zhcw.com	91.28
223	爱拍网	www.aipai.com	91.27
224	7K7K 小游戏	www.7k7k.com	91.27
225	世纪佳缘交友网	www.jiayuan.com	91.26
226	中国平安保险集团网站	www.pingan.com.cn	91.24
227	联想官网	www.lenovo.com	91.24
228	豌豆荚官网	www.wandoujia.com	91.24
229	应届毕业生网	www.yjbys.com	91.23
230	直播吧	www.zhibo8.cc	91.23
231	汽车时代网	www.autotimes.com.cn	91.23
232	慧聪网	www.hc360.com	91.23

续表

序号	网站名称	网站域名	总分
233	三国杀官网	www.sanguosha.com	91.22
234	pc6 下载站	www.pc6.com	91.22
235	魅族 Flyme 官网	www.flyme.cn	91.21
236	家庭医生在线	www.familydoctor.com.cn	91.21
237	我图网	www.ooopic.com	91.20
238	中国银联业务网站	www.95516.com	91.20
239	中国平安保险集团网站	www.pingan.com	91.20
240	Bootstrap 中文网	www.bootcss.com	91.18
241	虎扑体育网	www.hupu.com	91.18
242	我爱游戏娱乐网	www.52pk.com	91.18
243	威锋科技	www.feng.com	91.17
244	猎豹安全浏览器	www.liebao.cn	91.16
245	腾讯应用中心	www.myapp.com	91.16
246	穷游网	www.qyer.com	91.16
247	华声在线	www.voc.com.cn	91.14
248	游侠网	www.ali213.net	91.13
249	无忧工作网	www.51job.com	91.13
250	网易邮箱	www.127.net	91.13
251	1 号店	www.yhd.com	91.12
252	酷燃网	www.krcom.cn	91.12
253	安全应急教育网	www.safetree.com.cn	91.11
254	猎聘网	www.liepin.com	91.10
255	青岛新闻网	www.qingdaonews.com	91.10
256	快手	www.kuaishou.com	91.10
257	易企秀网站	www.eqxiu.com	91.10
258	ZAKER 官网	www.myzaker.com	91.10
259	甲骨文网站	www.oracle.com	91.09
260	全球加盟网	www.jiameng.com	91.08
261	逗游网	www.doyo.cn	91.08
262	英特尔零售先锋营	www.intel.com	91.07
263	思问网	www.segmentfault.com	91.07
264	留学网	www.liuxue86.com	91.07
265	图吧	www.mapbar.com	91.06

续表

序号	网站名称	网站域名	总分
266	米尔军情网	www.miercn.com	91.06
267	四川在线	www.scol.com.cn	91.06
268	中公教育	www.offcn.com	91.05
269	美食杰	www.meishij.net	91.04
270	萤石	www.ys7.com	91.04
271	云 OS 业务网站	www.yunos.com	91.04
272	新华网	www.news.cn	91.04
273	太平洋电脑网	www.pconline.com.cn	91.04
274	千图网	www.58pic.com	91.04
275	365 淘房	www.house365.com	91.04
276	天天看看	www.kankan.com	91.03
277	中国南方航空官网	www.csair.com	91.02
278	脚本之家	www.jb51.net	91.02
279	沪江英语网	www.hjenglish.com	91.02
280	阳光宽频网	www.365yg.com	91.01
281	三星（中国）电子官网	www.samsung.com	91.00
282	多益网络	www.duoyi.com	91.00
283	18183 手游网	www.18183.com	91.00
284	纵横中文网	www.zongheng.com	90.99
285	艺龙旅行网	www.elong.com	90.99
286	驱动精灵	www.drivergenius.com	90.99
287	考拉海购	www.kaola.com	90.97
288	开源中国社区	www.oschina.net	90.96
289	风行在线	www.fun.tv	90.96
290	万维家电网	www.ea3w.com	90.95
291	千库网	www.588ku.com	90.95
292	六间房	www.6.cn	90.94
293	交通银行官网	www.bankcomm.com	90.94
294	折 800	www.zhe800.com	90.94
295	华律网	www.66law.cn	90.93
296	简书	www.jianshu.com	90.93
297	七牛	www.qiniu.com	90.93
298	华为终端云	www.hicloud.com	90.92

续表

序号	网站名称	网站域名	总分
299	中文业界资讯站	www.cnbeta.com	90.92
300	Tanx 营销平台	www.tanx.com	90.91
301	大众网	www.dzwww.com	90.91
302	太平洋时尚网	www.pclady.com.cn	90.91
303	500 彩票网	www.500.com	90.91
304	万博科技网	www.techweb.com.cn	90.91
305	有赞网	www.youzan.com	90.91
306	智能电视网	www.znds.com	90.90
307	我爱卡	www.51credit.com	90.90
308	什么值得买	www.smzdm.com	90.89
309	磨菇街	www.mogujie.com	90.89
310	蜂鸟网	www.fengniao.com	90.89
311	越野 e 族	www.fblife.com	90.89
312	华硕电脑	www.asus.com	90.88
313	36 氪	www.36kr.com	90.88
314	电视猫	www.tvmao.com	90.88
315	爱康在线	www.ikang.com	90.88
316	汇桔网	www.wtoip.com	90.87
317	小米商城	www.xiaomi.net	90.87
318	飞猪	www.alitrip.com	90.86
319	wed114 结婚网	www.wed114.cn	90.86
320	浙江在线	www.zjol.com.cn	90.85
321	AdMaster 公司官网	www.admaster.com.cn	90.85
322	雪球	www.xueqiu.com	90.84
323	PChome 电脑之家	www.pchome.net	90.83
324	华军软件园	www.onlinedown.net	90.83
325	新东方在线	www.koolearn.com	90.82
326	凤凰图片	www.ifengimg.com	90.82
327	汇通网	www.fx678.com	90.82
328	草料二维码	www.cli.im	90.82
329	太平洋游戏网	www.pcgames.com.cn	90.81
330	有问必答网	www.120ask.com	90.81
331	花椒网	www.huajiao.com	90.80

续表

序号	网站名称	网站域名	总分
332	工业和信息化部 ICPIP 地址域名信息备案管理系统	www.miitbeian.gov.cn	90.80
333	21CN 官网	www.21cn.com	90.80
334	陌陌科技	www.immomo.com	90.80
335	九酷音乐	www.9ku.com	90.80
336	豆丁	www.docin.com	90.79
337	IT168	www.it168.com	90.79
338	孔夫子旧书网	www.kongfz.com	90.79
339	荔枝网	www.jstv.com	90.79
340	二手车之家	www.che168.com	90.79
341	梨视频官网	www.pearvideo.com	90.79
342	苹果官网	www.mzstatic.com	90.78
343	猪八戒官网	www.zbj.com	90.78
344	会计网校	www.chinaacc.com	90.78
345	晋江文学城	www.jjwxc.net	90.77
346	太平洋保险（集团）股份有限公司	www.cpic.com.cn	90.77
347	浦东发展银行	www.spdb.com.cn	90.77
348	e 中信	www.ecitic.com	90.77
349	我的车城	www.5dcar.com	90.77
350	极路由官网	www.hiwifi.com	90.76
351	驱动人生	www.160.com	90.76
352	游久网	www.uuu9.com	90.73
353	135 编辑器	www.135editor.com	90.72
354	超星	www.chaoxing.com	90.72
355	小米社区	www.xiaomi.cn	90.72
356	中国江西网	www.jxnews.com.cn	90.72
357	动漫之家	www.dmzj.com	90.71
358	游迅	www.yxdown.com	90.71
359	TOM 网	www.tom.com	90.71
360	当贝市场官网	www.dangbei.com	90.70
361	懂球帝	www.dongqiudi.com	90.70
362	网通社汽车	www.news18a.com	90.70

续表

序号	网站名称	网站域名	总分
363	财付通	www.tenpay.com	90.69
364	北京比特大陆科技有限公司官方网站	www.bitmain.com	90.68
365	中国民生银行	www.cmbc.com.cn	90.67
366	西瓜视频	www.xigua.com	90.65
367	南方新闻网	www.southcn.com	90.65
368	同程旅游	www.ly.com	90.65
369	中央人民广播电台网	www.cnr.cn	90.64
370	芒果 TV 网	www.hunantv.com	90.64
371	一淘网	www.etao.com	90.64
372	华数 TV	www.wasu.cn	90.64
373	迅游网游加速器官网	www.xunyou.com	90.63
374	爱卡汽车网	www.xcar.com.cn	90.63
375	瑞丽网	www.rayli.com.cn	90.62
376	中国网库	www.99114.com	90.61
377	7654 技术员联盟	www.7654.com	90.61
378	世界工厂网	www.gongchang.com	90.61
379	凯迪网络	www.kdnet.net	90.60
380	天天基金网	www.1234567.com.cn	90.60
381	中国国际航空股份有限公司网站	www.airchina.com.cn	90.60
382	mob 移动开发者服务平台	www.mob.com	90.60
383	时光网	www.mtime.cn	90.60
384	敦煌网	www.dhgate.com	90.59
385	亿邦动力网	www.ebrun.com	90.59
386	91 门户	www.91.com	90.58
387	中国军网	www.81.cn	90.57
388	招商加盟网	www.3158.cn	90.57
389	PP 视频	www.synacast.com	90.57
390	快手	www.gifshow.com	90.57
391	锐捷网络	www.ruijie.com.cn	90.57
392	锤子科技官网	www.smartisan.com	90.57
393	挂号网	www.guahao.com	90.56

续表

序号	网站名称	网站域名	总分
394	盛天网络	www.stnts.com	90.56
395	完美世界	www.wanmei.com	90.56
396	07073 游戏网	www.07073.com	90.55
397	小红书	www.xiaohongshu.com	90.54
398	加网	www.jiathis.com	90.54
399	互动科学院	www.hudong.com	90.54
400	澎湃新闻网	www.thepaper.cn	90.54
401	广告买卖网	www.admaimai.com	90.54
402	菜鸟网	www.runoob.com	90.54
403	筑龙网	www.zhulong.com	90.54
404	观察者网	www.guancha.cn	90.54
405	戴尔官方网站	www.dell.com	90.53
406	AcFun 弹幕网	www.acfun.cn	90.53
407	火狐本地官方网站	www.firefox.com.cn	90.52
408	聚美优品	www.jumei.com	90.51
409	学信网	www.chsi.com.cn	90.51
410	堆糖网	www.duitang.com	90.49
411	LeanCloud 云服务	www.leancloud.cn	90.49
412	泡泡	www.pcpop.com	90.49
413	金山云	www.ksyun.com	90.49
414	安智网	www.anzhi.com	90.49
415	播视网	www.boosj.com	90.49
416	空中网	www.kongzhong.com	90.49
417	Pubyun 公云	www.3322.org	90.49
418	中国互联网络信息中心	www.cnnic.cn	90.48
419	cheetah mobile	www.cmcm.com	90.47
420	汇图网	www.huitu.com	90.46
421	网易免费邮	www.yeah.net	90.46
422	一加手机官网	www.oneplus.cn	90.46
423	滴滴打车	www.diditaxi.com.cn	90.46
424	瓜子二手车直卖网	www.guazi.com	90.45
425	ubuntu 官网	www.ubuntu.com	90.45
426	唱吧	www.changba.com	90.44

续表

序号	网站名称	网站域名	总分
427	酷 6 网	www.ku6.com	90.44
428	三鼎梦	www.3dmgame.com	90.44
429	火猫直播	www.huomao.com	90.44
430	热播网	www.y3600.com	90.43
431	中国经济网	www.ce.cn	90.43
432	LOFTER（乐乎）	www.lofter.com	90.42
433	齐鲁网	www.iqilu.com	90.42
434	德邦物流	www.deppon.com	90.42
435	中国建材网	www.bmlink.com	90.42
436	中国供应商网	www.china.cn	90.42
437	个推	www.getui.com	90.42
438	中安在线	www.anhuinews.com	90.42
439	顺企网	www.11467.com	90.42
440	高德地图	www.autonavi.com	90.41
441	53 快服	www.53kf.com	90.41
442	国家企业信用信息公示系统	www.gsxt.gov.cn	90.41
443	稻壳儿	www.docer.com	90.41
444	绿色软件下载吧	www.xiazaiba.com	90.40
445	兔展网页制作	www.rabbitpre.com	90.40
446	搜视网	www.tvsou.com	90.39
447	无忧考网	www.51test.net	90.39
448	99.com	www.99.com	90.39
449	糖豆	www.tangdou.com	90.39
450	都市客	www.metroer.com	90.38
451	品友互动	www.ipinyou.com	90.38
452	装修保障网	www.bzw315.com	90.38
453	兴业银行	www.cib.com.cn	90.38
454	OPPO 智障手机官网	www.oppo.com	90.38
455	科技紫微星座网	www.go108.com.cn	90.38
456	随手记	www.feidee.com	90.38
457	火山网	www.huoshan.com	90.38
458	美乐乐家居网	www.meilele.com	90.38
459	丁香园生物医药科技网	www.dxy.cn	90.38

续表

序号	网站名称	网站域名	总分
460	Ofweek 光电信息网	www.ofweek.com	90.37
461	铁血网	www.tiexue.net	90.37
462	金山西山居逍遥网	www.xoyo.com	90.36
463	莲山课件	www.5ykj.com	90.36
464	傲游－浏览器专家	www.maxthon.cn	90.35
465	微软邮箱	www.windows.net	90.35
466	金立手机官网	www.gionee.com	90.34
467	团贷网	www.tuandai.com	90.33
468	迪卡侬官方网站	www.decathlon.com.cn	90.33
469	瑞星网	www.rising.com.cn	90.33
470	WiFi 万能钥匙	www.wifi.com	90.33
471	北方网	www.enorth.com.cn	90.32
472	3366 小游戏门户网	www.3366.com	90.32
473	道客巴巴	www.doc88.com	90.32
474	太平洋家居网	www.pchouse.com.cn	90.32
475	广州伊秀网络科技有限公司官网	www.yxlady.com	90.32
476	返利网	www.fanli.com	90.32
477	秒针产品服务系统	www.miaozhen.com	90.31
478	一起看	www.17k.com	90.31
479	中金在线	www.cnfol.com	90.31
480	37 游戏	www.37.com	90.31
481	云掌财经	www.123.com.cn	90.30
482	又拍网	www.upaiyun.com	90.30
483	Phicomm 斐讯	www.phicomm.com	90.30
484	智慧树网	www.zhihuishu.com	90.29
485	拉勾网	www.lagou.com	90.28
486	华图教育	www.huatu.com	90.28
487	蒲公英内测分发平台	www.pgyer.com	90.28
488	风行网	www.funshion.com	90.28
489	大洋网	www.dayoo.com	90.28
490	游族网络	www.youzu.com	90.28
491	英才网	www.chinahr.com	90.28
492	环信即时通讯云	www.easemob.com	90.27

续表

序号	网站名称	网站域名	总分
493	东方财富网	www.dfcfw.com	90.27
494	房产超市网	www.fccs.com	90.26
495	4399 游戏	www.4399.cn	90.26
496	百合网	www.baihe.com	90.25
497	海度云	www.hiido.com	90.25
498	趣店网	www.qufenqi.com	90.24
499	Unix 技术网	www.chinaunix.net	90.23
500	东方航空	www.ceair.com	90.23

第二章

中国互联网的历程与模式

中国网民在干什么？

2017年，7亿中国网民每天花将近4个小时挂网，他们在干什么？难道都是在玩游戏？事实上，中国互联网的各种应用保持快速发展，各类应用用户规模均呈上升趋势，互联网成为工作平台才是现实。互联网成为常规工作、商务活动、娱乐消费、日常生活等须臾不能离开的工具。特别是手机，其地位的上升超过钥匙，对很多人来说，如果手机不在身边，已经没办法工作和生活。

互联网上的22个重量级应用

截至2017年12月，中国互联网上排名前22名的应用如下表。即时通信、搜索引擎、网络新闻和社交作为基础应用，用户规模保持平稳增长；各类通过网络连接的娱乐和内容服务，成为耗时最多的应用；各类网上外卖用户规模增长最为显著，年增长率达到64.6%。2017年12月，中国搜索引擎用户规模达约6.40亿，使用率为82.8%，用户规模较2016年底增加3718万，增长率为6.2%；手机搜索用户数达约6.24亿，使用率为82.9%，用户规模较2016年底增加4887万，增长率为8.5%。作为互联网基础应用，搜索引擎用户规模增速继续与网民总体规模增速基本保持同步。中国网络新闻用户规模约为6.47亿，年增长率为5.4%，网民使用比例为83.8%。

2016.12—2017.12 中国网民各类互联网应用的使用率【表1-1】①

	2017年12月		2016年12月		
应用	用户规模（万）	网民使用率	用户规模（万）	网民使用率	年增长率
即时通信	72023	93.3%	66628	91.1%	8.1%
搜索引擎	63956	82.8%	60238	82.4%	6.2%
网络新闻	64689	83.8%	61390	84.0%	5.4%
网络视频	57892	75.0%	54455	74.5%	6.3%
网络音乐	54809	71.0%	50313	68.8%	8.9%

①《中国互联网络发展状况统计报告》. 中国互联网络信息中心

续表

	2017年12月		2016年12月		
应用	用户规模（万）	网民使用率	用户规模（万）	网民使用率	年增长率
网上支付	53110	68.8%	47450	64.9%	11.9%
网络购物	53332	69.1%	46670	63.8%	14.3%
网络游戏	44161	57.2%	41704	57.0%	5.9%
网上银行	39911	51.7%	36552	50.0%	9.2%
网络文学	37774	48.9%	33319	45.6%	13.4%
旅行预订	37578	48.7%	29922	40.9%	25.6%
电子邮件	28422	36.8%	24815	33.9%	14.5%
互联网理财	12881	16.7%	9890	13.5%	30.2%
网上炒股或炒基金	6730	8.7%	6276	8.6%	7.2%
微博	31601	40.9%	27143	37.1%	16.4%
地图查询	49247	63.8%	46166	63.1%	6.7%
网上订外卖	34338	44.5%	20856	28.5%	64.6%
在线教育	15518	20.1%	13764	18.8%	12.7%
网约出租车	28651	37.1%	22463	30.7%	27.5%
网约专车或快车	23623	30.6%	16799	23.0%	40.6%
网络直播	42209	54.7%	34431	47.1%	22.6%
共享单车	22078	28.6%	—	—	

在手机应用方面，和工作相关的应用相对少一些，和个人生活相关的应用占据了大部分内容。手机网络新闻用户规模达到约6.20亿，占手机网民的82.3%，年增长率为8.5%。手机网上订外卖、手机旅行预订用户规模增长明显，年增长率分别达到66.2%和29.7%。

2016.12—2017.12中国网民各类手机应用的使用率【表1-2】①

	2017年12月		2016年12月		
应用	用户规模（万）	网民使用率	用户规模（万）	网民使用率	年增长率
手机即时通信	69359	92.2%	63797	91.8%	8.7%
手机网络新闻	61959	82.3%	57126	82.2%	8.5%

①《中国互联网络发展状况统计报告》，中国互联网络信息中心

续表

	2017 年 12 月		2016 年 12 月		
应用	用户规模（万）	网民使用率	用户规模（万）	网民使用率	年增长率
手机搜索引擎	62398	82.9%	57511	82.7%	8.5%
手机网络音乐	51173	68.0%	46791	67.3%	9.4%
手机网络视频	54857	72.9%	49987	71.9%	9.7%
手机网上支付	52703	70.0%	46920	67.5%	12.3%
手机网络购物	50563	67.2%	44093	63.4%	14.7%
手机网络游戏	40710	54.1%	35166	50.6%	15.8%
手机网上银行	37024	49.2%	33357	48.0%	11.0%
手机网络文学	34352	45.6%	30377	43.7%	13.1%
手机旅行预订	33961	45.1%	26179	37.7%	29.7%
手机邮件	23276	30.9%	19713	28.4%	18.1%
手机在线教育课程	11890	15.8%	9798	14.1%	21.3%
手机微博	28634	38.0%	24086	34.6%	18.9%
手机地图、手机导航	46504	61.8%	43123	62.0%	7.8%
手机网上订外卖	32229	42.8%	19387	27.9%	66.2%

由两张表可以看出，虽然移动类应用和 PC 类应用有所差别，但是即时通信、搜索引擎、网络新闻的使用率均高达 80% 以上。恰恰是三个最普遍的应用，从网民的角度看，都是免费服务，谁为这些服务“埋单”？探讨免费背后的原因，就会发现“羊毛出在猪身上”的现象。要弄清楚中国互联网为什么会达到当前的规模，如此高速的发展，必须理解商业模式和风险投资，这两点恰好是中国互联网最独特的地方。

【羊毛出在猪身上：免费杀毒模式】①

2008 年，周鸿祎宣布 360 杀毒软件永久免费，在此之前，关于杀毒软件是否免费的话题已经争论数年。而中国的 PC 安全软件很多都是收费

① 360 官网. http://www.360.cn/about/history.html

的，如瑞星、江民、金山以及国外的卡巴斯基、诺顿等。2009 年 10 月 20 日，360 安全中心发布永久免费的 360 杀毒 1.0 正式版，再到 2010 年 11 月 10 日下午 15 点 30 分起，金山毒霸（个人简体中文版）的杀毒功能和升级服务永久免费，中国免费杀毒软件市场渐渐成型。

360 公司的免费模式迅速吸引大量用户，根据艾瑞咨询发布的报告，2011 年 1 月，奇虎 360 的互联网安全产品拥有 3.28 亿月活跃用户，用户覆盖率超过 83.9%，是除了 QQ 之外下载量第二的客户端。免费杀毒软件进入市场后，主要依靠软件销售获取收入的杀毒软件公司面临选择，纷纷推出各种阶段性免费版本，如瑞星公司在全球发布永久免费的“瑞星卡卡 6.0”并捆绑免费期为一年的“瑞星杀毒软件 2008 版”和“瑞星个人防火墙 2008 版”，免费行动已经逐渐开始产生行业集体效应。从淘宝的免费策略、电子邮箱从收费重新回归免费的实例中可以看出互联网的免费模式已深入人心，而杀毒软件公司如何设定市场策略，必须完成盈利模式的升级。对于 360 公司而言，由于杀毒软件具有很高的普及率，很容易在网民每天查杀病毒的时间，推荐网上销售的商品，从而实现了“羊毛出在猪身上”的商业模式。

商业模式的断代史

回顾中国互联网发展历程，不同阶段呈现不同的特征，依照时间次序，主要分为互联网科技化、互联网商业化、互联网社会化和互联网生态化，如图 2–1 所示。

中国互联网发展阶段图【图 2–1】

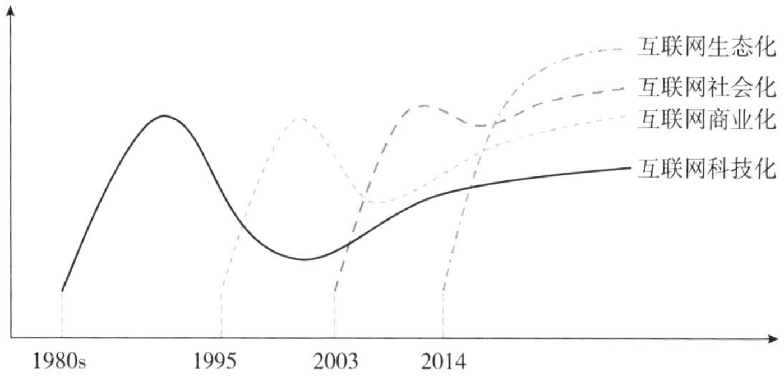

在互联网科技化阶段，互联网作为科研工具，主要是政府投资，商业模式并不重要，所以这个阶段只是互联网发展的启蒙阶段，主要任务是普及概

念。从1995年，伴随着瀛海威、新浪网等公司商业化实践，有关商业模式的创新才成为主流。贝恩咨询公司把中国互联网商业模式发展分为2个台阶、6个时间阶段。每个时间段都有对应的主流商业模式，图示如下。

第四次工业革命下的互联网时代【图2-2】①

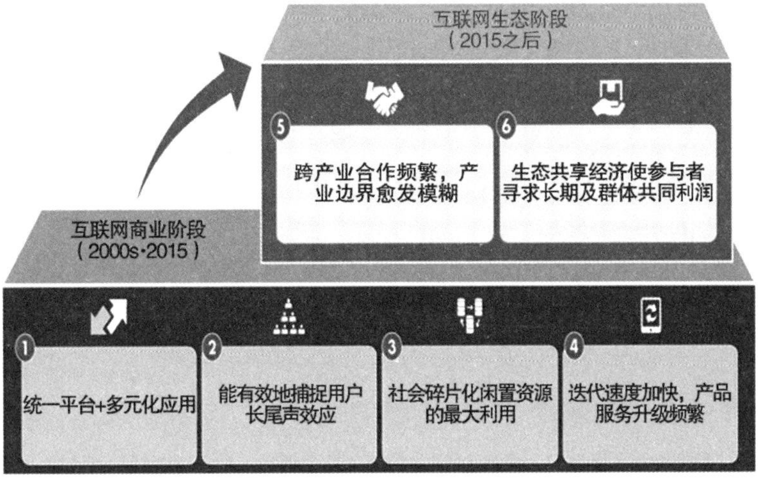

互联网的商业化

从1995年开始，互联网作为一种信息传输工具，在人们的生活中存在，收发邮件、浏览新闻是主要用途。1998年，信息产业部在原邮电部和电子部的基础上成立，开始大规模改革电信业，除了中国电信之外，中国联通、中国移动、中国网通和中国卫通都取得经营互联网宽带业务的权利，各种的互联网的接入服务商也开始大范围兴起，中国互联网的商业化时期开始了。

1998年，全球经济形势严峻，整个世界都被笼罩在东南亚金融危机的阴影中，但中国的互联网产业却在此时获得了风险投资，新浪、网易、搜狐等门户网站迅速兴起。风险投资对新型科技产业的兴起和发展来说是强有力的推手，成就了诸多民营互联网公司的崛起乃至繁荣。各种网络应用的技术得以开发、实施，如电子商务、电子政务、在线教育、网上银行、即时通信、

① 专家访谈：贝恩分析

网络搜索等。通过免费的商业模式，培养了用户免费共享信息的网络习惯，确立了网络作为寻找和分享信息工具。

然而好景不长，随着美国纳斯达克市场的互联网泡沫破灭，所有存活下来的企业开始寻找适合自己的盈利模式，不再一味免费。2002 年，经历了互联网泡沫后，中国互联网企业在积极探索，寻找新的盈利点，广告、游戏成为突破口，成为发展最为迅速的两种模式。

2004 年是中国互联网寒冬之后迎来的第一个春天，盛大、腾讯、百度、阿里巴巴的先后崛起，多种多样、各具特色的网络平台应运而生，分享、展示和交流成为人们使用互联网最为突出的表现，网络发挥了渠道的功能，成为诸多有共同兴趣、共同诉求群体的沟通桥梁，中国互联网带入了一个崭新的格局。

网络广告

所谓网络门户，国际上就是雅虎网站，中国最早是搜狐、网易和新浪三大门户，他们开启了中国互联网的第一次热潮。门户网站满足了大多数网民的最一般的需求，这些网站分类整理新闻信息并提供搜索引擎服务，以及邮件和其他增值服务，这种综合性的信息提供网站整合了各类信息（新闻、财经、旅游、娱乐等），从而迅速产生了用户黏性。诞生初期的门户网站，除了三大门户，北京市政府开通政府门户“首都之窗”、光明日报推出新闻门户“光明网”，另外，也出现了众多区域门户，包括西安古城热线、上海热线、广州视窗等。

在逐渐演化过程中，门户网站逐渐分解为两类，一是专门提供搜索引擎服务公司的网站，比如百度；二是专门提供网络新闻的服务，比如今日头条。它们的盈利方式，都是广告服务。2017 年，中国网络广告市场规模为 2957 亿元，在去年基础上增长 28.8%，增速较上年有所提高（见图 2–3）。

网络游戏

在中国互联网的发展历程中，网络游戏功不可没，从 2000 年开始到现在，一直是网络服务商最大的蛋糕。

回顾中国网络游戏的发展历程，最初主要靠引进日韩的网络游戏，2001 年 1 月 1 日，北京华义推出的《石器时代》，正式将中国网络游戏市场带入高

中国网络广告市场规模和增长率【图 2-3】[①]

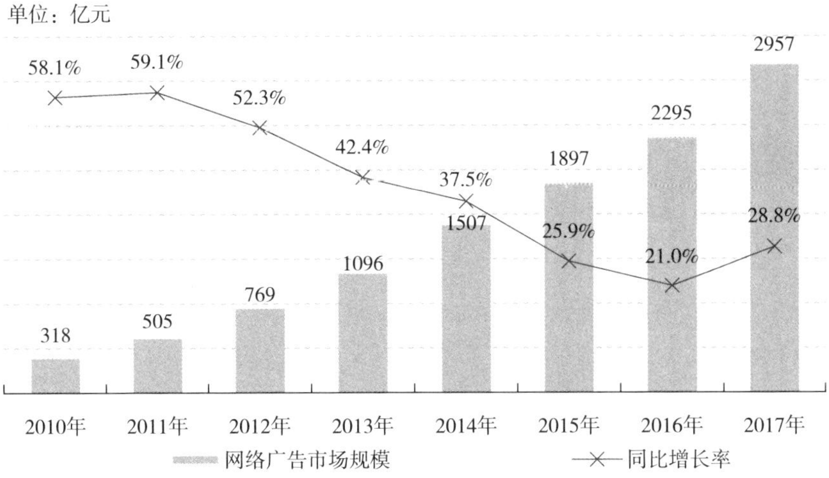

速成长期，盛大引入的《传奇》更是盛极一时。IDC（塞尔数据中心）数据表明：2001 年中国网络游戏市场规模约为 3 亿元，2002 年便迅速增长到 10 亿元人民币。网络游戏的盈利潜力、用户范围和未来的成长空间吸引了众多互联网公司，成为新的利润增长点。继广告之后，网游成为了重要的创收来源。

除了门户网站，一些非游戏行业的上市公司、网络运营公司和电信企业也纷纷参与网络游戏的代理运营，引燃了网游市场的激烈竞争。实力强的公司逐渐从代理运营游戏到自己开发。网易推出《大话西游 Online》《大话西游 II》；2003 年 7 月 16 日，联邦软件和目标软件共同投资开发运营网络游戏《傲世三国 Online》，意味着伴随产业逐渐发展成熟，较为完整的网络游戏产业链也逐步形成，越来越多的国内网游开发厂商推出原创作品。金山公司在 2003 年推出耗资 1500 万的首款自主研发网络游戏《剑侠情缘网络版》。2003 年 9 月，中国首次将网络游戏技术纳入国家 863 计划，促进中国提升网络游戏自主研发水平。

网络游戏内容形式的逐渐丰富、场景画面设计的更加精良吸引了更多用户，同时网页游戏凭借其操作方便的特性，迅速扩大了传播范围。另一方面，社交网络平台加入网页游戏元素后，融合了虚拟社交网络中的人际关系和网络游戏的休闲趣味性，用户规模迅速增加，2009 年网络游戏的用户规模增长率达到高峰。网络游戏规模庞大的用户基础与中国进口游戏使用率高于国产游戏的现状形成鲜明对比，在面临挑战的同时也存在机遇，需要推动中国游戏生产企业提升专业能力，增加竞争力。2011 年后，网络游戏用户规模增长率逐渐稳定，进入平台期，游戏生产商也将注意力细分，挖掘细分市场的价值。2013 年，移动互联网的发展带来手机游戏迅猛发展。2014 年手机游戏依旧占据核心地位，这一年出现了大量精致的手机游戏，同时通过网络用户的彼此推荐，这些游戏获得极大关注。

2017 年 1—11 月，网络游戏（包括客户端游戏、手机游戏、网页游戏等）业务收入 1341 亿元，同比增长 22.1%。相较于 2016 年 11.0%~23.8% 的增速，2017 年 1—11 月，网络游戏发展迈上新台阶，其收入增速提升到 21.2%~48.5% 的水平（见图 2-4）。2017 年网络游戏产业呈现移动化、国际化、竞技化发展态势。移动网络游戏发展迅速，在行业的营收中占据 90% 以上的比例，成为网络游戏产业中新的驱动力量。在快速发展过程中，移动网络游戏市场竞争演化为游戏作品、用户资源、知识产权（IP）、渠道等产业链整合综合竞争。与此同时，我国网络游戏产业的布局从东南亚市场拓展到欧美、日韩、俄罗斯等一线消费市场，品牌和产品的影响力显著提升。此外，相较于其他文娱产业，游戏产业的国际影响力提升，电子竞技首次列入 2022 年中国杭州亚运会正式比赛项目。

网络游戏收入增长情况【图 2-4】①

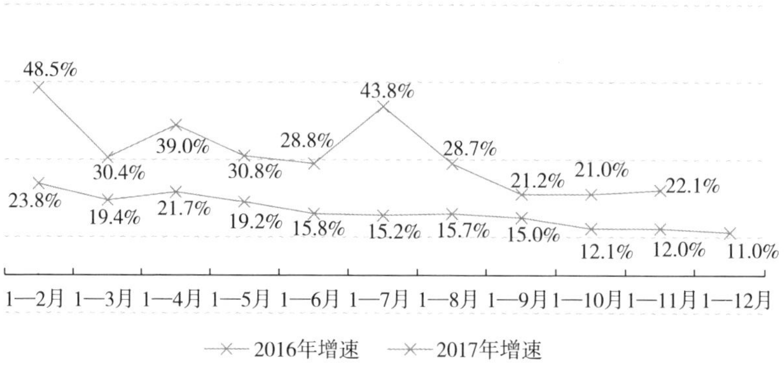

电子商务

在 1999 年的时候，中国的电商企业就开始起航，确立了商业模式。但在电商的发展历程中，2003 年是一个关键的时间点，真正体现了电商独特的

① 工业和信息化部

价值。2003 年，中国发生了“非典”，但是因祸得福，电子商务远距离、非接触特性被充分使用，电商网站吸引了大批消费者。从 2003 年 4 月 29 日到 5 月 4 日，当时风头正劲的卓越网销售额在短短几日内便突破 1500 万元；当当网的访问量出现大幅增长，防止非典的书籍更是成为销售热点。非典时期，达成交易的企业占总数 42%，业绩逆势上升的企业达 52%。

“非典”期间，人们足不出户，正常的交易活动被打乱，电子商务成为网民购物的重要渠道。后来大名鼎鼎的京东，就是在非典期间才决定把中关村的门店销售放到网上，并迅速确立了 3C 电商的主导地位。阿里集团也开始了电商领域布局，为了保护 B2B 客户不受 eBay 攻击，模仿其模式进军 C2C 市场，成立淘宝网，经过 3 年发展，已经在规模上超越了 eBay 易趣和日本雅虎，成为亚洲最大的网络购物市场。在此期间，还推出了旺旺即时通信工具和第三方支付工具“支付宝”。非典催生了电子商务春天的到来，风险投资的焦点也重新关注到电商企业，在获得大量融资后，各类电商网站蓬勃兴起。

根据 Pew Research Center 的统计数据，2007 年中国网民中使用网络购物的比例为 22.1%，美国 2006 年的网购比例已经达到 71%。2008 年到 2010 年间，中国网购用户规模保持 45% 以上的增长率，一方面传统企业开始重视网络营销，通过入驻电商平台促进服务升级，同时网购也深刻影响人们的生活习惯，凭借其便捷性等特点取得高速发展，越来越多的传统经济活动进入网络。中国网民的在线购物总量超过美国，中国成为世界上第一个电商大国。2010 年，政府出台的鼓励和规范文件促进了网购的应用。此外，随着团购的兴起，B2C 企业的上市，网络购物更加深入人心。在国家拉动内需、刺激社会消费的大环境下，网上购物网站不断扩大规模、提升服务水平，共同促进了网络购物应用的快速普及。

从 2011 年开始，中国网购用户规模增长率回落，增速放缓，主要由于新网民总量减少和老网民转化乏力。中国中老年人群的互联网普及率需要提高，消费模式的转变也存在障碍，同时，与网购配套的物流业也面临地区间服务水平的差异。随着移动互联网时代的到来，手机网络购物的应用逐渐广泛，用户可以随时随地“指尖购物”。物流体系和支付手段的完善、网购消费体验的提升、《消费者权益保护法》纳入网购相关内容等共同造就了 2012 年至 2013 年的用户规模增长率。2014 年跨境 B2C 业务彰显中国网络零售全球化发展趋势。伴随着几大电商巨头的上市，中国电商产业格局逐渐稳定。

中国网络零售交易规模【图 2–5】[①]

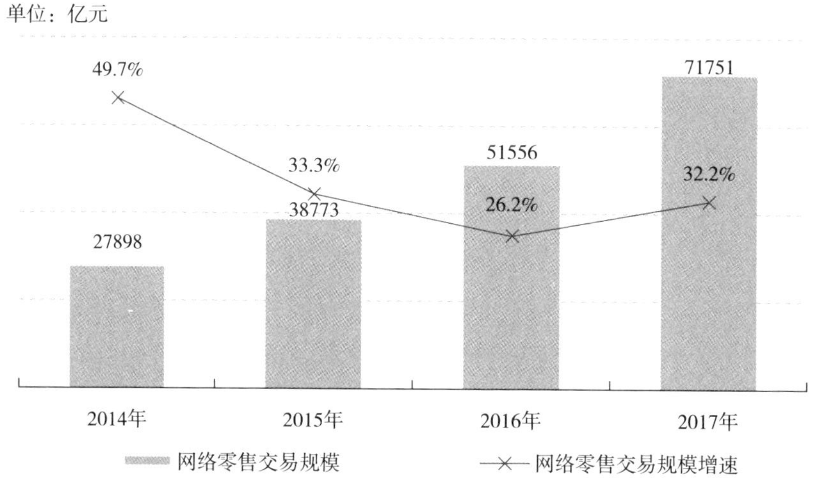

2017 年中国网上零售额再创历史新高，达到约 7.18 万亿元，比上年增长 32.2%，增速比上年加快 6.0 个百分点。其中，实物商品网上零售额 54806 亿元，增长 28.0%，占社会消费品零售总额的比重为 15.0%，比上年提高 2.4 个百分点。

电子商务平台收入增长情况【图 2–6】[②]

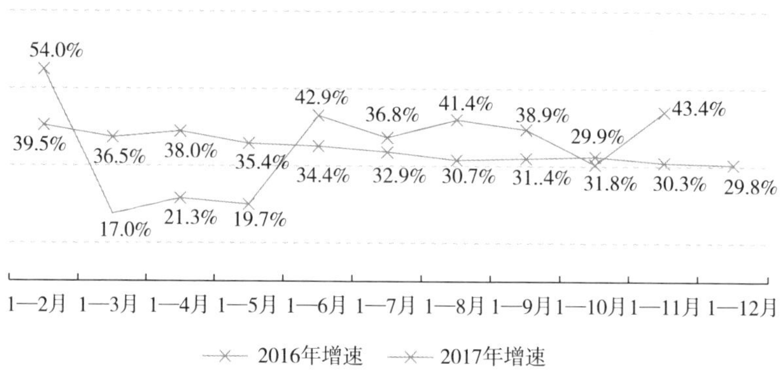

2017 年 1—11 月电子商务平台收入 2188 亿元，同比增长 43.4%。相较于 2016 年逐月累计收入的增速放缓，2017 年电子商务平台收入增速波动幅度较大，平台总体收入在快速增长。

---

① 国家统计局

② 工业和信息化部

网上支付

伴随着电子商务的高速增长，中国的网上支付也获得了高速发展的机会。网上支付和网上银行的发展为用户网购创造条件，而网购的普及也会促进支付手段多样化。网上支付领域扩大到 B2B、B2C 和 C2C，网络购物和旅行预订的发展也促进了网上支付的应用。除了网上支付服务提供商，银行和运营商也积极拓展相关业务如手机支付的投入，基金公司、保险也开始布局网络支付。2009 年是网上支付用户增长最快的一年，增长率高达 80.88%。2010 年 6 月 14 日，人民银行发布《非金融机构支付服务管理办法》，给予第三方支付合法地位。2011 年，中国人民银行分别向三批服务企业发放《支付业务许可证》，第三方支付行业地位得到充分认可。

支付牌照为支付企业赢得了一定的市场发展空间。快捷支付得到发展、支付方式不断创新，加之团购等的助力，支付业务稳步发展。第三方支付对传统银行业产生冲击，春节"红包"、打车应用等助力互联网巨头占领移动支付市场，各大银行也积极转型升级并推出手机银行。网上支付成为独立于电商之外的商业模式。

2016 年底，中国网上支付用户规模达到约 4.75 亿，支付场景和服务更加丰富。网上支付既是独立的商业模式，也成为互联网进入发展的基础。芝麻信用、腾讯征信、拉卡拉信用等 8 家机构获得央行的个人征信业务牌照，完善了网上信用消费的支付环境。

2008—2016 年网上支付使用情况【图 2-7】[①]

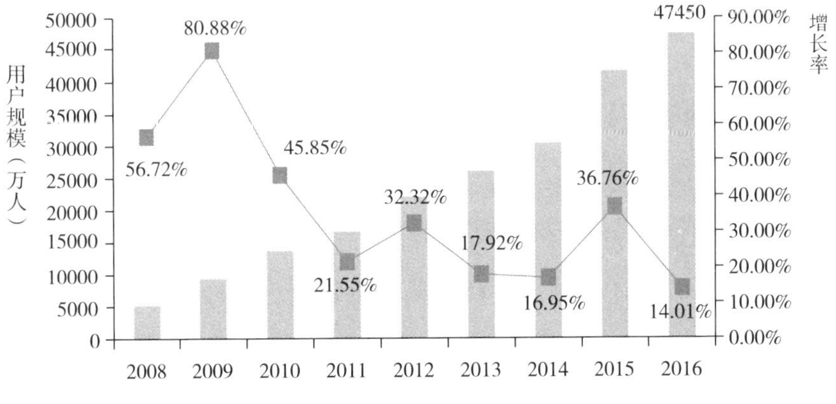

①《中国互联网络发展状况统计报告》. 中国互联网络信息中心

截至 2017 年 12 月，我国使用网上支付的用户规模达到 5.31 亿，较 2016 年底增加 5661 万人，年增长率为 11.9%，使用率达 68.8%。其中，手机支付用户规模增长迅速，达到 5.27 亿，较 2016 年底增加 5783 万人，年增长率为 12.3%，使用比例达 70.0%。

总体来看，网络广告、网络游戏、电子商务再加上网上支付，构成了中国互联网红利的主力军，成为各种免费的支撑基础，也为投资者带来了丰厚的回报。

互联网的社会化

2005 年，以博客为代表的 Web2.0 蓬勃发展，标志着中国互联网进入媒体阶段。Web2.0 技术的广泛应用催生了一系列社会化新事物，人们的网上互动缘由和方式发生整体性转变，用户既是网站内容的浏览者，也是内容的制造者，既是在网上冲浪的弄潮者，也是波澜的推动者。模式上由单纯的“读”向“写”以及“共同建设”发展，不再只是被动接受信息而是主动去创造网络信息和文化。Web2.0 突出的是越来越活跃且无所不在的“以人为核心”的数字文化，人人都可以使用那些用于协作、社交、分享和创造的工具。网络已经不仅仅是一项技术，更是思维、意识，也是态度。人们完成了一次互联网理念和思想体系的升级换代，由原来自上而下由少数资源控制，变为由大众主导的、“内容为王”的社会化互联网时代。

用户产生内容（UGC）

2005 年，全球博客数量超过 1 亿，获得了投资界的高度关注。中国的博客产业也取得突破，数量达到 1600 万。2005 年 5 月初，Google 针对 Blogger.com 推出的移动服务使美国用户可以通过移动设备创建博客。众多企业纷纷推出博客服务，如雅虎在 2005 年 3 月 29 日推出的“雅虎 360 度”、微软推出基于 MSN 的博客服务“MSN Spaces”；在中国，博客网（原博客中国）和中国博客网成功融资的同时，三大门户网站也积极拓展博客服务且各具特色，分别是新浪博客的名人博客策略、搜狐博客的社区服务以及网易博客的“游戏理念”。2007 年，随着门户网站综合实力和媒体影响力的增强，加之积极的宣传和推广，门户网站博客频道的优势逐渐凸显，成为门户网站内容体系中的重要单元。腾讯推出的博客服务 Qzone，后来经过不断改版，逐渐向社交网站转型。

随着社交媒体的出现和迅速发展，普通大众扮演的角色发生了变化，从信息的被动接受者变成了网络信息的缔造者与传播者。Web2.0 加快了信息的传播速度，网络舆情的传播方式和影响力发生了深刻变化。Web1.0 时代，互联网内容主要由各大网站生产，用户和网站的交互主要体现为寻找和接受相应的内容，用户之间也只能通过有限的方式进行散落联系。

进入 Web2.0 时代，用户可自主生成内容，使得网络内容生产者的数量呈几何级增长，用户与网站之间双向交互，用户与用户之间也在进行多渠道、多层次的立体交互。Web2.0 的网络内容不再是离散的，而是具有强烈的“关系”属性。这种基于各种强弱关系的网状结构，也直接使网络舆情能够快速成型、发酵，短时间内多次转向。与即时通信类的网络应用不同，博客、个人空间、微博、微信都具有一定的公共性质，并被统称为自媒体。

微博的月活跃用户从 2016 年一季度的 2.61 亿个上升到二季度的 2.82 亿个。根据腾讯 2016 年三季度财报显示，微信的月活跃账户数约 8.46 亿个。订票、餐饮、购物，几乎无所不能的微信早已从一个单纯的社交 App，升级为一个移动互联网的入口级应用平台。平台化的微博、微信已经成为信息分发的主渠道，任何一家传统媒体和其他自媒体均无法企及。2016 年国办文件《关于在政务公开工作中进一步做好政务舆情回应的通知》，也把政务微博、政务微信和政府客户端作为政务公开的标配。

http://yuqing.people.com.cn/n1/2016/1222/c408999-28969312.html

网络视频

截至 2017 年 12 月，网络视频用户规模达约 5.79 亿，较去年底增加 3437 万，占网民总数的 75.0%。手机网络视频用户规模达到约 5.49 亿，较去年底增加 4870 万，占手机网民的 72.9%。

网络视频 / 手机网络视频用户规模及使用率【图 2-8】[①]

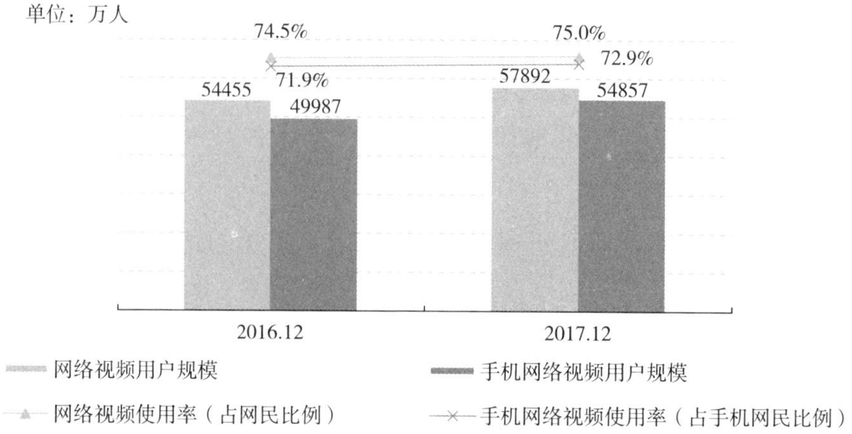

2017 年网络视频行业保持良性发展，用户付费能力明显提升。调查数据显示，2017 年国内网络视频用户付费比例达到 42.9%，相比 2016 年增长 7.4 个百分点，且用户满意度达到 55.8%，预计未来仍将保持较高速的增长趋势。从行业自身发展来看，网络视频行业移动化、精品化、生态化进程在 2017 年得到持续推进。

网络视频移动化发展趋势相比 2016 年更加明显。从终端设备的使用情况来看，随着大屏手机的普及，手机与电脑、电视、平板电脑等设备收看视频的体验差距明显减小，同时由于手机在私人化、碎片化等方面存在明显优势，使得用户愈发倾向使用手机收看网络视频。

从视频类应用的发展情况来看，以快手为代表的移动端短视频应用在 2017 年迅猛发展，并吸引了阿里巴巴、360、今日头条等大型厂商进入该领域进行布局。

网络视频内容正规化和精品化进程不断推进。在内容正规化方面，国家新闻出版广电总局宣布仅上半年就处理了 155 部违规的网络原创节目，并且未来将坚决杜绝问题节目以“未删节版”或者“删减内容花絮”的名义在网络上播出，以规范行业内容发展。在内容精品化方面，爱奇艺和优酷分别与 Netflix、索尼影视等海外版权方达成内容授权协议，通过引进海外正版视频资源提升其内容竞争力。

网络视频行业的生态化程度进一步加深。在视频行业内部，搜狐、腾

① 《中国互联网络发展状况统计报告》，中国互联网络信息中心

讯、完美、阿里巴巴、爱奇艺等厂商均陆续在 2017 年发布了视频内容创作计划或投资视频内容创作机构，通过布局视频内容制作上下游的全产业链，以独家原创内容吸引观众。在视频行业外部，网络视频企业还积极与文学、漫画、电影、游戏等相关内容行业进行联动，生态化平台的整体协同能力和商业价值正在逐步凸显。

网络直播

伴随电视媒介的兴起，“直播”这种节目形式就已经开始出现，与网络视频直播相比，传统的电视新闻直播在报道新闻现场时受到时间、栏目设置、记忆能力等限制，视角有限，场景也相对固定；而网络视频直播则可以不受限制，用手机、无人机等设备进行全方位多视角的直播，为用户提供多元视角的侵入式体验。此外，不同于传统电视视频，网络视频直播还能同时为用户开通在线互动交流的通道，满足用户的社交需求，增强用户使用黏性。可以说，网络视频直播赋予了“直播”以全新的媒介特性——实时性、交互性和社交性，它也比传统电视直播具有更强的渗透性，打通传播的“最后一公里”。这也正是网络视频直播成功的关键，使用户拥有前所未有的交互体验和现场参与感，不求完美，但求真实、即时。新鲜、及时、接地气的内容对用户来说远比经过后期精心剪辑的传统新闻专题报道更具吸引力，这是直播所带来的“适时体验”决定的。

Lopez Research 创始人玛丽贝尔·洛佩兹最早提出了“适时体验”，其含义是移动技术“在客户恰有所需时”传递恰当的信息。移动互联网时代，场景的意义大大强化。移动传播的本质是基于场景的服务，是对场景的感知及信息的适配。实际上，媒介更像是人的延伸，随时随地可以进行的视频直播则回归了人们最自然、直观的交流方式——“面对面”交流，时空的阻隔不再成为障碍，人的生活场景、人的整体性都得到了“延伸”。直播可以说是围绕用户、以用户为中心形成的信息和服务，兼顾了用户当前所处时间、空间特征以及兴趣、意愿、社交等多重需求，并在技术进步的推动下为用户提供更多的动能和服务。

2016 年，网络直播服务持续高速发展，截至 2016 年 12 月，网络直播用户规模达到3.44亿，占网民总数47.1%。直播的类型也在不断垂直化发展，其中，新闻直播由于其时效性、现场感和便捷性强，能够带领用户快速触达事件，连续追踪热点，越来越受瞩目，已成为新媒体传播的主要呈现方式之一。2016年底，游戏直播、秀场直播等类型的直播用户规模占比都有所下降，而新闻直播等垂直化类型则越来越受到重视。用户的需求日趋多样，除了娱乐和轻松内容之外，严肃、原创的新闻价值也越来越凸显。Twitter亚太副总裁Aliza在解释Twitter为什么布局直播时说“大家喜欢实时直播，因为人们想要了解全球各地此时此刻正在发生什么，我们如果不能在现场看，退而求其次，可以通过手机看到其他人正在体验的一些当下正在发生的事件，这些精彩的内容是很吸引人的，让人感到激动和兴奋。”视频直播融合了视频、图像、文字等丰富的媒介形式，突破了视觉、听觉的时空限制，可以跟随他人视角，共同“亲历”另一空间场域正在发生的事情，并且产生第一视角的代入感，特别是与VR技术相结合，更加为用户创造“身临其境”之感。

越来越多的传统媒体、主流媒体纷纷转型开启直播模式，于是出现了大屏小屏的融合共生，直播成为记者第一时间发布现场动态的首选，也更容易获得大众的人缘。很多重大主题活动也都选择走网络媒体、直播平台和传统媒体、新闻报道两条路线，并且越来越重视网上的传播和渗透。

网络文学

网络文学是以互联网为载体的原创小说、故事等，也是内容产业中最重要的类型。网络文学改变了人们的阅读方式、生活方式乃至思维方式，彰显了中国文化巨大的原创力。

网络文学起源于早期BBS时代。随着高校BBS（水木清华BBS、北大未名BBS、南京大学小百合BBS等）的热度提升，一些爱好文学的大学生开始把他们接触到的网络文学作品转贴到国内高校的BBS上，文学、读书相关版面人气居高不下，越来越多的用户接触到网络文学这一新生事物。

1998年3月22日到5月29日，发表在BBS上的连载小说《第一次的亲密接触》使网名为“痞子蔡”的台湾成功大学水利工程博士蔡智恒成为明星作家，在网络读者群中引起轰动，加速了网络文学热的蔓延，也标志着网络文学的起步。该书描述了一段凄美的网络爱情，在发表后被各大论坛转载、推荐，引起火热讨论，此后两年间一直位于中文网络原创小说流行榜前三名，1998 年 9 月发行了纸质版本并成为热销图书。其后，各种影视版的改编、广播剧、漫画、游戏也随之推出。[①]

2001 年，网络小说作家今何在出版的《悟空传》是第一本在现实中出版的网络小说。到 2002 年，网络小说脱离 BBS，独立成型。网络文学的开放性，网络文学作者和读者的良性互动共同促进了网络文学的发展，众多网络文学爱好者将作品发布在网站上。网络文学基本的商业模式为：网络大热→出版实体书→拍摄电影电视剧或者制作游戏，获得各种形式的版权收入。

2010 年底，中国的网络文学用户有约 1.95 亿人，增长率为 19.80%（见图 2-9）。网络文学也为网络游戏、电影电视等提供了素材，互动明显且互相促进。网络文学为传统作家提供了新的发布渠道，传统文学奖项也将网络文学纳入评选，网络文学的用户渗透率不断增加。2013 年，版权保护力度的增强进一步促进了网络文学的健康发展，同时，网络文学的盈利模式也更加丰富，与游戏、影视和动漫行业交叉融合。后来，移动阅读的出现填充了网络用户的碎片化时间，对传统阅读带来冲击。2016 年底，网络文学的用户规模达到约 3.33 亿，优质的网络文学作品展现出日益显著的商业价值。各大互联网公司纷纷成立了自己的网络文学部门。

2010—2016 年网络文学应用情况【图 2-9】[②]

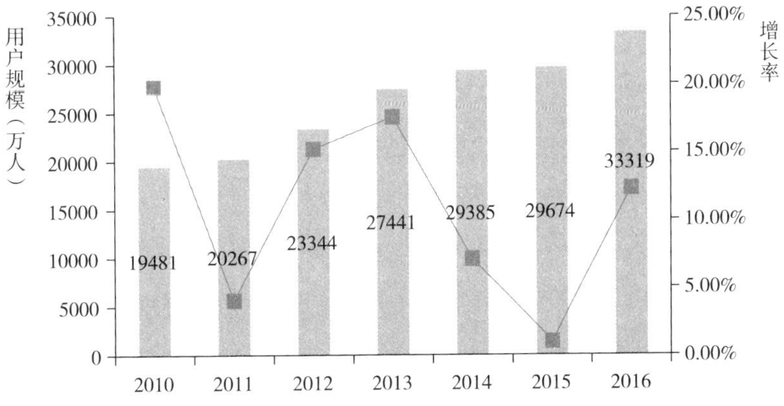

① 周志雄．回顾与评判——《第一次的亲密接触》与网络文学的发展．2008 年 3 月

②《中国互联网络发展状况统计报告》．中国互联网络信息中心

网络文学经过近些年的整合，网络文学领域形成了几个内容源中心，网络文学平台日益成为内容生产、分发、粉丝互动的核心。基于粉丝经济对于网络文学内容进行关注和跟进，再衍生到影视、动漫、游戏，以及线下产品。实际上，这种粉丝经济驱动的发展方式在创作源头中就为后续的系列泛娱乐产业开发铺垫了基础。仙侠、盗墓、探险、玄幻、穿越等多种类型题材精彩纷呈，《花千骨》《甄嬛传》《琅琊榜》《三生三世十里桃花》等由网络小说改编的热门影视剧也掀起一波波收视狂潮，实现了影视作品和网络文学的内容联动。由网络小说转化出版的图书，改编的影视作品、游戏、动漫、有声读物及周边产品，带火了大众娱乐市场，成为网络文学作者获取收益、扩大影响力的主要路径。

网络文学泛娱乐图【图 2-10】

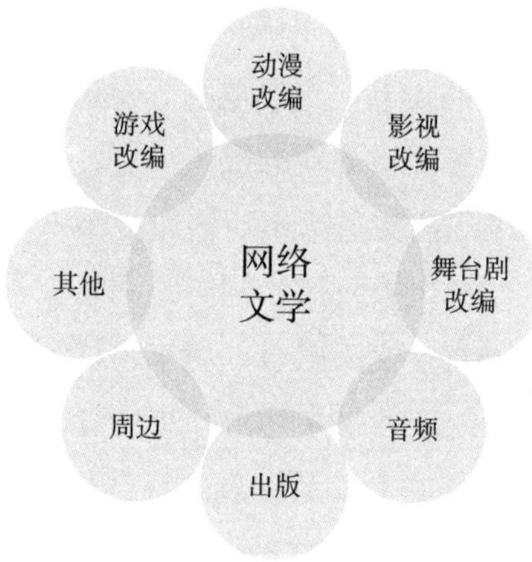

2017 年 6 月，在中国 7.31 亿网民中，网络文学用户已达 3.53 亿，占网民总数的 46.9%，手机上网读文学的网民有 3.04 亿。国内 40 家主要网络文学网站提供的作品数量已高达 1400 余万种，数百家文学网站日更新总字数可达 2 亿汉字，文学网页日均浏览量超过 15 亿次，2016 年中国的网络文学市场产值破 5000 亿元人民币。支撑这些天文数字的各层次作者超过 1300 万，其中相对稳定的签约作者已接近 60 万。仅阅文集团一家，每天就有 400 万作者为其上传原创作品，网络小说存量达千万部。阿里文学 CEO 宇乾认为“网络文学是文娱产业的风向标”。

网络文学的“漂洋过海”

中国文创产业在“墙内开花”的同时，也“飘香墙外”。改编自同名小说漫画的动画片《从前有座灵剑山》已经走出国门，成为首部登陆日本电视台的中国青少年适龄连载动画。美国也已经出现了一些翻译中国网络小说的网站，甚至出现了多个翻译抢译同一部的情况，这些网站广受海外粉丝欢迎，在海外网站排名中位列前茅。

如此繁盛的文学境况在中国史无前例，在世界也是绝无仅有。中国庞大的网络创作正成为世界级文化现象。美国《纽约时报》报道:《花千骨》是一本从来没有进过书店售卖的小说，但这个玄幻仙侠小说现在是中国最成功的品牌之一。避开了传统的“笔墨”，完全依赖智能手机而繁荣的网络文学，现在这已经成为了蓬勃发展的数十亿美元的产业。BBC 中文网报道：随着商业化对网络文学的推进，中国网络文学大有取代传统文学的势头，朝着数字化、产业化和专业化的方向发展。

网络文学发展的经验表明，强大的传统文化资源可以孕育出井喷式新文学。其背后存在着爆发式增长的三大利器：山野草根的自由写作、技术丛林的传播机制和商业模式的经济杠杆。商业模式的市场化运作则是激励创作、拉动传播、创新经营的最大推手，也是中国网络文学海量增长的经济支撑，而这一点恰恰是世界其他国家未能做到的。

近年来，一大批中国小说走出国门，赢得世界各地读者的喜爱，仅英文翻译网站 Wuxia world 就有 100 多个国家和地区的读者跟读，点击量超过 5 亿。CNNIC 报告显示，海外读者对于中文网络文学的兴趣不断提升，使得网络文学企业将拓展海外业务列为发展新方向。阅文集团 CEO 吴文辉在 2017 年 8 月举办的首届中国“网络文学 +”大会上表示“我们希望打造的中国式超级 IP，也应扛起中国文化海外输出的大旗，并具备可持续挖掘的正能量价值。”

中国网络文学逐渐走向世界，以自身魅力受到越来越多的外国读者青睐，在不到两年的时间里征服了百万人以上的英文读者，中国网络小说为外国网民提供了另一种可能：每个人都应该有想象现实以外的其他生活方式的能力。“a breath of fresh air”（一股新鲜空气）是老外对中国网络小说最普遍的认同。

【美国小伙看中国网络小说戒毒】①

美国小伙凯文·卡扎德失恋后用毒品自我麻醉，偶然接触到中国玄幻小说《盘龙》（Coiling Dragon）后，一发不可收拾。一整天，他不吃不喝，一连读了五六部（《盘龙》共21部），相当于中文100多万字。卡扎德说："过去我回家后只想着吸毒，现在我回家后满脑子想的都是中国小说，它们像毒品一样让人上瘾，但至少不会伤害身体。"

2014年我和相处2年的女友分手，然后我就出了点问题，我开始吸毒了，染上了可卡因的瘾。（In 2014 I had a breakup with a woman I was with for 2 years. After that I had a bit of a...problem, I got into drugs, I got addicted to Coke.）2015年2月我吸完最后一道白粉，突然心脏开始不受控制地狂跳，左半边身体感受到一种强大的压迫。我以为我心脏病发作了。从那天起，我每天都能感到这种压力，有时候压力陡增，使我无法清醒思考、头昏眼花。（In February of this year I had did my last line and all of a sudden my heart started beating uncontrollably and I felt a deep pressure appear on the left side of my body all the way down. I thought I was having a heart attack. From that day on I felt that pressure every day, sometimes the pressure would build up and as it did I would actually have a hard time thinking clearly and get lightheaded.）然后有一天，有人介绍我看《盘龙》，我立刻爱上了这部小说。我追完那部又接着去看了《修罗武神》《逆天邪神》《我欲封天》……基本上"武侠世界"占据了我所有的时间，我甚至忘记了对毒品的欲望……（And one day I was introduced to *Coiling Dragon*, immediately I fell in love. Once I got caught up with that I moved onto *MGA*, *ATG* and *ISSTH* etc... Basically *Wuxia* world took up all my time and I was able to forget about wanting any drugs...）大约一个月前，我发现那种压力开始消退了，视力和头脑也变得清晰了，有时，我还能听见脑袋里有一种水被吸管吸走的声音……（About a month ago I noticed the pressure started to dissipate, and as it did my vision and thought shave also started to clear up and also sometimes I can hear a sound in my head like water being slowly drained through a straw...）如果我从未发现"武侠世界"、戒除毒瘾，后果又将会怎样？我真的想说，你们的小说

① 搜狐 . http://www.sohu.com/a/129573842_349124

救了我一命。所以真心感谢。(What would have happened if I never found *Wuxia* world and been able to stave off my addiction? I really want to say I feel your novel shave probably saved my life so thank you...really.)

目前最受海外用户喜爱的中国网络小说主要为玄幻、武侠、仙侠等类型。这类网文的灵感脱胎于中国流传演变了上千年的神话传说、历史典籍，等等，作品中构筑了一个深植于中国传统文化的庞大世界观，与西方世界的文化背景截然不同，给海外读者带来了前所未有的阅读体验。同时还充满了曲折离奇的情节、酣畅淋漓的主人公奋斗经历。

知识付费

随着移动互联网的多年普及和渗透，人们获取信息的方式已经发生了显著的变化，有效利用碎片化时间的观念促使人们接触知识的渠道逐渐从书籍、PC 终端转变成移动终端，从漫无目的的接受信息转变为主动获取，人们的选择行为越发成熟。

另一方面在物质生活逐步提升的同时，人们对于精神的追求也从未停歇，尤其是中产阶层对消费品质的追求越来越强烈，对内容和知识的消费观念和付费意愿已经在发生转变，从不愿付费或者占便宜心理转变成愿意对能够提升自我或者是答疑解惑的知识支付合理的费用。同时，移动支付方式渠道愈发成熟，以支付宝、微信支付为代表的移动支付工具逐渐成为人们线上线下支付的首选支付方式。

有知识分享的需求，就会有相应的平台涌现。直至目前，在中国，知识共享网站大致可以分为三类，以互动百科（2005 年）、百度百科（2006 年）、智库百科（2006 年）等为代表的百科类知识共享平台，以百度知道（2005 年）、知乎（2011 年）、水木社区（2005 年）为代表的社区类知识共享平台，以及最近两年才开始时兴的以在行（2015 年 3 月）、知乎 live、得到、问咖、分答（由在行团队孵化）、喜马拉雅 FM 为代表的知识变现类共享平台。百科类共享模式是网络协作产品，对于特定问题对象，有大而全的静态问答结果。社区类知识共享平台是以知识讨论为核心的跟贴产品，参与者各抒己见，主导信息更迭。而知识变现型平台以付费问答与订阅为主导，为用户提供实时语音直播互动、社群互动。

2016年是知识变现骤然时兴的一年。知识付费平台在网生内容、社群电商、移动音频、移动直播等风口产业交织的环境下，应运而生。知识付费平台为用户提供了知识交换、自由讨论、即时互动、提升知识储备的崭新渠道，在某种程度上超越了传统的百科、社区形态。知识分享尚处于起步阶段，但是过去的一年里，几乎是每个月都有新的平台出现。现如今知识付费的种类繁多、模式多样，比如分答的付费问答模式，上线后短短的42天累计访问用户即超过1000万人次；得到的付费订阅模式，用户规模超过200万人，拥有大咖专栏、电子书、音频等付费订阅产品；还有喜马拉雅平台上的付费收听模式，用户规模已达3.3亿人，12月3日推出的“123知识节”全天销售额达5088万，等等。

当前部分知识分享平台依托于大V、大咖、网红迅速形成了市场影响力，比如喜马拉雅FM、分答、得到等。但是，如果只是一味的依靠大V、大咖、网红撑起平台，一旦等他们热情冷却，平台将会因为没有扶持更多的草根而丧失生命力。事实上，真正能解决问题的，不是所谓的大V，而是真正扎根于各个行业但不太起眼的行家。发展这些长尾用户才是平台的长久之计。

【知识付费——罗辑思维】①

罗辑思维是2012年12月上线的一款知识型脱口秀节目，以音频为主，文字为辅，通过演讲者的音容笑貌、举手投足这些直观可感的信息来传达知识内容以及人格魅力，已经在互联网经济、创新创业、社会历史等领域制造了大量的现象级话题。

2015年12月，罗辑思维团队推出付费内容产品得到APP，自此其播出频道只限于得到，其他所有音频平台不再更新，比如喜马拉雅。得到提倡利用碎片化时间，为终身学习者打造私人“翰林院”。内有大咖专栏、罗辑思维音频、每天听本书、马徐骏说杂志、随时听知识新闻、有料干货等板块，为用户讲述内容主要涵盖了商业、方法技能、互联网、创业、心

① 站长之家. http://www.chinaz.com/news/2017/0222/661743.shtml，百度百科. https://baike.baidu.com/item/罗辑思维/2192931

理学、文化、职场，等等。

据罗辑思维的数据公布，通过微信公众号和得到APP导流，经一年左右的推广，得到总用户529万，日活42万，订阅总份数130万，总人数超79万。从2016年至今，共推出《李翔商业内参》等19个付费专栏。除罗辑思维罗振宇专栏定价1元外，其余18人专栏订阅费每人每年199元，罗辑思维在付费专栏方面的营收达到1.4亿多。

有了内容，就产生了认同和吸附，也就有了结社的可能。逻辑思维的成功在于微信创造的强连接，以及一群志趣相投之人对知识发自内心的热爱。为了将基于传受互动的弱连接转变为“强连接”，逻辑思维后期招募会员采用的唯一通道是微信。微信创造的强连接，堪称是发展社群的核武器，推动罗辑思维由一款互联网视频产品，逐渐延伸成为互联网社群电商。罗辑思维招募会员并不只是为了盈利，而是出于另外一个目的：聚合一群志趣相投之人，会员要有对知识性产品发自内心的热爱、彼此的信任、有行动的意愿，且真能付出行动。

互联网的生态化

互联网内容的丰富促进了“虚拟世界”的繁荣。内容产业与现实产业结合，逐步建立起以即时通信、移动支付、电子商务、网络视频、数字音乐、网络阅读等线上和线下相结合的生态系统，以这种方式更深度地进入人们生活，逐渐从精神世界的调剂品走向现实工作生活密不可分的必需品。网络空间的跃变使人们的生活需求、生产需求的变化升级。互联网生态让网络文化落地生根，网络不仅仅是一个符号，而是在提供给人极大便利的同时，成为了人们离不开的日常，一种生活方式和思维方式，这种转化附着于技术之上，却远远超越技术本身，而成为与政治、经济、科技不可分割的网络文化。与实体经济的结合让互联网走出泡沫的窘境，让精神与物质、虚拟和现实紧密联系，这是互联网发展达到一定程度的重要标志。

截至2017年12月，各类社交平台功能日趋完善，媒体传播影响力显著提升。社交网络正发展为“连接一切”的生态平台。社交应用功能日益丰富，从即时沟通到新闻推送、视频直播、支付交易、游戏、公共服务等，都可以在社交应用上实现，覆盖多领域的平台化发展趋势明显，用户黏性不断增强。同时，社交网络加速了互联网商业模式多元发展，基于社交的营销服务和移动广告成为最活跃的领域，与社交圈、位置服务等功能相结合。

超级网络平台的诞生

在中国，互联网的三巨头百度、阿里巴巴和腾讯，合称 BAT。京东上市以后，也被加上被称为 BATJ。麦肯锡公司全球资深董事合伙人、麦肯锡全球研究院院长华强森（Jonathan Woetzel）分析到：有三个因素，成为中国数字化发展的重要驱动力量，促使中国诞生了互联网的超级平台：

因素一：中国市场体量庞大，拥有数量可观的年轻网民，为数字商业模式迅速投入商用创造了条件。中国庞大的互联网用户群有利于数字企业不断试水，更有助于其快速实现规模经济。2017 年，中国的互联网用户达到 7.52 亿，超过了欧盟和美国的网民总和。

因素二：中国的 BAT 建立的丰富数字化生态圈如今正在不断拓展延伸。2016 年，BAT 提供的风险投资占中国风投总额的 42%，而同年 FANG（Facebook、亚马逊、Netflix 及谷歌）仅为美国风投市场贡献了 5%。相比之下，BAT 在推动本国数字产业发展方面的贡献尤为显著。

因素三：中国政府对数字化企业和机构的态度是“先试水、后监管”，如今更成为了数字化发展的积极推动者。政策制定者过去对数字化企业的监管往往“放缓一步”，使这些企业得以大胆试水并扩大规模。随着市场渐渐成熟，政府愈发主动加强监管，力图营造更加健康的数字化发展环境，同时还以投资者、开发者及消费者的角色积极提供支持。

在以上三大因素共同推动下，中国的数字化发展不断取得新进展。这意味着中国在世界舞台上的角色日益醒目，对全球经济的影响力也逐渐扩大。中国率先应用的多种数字商业模式如今已在全世界流行开来，从无桩共享单车到视频社交网络等等不一而足。越来越多的中国数字企业通过并购、商业模式拓展、成为技术供应这三种方式努力扩展全球业务，这也许意味着中国即将来到全球数字化发展的最前沿。同时，中国在世界数字化舞台上的地位愈发突出，这说明中国可以更广泛地参与甚至领导全球治理，为解决国际竞争、互惠互利、数字主权等挑战做出进一步贡献。

作为数字技术的主要投资国以及应用此类技术的先行国家，中国正在改写全球数字化的格局，并为远在海外的创业公司提供支持和启迪。本土科技巨头资本雄厚，数字生态系统日益丰富，中国已经成为世界公认的数字化大国。中国的数字全球化进程方兴未艾，很有可能在未来几年内成为引领全球数字化发展的力量。

腾讯的生态战略

在国际互联网的舞台，谷歌和亚马逊是平台化做的最好得两家公司，现在看必须要把腾讯加上去，甚至可以用腾讯直接取代谷歌。2011 年以前，腾讯获得的成功是产品的成功，而 2011 年以后的成功，是平台的成功，是开放战略的成功。通过腾讯管理层思维格局的进化，腾讯从封闭走向开放，通过开放平台战略的实施，腾讯管理层认识到了腾讯更高层次的战略是成为互联网的连接器和基础设施的重要性，无论是开放平台还是连接战略，都需要强大的基础设施来支持。在这个认知过程中，腾讯管理层不断地进化，从而推动公司整体不断进化。

2017 年 10 月 30 日，在“2017 腾讯全球合作伙伴大会”开幕之前，腾讯 CEO 马化腾发表了《给合作伙伴的公开信》。在信中，他用“深度融合”“云化分享”“智慧连接”“全用户”“大内容”“新科技”“宽平台”等七大关键词，分享了过去一年对“数字生态共同体”发展的观察和思考：

> 深度融合：互联网企业将和传统企业进行更深度的融合，线上线下打通成为一体，通俗地说是让技术寻找到可落地的产品，让具体的应用找到技术支持。
>
> 云化分享：过去讲“插上电”，现在讲“接入云”，让云化分享源源不断地为创业者提供各种工具和能力。通过云化创新，努力实现各行各业在云端用人工智能处理大数据的图景。
>
> 智慧连接：腾讯坚持连接。连接，是实现深度融合、云化分享以及未来一切变化的基础，也是提供智慧解决方案的基础。在数字

化生态体系中，要做好“心”与“芯”的沟通。

全用户：以互联网为基础的数字平台正在转变为“全用户”平台，数字平台的用户光谱，正在从C端个人用户迅速拉长到B端几乎所有商业企业用户，甚至G端的公共服务机构用户等“全用户”平台。

大内容：海量数字内容的生成与分发正在促成“大内容”。“大”非仅指规模数量和品种类型多，更包括内容生成土壤的肥沃、不同内容间交融创新的活跃、内容分发渠道的丰富等。

新科技：腾讯和合作伙伴将一起探索新科技，共同成长为技术的驱动者和贡献者，未来新技术的变革，一定会带来很多重新洗牌的新机会和颠覆性的变革。

宽平台：腾讯致力于打造坚持共生共赢的“宽平台”。在“数字生态共同体”中，竞争的目的不是你死我活，而是更好地激发创新来解决用户痛点，让整个生态的发展有可持续性。

马化腾说：

我们已经在PC端展现了社交网络的开放平台战略，那就是基于社交的基础设施非常重要；其次，我们会将所有用户的账号整合到现有的所有平台中。我们在这些平台中融入了支付基础设施，让我们的游戏用户可以轻松完成支付。而一旦基础设施打造就绪，可以实现游戏在社交网络中的自我推广。我们建立强大的基础设施，就能让玩家快速而熟练地探索所有平台的潜力。与此同时，完善的基础设施还有助于我们提升用户数据的安全性。通过这种战略，我们可以让开发者对平台进行各种管理，我们希望，此举能够让我们的平台更具吸引力。

企业再大，能力都是有限的。接触越多的合作伙伴，我越是会有一种敬畏心：很多行业都有很深的专业性。只有开放协作，才有可能创造出共赢的未来。幸运的是，我们和合作伙伴们一起，已经在路上。尤其在许多领域，我们的合作伙伴是主导，而腾讯非常乐意担当配角提供基础支持。

> 我喜欢自留“半条命”这个说法，把另外半条命交给合作伙伴。这不是一句玩笑。腾讯并不希望成为一家传统意义上的大公司，而更渴望生长进化成一个共享共赢、没有边界的生态型组织。这两年来，我在各种场合提到最多的词可能就是“连接”。

早在 2014 年，马化腾在首届世界互联网大会上就表示：腾讯要回归本质，做好连接服务。未来腾讯不仅要把人和人连接起来，还要将服务和设备连接起来。

连接，是互联网的本质。所谓“连接一切”，无论是连接人与服务、设备或数字内容，根本上还是为了满足人的延伸。互联网的奇妙之处，在于能够让每一个在生态中被连接的伙伴，都能获得一种自我延伸的能力。网络越大，这种潜在的延伸能力越强。我把这种促进延伸的能力视为“连接力”。在一个没有边界的生态型组织中，腾讯的价值和角色在于：作为一个“连接器”搭建起新时代的新型基础设施。

当腾讯把基础设施的战略贯彻到产品层面时，腾讯的产品策略发生了明显的变化，最为显著的是微信，微信是腾讯公司战略最精华的体现，它不仅仅是一个超级 APP，而是移动互联网时代最优秀的基础设施服务，从公众号到微信支付再到小程序，微信打造的是一个又一个基础服务平台，总裁刘炽平在今年 3 月这样阐述微信支付的发展策略：“我们在营销、人才、基础设施等方面进行大量投资。就目前而言，我们主要将支付平台看作是基础设施服务，而不是以赚钱为目的的服务，这也将是腾讯继续坚持一段时间的战略。”

另一个例子是《王者荣耀》，这款游戏最新的数据是日活跃用户已经超过 8000 万。在经历过多次版本更新后，现在的《王者荣耀》已经不再只是一款单纯的游戏，而是集游戏、视频、电竞、社区于一体的综合平台。

截止到 2016 年，腾讯开放平台累计向开发者分成 160 亿元，超过 600 万开发者注册了腾讯开放平台，接近全球独立开发者的三分之一。腾讯还耗资数百亿元投资入股多家互联网公司，包括京东、美团、大众点评、易车网、金山软件、猎豹移动、搜狗、滴滴打车、58 同城、美丽说、人人车、Bilibili 和摩拜单车，腾讯与这些公司成为战略伙伴，为这些公司提供流量入口和基础服务，帮助这些企业快速发展，从而形成一个强大的生态。

毫无疑问，腾讯已经成为一家平台化、生态化、基础设施化的超级公司，无论做什么产品，都希望能将这个产品平台化、生态化、基础设施化，这种思维和能力是非常可怕的。开放平台和结盟战略伙伴的意义不仅仅是扭转了腾讯的社会形象和行业口碑以及经济收益，更重要的是，当腾讯全力去做开放平台之后，无论是管理层还是整个组织的格局都得到质的进步，这种进步不断积累，让腾讯在开放平台的战略上更进一步。

风投和上市

任何一项事业必须有资本的支持。中国互联网事业的高速发展完全得益于风险投资和上市融资。中国的风险投资事业起步于 80 年代，历经十几年的探索与准备开始快速发展。1998 年，全国政协九届一次会议上，成思危代表民建中央提交《关于尽快发展中国风险投资事业的提案》，这一提案在理论界、经济学界、各级政府间引起了强烈的反响，此后，风险投资成为热门话题，唤起了创业的热情，中国风险投资事业进入了稳步发展阶段。而互联网产业具备高科技属性，处于高速发展中，也吸引了风险投资的注意。另一方面，成熟的风险投资环境对互联网产业发展至关重要。互联网进化的过程是市场化的结果，风险投资的注入为中国充满创意与活力的年轻人提供了创业资本。风险资金的介入，为互联网产业构建了长效发展机制和宽松而理性的发展环境，由于中国风险投资起步较晚，缺乏一定经验，因此，在给互联网注入发展活力的同时也产生了经验教训。

中国互联网遇上风险投资

四通利方筹得 IT 业第一笔风投、搜狐依靠投资启动创业、阿里巴巴获得投资开发电子商务市场，这些都是早期中国互联网最成功的风险投资案例。

1995 年，王志东来到硅谷寻找风险投资，他深刻意识到在资金保证的前提下，可以按照长远思路运作规划。在两年多的辛勤付出下，王志东获得来自美国华登集团、美洲银行罗世公司及艾芬豪国际集团三家风险投资企业的

650 万美元风险投资，这也是国内 IT 业获得的第一笔风险投资。在争取风险投资的过程中，四通利方也进行了“国际化改造”。

1998 年 2 月，搜狐作为第一家全中文的网上搜索引擎正式推出，并得到 Intel 和 IDG 等公司的 210 万美元的投资。虽然创业初期十分艰辛，但推出的中文搜索引擎迅速吸引了很多用户，取得了每月访问量达两万人次的成果，超过了经营 3 年之久的瀛海威的最高纪录。在美国《时代周刊·数字化年代》的年度专刊上，张朝阳与比尔·盖茨、史蒂夫·乔布斯以及杨致远等均列入“全球计算机数字化领域 50 位风云人物”。在多数人还没有真正接触网络的时候，搜狐的发展为用户传递了互联网文化和先进的运作方式，成为网民获取资讯、生活、娱乐、沟通互动的重要平台。而搜狐的创业史也是风险投资引进的成功示例，越来越多的人知道风险投资的概念。

1999 年，高盛联合富达投资等一批投资银行为阿里巴巴投资的 500 万美元，成为阿里巴巴成立之初的重要资金来源。在阿里巴巴成立仅一年时，从软银等数家投资机构融资 2000 万美元。2000 年 4 月起，纳斯达克指数暴跌，互联网产业的寒冬使众多企业陷入困境，而阿里巴巴融到的资金支撑他度过寒冬，迎来 2003 年互联网的春天。

2001 年 12 月，阿里巴巴注册用户数超越 100 万；2002 年 10 月，阿里巴巴首次实现全年正现金流入，实现了全年收支平衡，年底实现全年盈利；与此同时，中国的亿龙网、携程网也宣布进入了盈利阶段。这些互联网公司从中国市场上挖掘到了“真金白银”，又启发了 2003 年的一波投资热潮。

2003 年 2 月 17 日，软银、富达、Granite 和 TDF 风险投资公司再次向阿里巴巴投资 8200 万美元；卓越网也于 2003 年 10 月 16 日获得老虎科技基金的 5200 万元融资；当当网获得 1100 万美元融资；美国 eBay 首先向易趣投资 3000 万美元，又以 1.5 亿美元收购中国当时最大拍卖网站易趣。①

【风险投资失败案例——8848】②

风险投资也有失败的案例，比如曾经处于中国电子商务巅峰的企业

① 章小庆. 新一轮电子商务投资热的思考［J］. 中国科技投资，2004（4）：36-37

② 网易科技. http://tech.163.com/09/0910/01/5IQJJJSG000915BF.html

8848。虽然现在的电子商务行业的领军企业早已换成阿里巴巴、京东等，但1999年王峻涛创办的北京珠穆朗玛电子商务网络服务有限公司（即8848网）在中国互联网发展史上具有重要地位，作为国内第一家B2C电子商务网站，它的失败也在提醒业界人士要理性看待风险投资。

在8848成立不久，国际风险组合就产生了投资意向，包括IDG、杨致远、台湾趋势科技公司创始人张明正等，在资金供给到位的情况下，王峻涛发力B2C业务，2000年初，一个月的销售额就已经突破千万元，强劲的销售能力引起行业内的广泛关注。在“72小时生存试验”中，8848的购物袋连续几天出现在CCTV2的黄金时间，成为志愿者访问最多的电子商务网站。除此之外，8848还与招商银行、中国速递总公司等合作，从物流、渠道、支付多方面部署业务。

显然，8848已经是国内B2C行业中的领军企业，然而在上市的准备中，为了迎合华尔街投资者，投资人没有坚持发展8848的核心业务B2C，而是将8848向B2B模式包装。相比于B2C领域的绝对优势，8848的B2B起步较晚且并非是主营业务。无奈之下，8848被拆分成B2B和B2C，由于无法充分利用过去积攒的核心优势和地面优势，8848业务走向了下坡路，上市也没有成功，最终功败垂成。

由于风险投资和中国互联网事业相生相伴，互联网事业的发展壮大，让风险投资获得丰厚的回报；风险投资的收益继续投资互联网事业，成为一个良性循环。在目前中国所有著名的互联网公司中，其背后都有风险投资的影子。到2010年以后，中国本土的风险投资成为主力军。2015年成为风险投资的顶峰，当年投资的事件数为8430，投资金额5850亿人民币。近5年投资的趋势见下图。

过去几十年中，中国已在全球价值链的纽带作用下变成世界经济不可或缺的一部分，但未来将是数字全球化的时代，而非实体贸易一统天下。中国风投企业在海外投资市场的表现日益活跃。2014年至2016年间，中国的对外风险投资总额达到380亿美元，占中国以外全球风险资本的14%，其中约有3/4流入了数字化相关行业。

风险投资分布【2-11】①

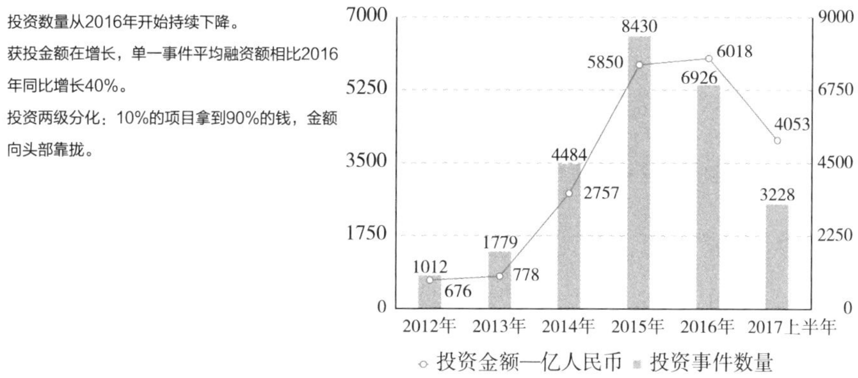

中国互联网公司的上市潮

自 1999 年中国网络概念第一股的中华网在纳斯达克上市以来，中国互联网出现了多次上市热潮。第一波上市热潮发生在互联网商业化阶段，由新浪、搜狐、网易等门户网站引领，2000 年 4 月新浪率先在美国纳斯达克上市，首发募集股本总额 7820 万美元，其后，网易和搜狐分别于同年 6 月、7 月在美国上市，募集的资金为 6975 万美元和 5980 万美元。② 三家门户网站上市不久就受到了互联网泡沫的冲击，股价相继下跌，经过两年的时间，解决盈利模式以后，股价才企稳回升。

第二次上市热潮以携程网、盛大、百度为代表。2003 年携程在纳斯达克上市融资 7000 多万美元。2004 年，掌上灵通作为首家中国专业 SP 概念股，在纳斯达克上市成功。紧随其后，TOMonline 在香港和美国同时上市成功、盛大网络在纳斯达克挂牌交易。2004 年 6 月 16 日，腾讯控股在香港联合交易所主板正式挂牌，是第一家在香港主板上市的中国互联网企业，成为香港恒生指数成分股之一，日后成为中国市值最高的互联网公司。2005 年 8 月 5 日，全球最大的中文搜索引擎百度在纳斯达克挂牌上市，进一步丰富了上市互联网企业的类型。

第三波上市热潮发生在 2007 年，完美时空在纳斯达克上市、金山在香港上市、巨人网络在纽约证券交易所挂牌，以网游为主营业务的互联网企业

① 《2017 年互联网创业群体调查报告》

② 赵枫，苏惠香. 国内门户网站发展过程分析［J］. 现代情报，2005，25（12）：69-72

成为上市主力。资本的汇聚也帮助中国游戏产业提升了研发技术，缩短了与欧美韩日等国家的差距，同时也拥有了更多自主性。阿里巴巴 2007 年 11 月 6 日在香港的上市将第三波上市热潮推向高潮（两年后，阿里巴巴的 B2B 业务又从香港市场退市），以腾讯、百度、阿里巴巴为代表的新三大巨头格局正式取代三大门户新浪、搜狐、网易。

互联网企业的第四波热潮从 2010 年 10 月开始，当当网、优酷、奇虎 360、人人网等企业相继上市，中国互联网也逐渐由娱乐互联网转向商务互联网。电子商务网站京东、阿里巴巴的上市成为第五波上市热潮的核心。2014 年 5 月 22 日，京东集团在美国纳斯达克证券交易所挂牌交易，股票代码为“JD”。京东下设的京东商城集团、京东金融集团、拍拍网、海外事业部均在京东赴美上市资产之列。京东董事局主席刘强东敲响上市钟，开盘报价为 21.75 美元，较发行价 19 美元上涨 14.47%，市值达约 297 亿美元。

【阿里巴巴的敲钟仪式】①

阿里巴巴于 2014 年 9 月 19 日正式在纽约证券交易所挂牌交易，股票代码 BABA，开盘价为 92.7 美元。截至收盘，阿里巴巴股价报 93.89 美元，涨幅达 38.07%，超越 Facebook 成为仅次于谷歌的全球第二大互联网公司。8 名不同身份的“阿里生态代表”敲响上市钟，他们分别是劳丽诗（淘宝店主，前奥运冠军）、黄碧姬（云客服，90 后大学生）、何宁宁（淘女郎、自闭症儿童教师）、王志强（农民店主）、王淑娟（海归回国，带动青川地震灾区电商创业）、乔丽（拥有“淘宝博物馆”的 10 年用户）、窦立国（快递员，边送快递边为贫困地区收集旧衣旧书，建立两座乡村图书馆）和 Peter Verbrugge（美国农场主，通过天猫将车厘子卖到中国）。

截至 2017 年 12 月，我国境内外互联网上市企业总数为 102 家。其中，在沪深、美国和香港上市企业的数量分别为 46 家、41 家和 15 家。在世界前十大互联网企业中，中国有 4 家，分别是阿里巴巴、腾讯、百度、京东。这些企业的业务包括搜索引擎、社交软件、电子商务、网络媒体，满足了消费

①《今日早报》. http://jrzb.zjol.com.cn/html/2014-09/20/content_2828473.htm?div=-1

者的众多日常需求。腾讯、阿里巴巴和百度的市值分别为：3.1 万亿元、2.9 万亿元和 0.5 万亿元，三家企业的市值占总体上市企业市值的 73.9%。而借助庞大的资本优势，三家企业在投资并购、技术研发、模式创新方面也建立了明显优势。

互联网上市企业数量分布【图 2–12】①

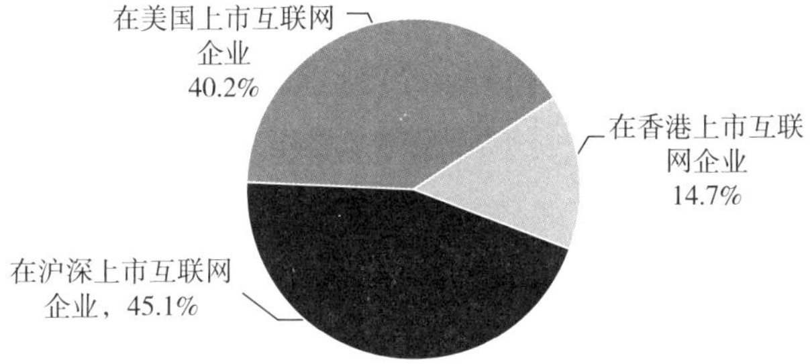

中国互联网上市企业中，网络游戏类企业最多，占 28.4%；电子商务、文化传媒、网络金融和软件工具类企业分别占总数的 14.7%、10.8%、9.8%、5.9%。中国网络游戏产业发展迅速，成为中国互联网行业的重要组成部分；垂直类电子商务企业与平台类电子商务企业正在形成差异化的发展道路；网络金融行业发展迅速，各类创新的理财形式不断推出。未来，随着金融市场的不断完善和相关政策的出台，上市类型将进一步均衡。

互联网上市企业类型分布【图 2–13】②

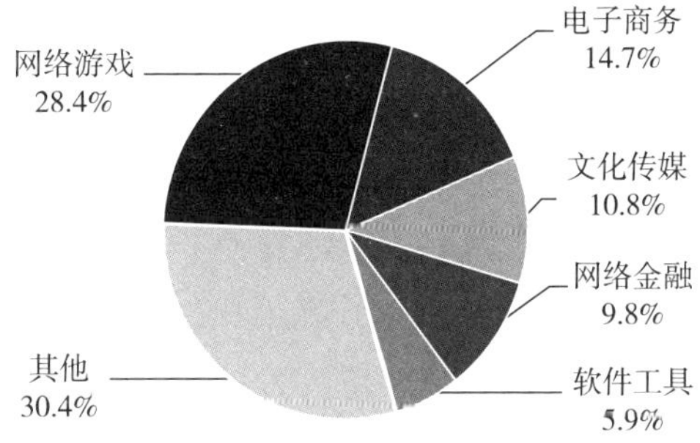

外资企业的水土不服

在风险投资和上市融资的要求下，中国互联网企业的整体运营方式遵循了国际惯例，但是著名的国际互联网公司在中国的运作并不成功。比如，

①《中国互联网络发展状况统计报告》，中国互联网络信息中心

②《中国互联网络发展状况统计报告》，中国互联网络信息中心

eBay 收购了易趣以后，依然败给了中国的竞争对手淘宝网；雅虎中国最后被阿里巴巴收购；最著名的例子，就是谷歌从中国市场的退出。

2013 年 3 月 23 日，谷歌公司高级副总裁、首席法务官大卫·德拉蒙德公开发表声明，宣布将搜索服务由内地转至香港。谷歌自 2006 年通过启用“Google.cn”域名正式进入中国以来，经历了牌照门、偷税门等一系列事件，本土化进程缓慢，经历了 4 年的发展在中国搜索份额中仅占据 30% 左右，与其在欧美市场的市场份额相比差距较大。另外，谷歌在中国发展缓慢的原因也包括不能适应中国的社会环境及网民的使用习惯。谷歌退出后，百度、搜狐、微软、腾讯搜搜均不断开阔自己在搜索领域的市场空间。

同样退出中国市场的还有微软公司的互联网业务。2014 年 10 月 31 日，微软旗下即时通信软件 Messenger 正式退出中国市场，作为即时通信领域的先行者，MSN 于 1999 年推出 MSN Messenger，开通首周就拥有了 70 多万用户，并在 2001 年活跃用户数达到 2950 万。2005 年，MSN 与上海联合投资有限公司合资成立了上海美斯恩网络通讯技术有限公司后，正式进入中国。在几乎未宣传的情况下，MSN 获得了商务人群的青睐，获得了 10.58% 的中国即时通信市场份额。2008 年 MSN 的市场份额在高峰期曾达到 60%，然而，这种良好势头未持续下去，水土不服、用户体验等问题暴露，如频繁掉线、信息丢失、广告信息、垃圾邮件等。而 QQ 在这方面做得更好，为其获取了竞争优势。2012 年 QQ 的用户达到了 6 亿，而 MSN 的用户数仅有 4500 万。

在中国市场上，流量竞争是生死之战，只有流量，才可能被客户注意到，才有收益；否则，会受制于人，被拥有入口的企业压迫排挤，难以有效成长。但是在流量竞争中，需要深入了解用户的习惯，众多的企业砸钱、研发、求贤、炒作，希望自己成为用户接入互联网的入口。然而，经过激烈的争夺战后，移动互联网进入了多入口并存的时代，价值链的各个环节都出现一些明星企业，互联网入口战迎来了全新的竞合模式，通过相互合作，实现用户的自主选择。

曾任微软中国总裁的唐骏认为，微软没能把握好中国用户的需求，用精英思维方式来对待平民草根的互联网时代，今后可能会付出更多的代价。这也印证了互联网行业“用户体验至上”的信条，只有充分挖掘用户需求，创造令用户眼前一亮的产品，才能在如今竞争异常激烈的互联网市场把握时代的脉搏，具备领先优势。[①]

展望未来，以互联网为代表的新一代信息通信技术与经济社会各领域、各行业跨界融合，云计算、物联网、移动互联网、智能终端、大数据等技术研发和产业化的重大突破和进展，“互联网+”成为新一轮科技革命和产业变革发展的重要推动力，经历着新产业、新模式将源源不断地诞生，旧规则、旧制度将不断被淘汰，创业英雄还将不断出现。

① 李闻达. MSN 退出中国市场始末［J］. 软件和集成电路，2015，07：90-95

第三章

网络时代的流通方式

“这个领域很多东西是未知的，不知道什么时候，一个新事物就会突然冒出来。我听了很受启发，如果一个新事物刚刚出现，还没完全弄懂它，就要管、要去规范，很可能就把它扼杀了，在电子商务等新兴业态蓬勃发展的今天，政府要进一步提高行政水平，在‘放’和‘管’之间把握好平衡。”“别以为电子商务只是‘虚拟经济’，事实上，它在很大程度上直接带动了‘实体经济’，无论是B2B、B2C还是C2C。”“更重要的是，电子商务大大降低了流通成本，这对激发中国经济的活力功不可没。”

——李克强总理（2015年4月1日，国务院常务会议）

中国电子商务历时20年的发展，从信息化水品较低、大众缺乏了解到形成中国特色网络交易方式；进入规范化、稳定发展的阶段，大量传统企业和资金流入；网民数量和物流快递行业爆发式增长，再到现如今的去中心化、去中介化、去边界化，多行业多领域全方位生态圈布局的生态发展时期。

中国电子商务在遭遇问题暴露、资金撤离、市场洗牌、网商优胜劣汰的同时，政策环境、基础环境不断成熟，物流、支付、诚信等瓶颈逐渐克服，中国电子商务快速崛起。

2017年中国电子商务保持快速发展，服务模式、技术形态和赋能效力不断创新突破。B2B领域，借助大数据、云计算技术，B2B电子商务企业通过“产业链+供应链金融”的服务模式，构建供应链综合服务平台，以平台为中心对接上下游客户需求，提供完善的金融服务，从而提升贸易达成率。B2C 领域，网络零售市场发展势头依然强劲，创新引领市场新业态和新技术发展。以无人便利店、无人餐厅、无人办公室货架为代表的零售形式层出不穷，刷脸支付服务则再次升级了网络零售的便利性。同时，电子商务对传统业态渗透和赋能加快。电商平台向供应链上游拓展服务，同时建立实体零售体验店，以技术和数据赋能线下业态，AR 技术、虚拟试衣间等产品将有效推动线下商业科技升级。

电商经济的繁荣进一步带动物流、金融等行业的发展，并且和线下零售、信息技术、制造业等多个产业实现融合发展，进化为内容更加丰富的“新零售”，最终成为经济增长的新动能。

电商增长历程

我国网络零售以1998年成立的易趣网为先驱，而后随着eBay网在中国的渗透，我国消费者逐渐培养起网购意识。网络购物缩短了购物的决策时间、拓展了支付场景，逐渐以其灵活、便捷成为了消费者习惯的购物方式，而移动端购物增加了碎片化时间的利用，激发了更多的消费增量。据CNNIC数据显示，截至2017年6月，我国网络购物用户规模达到5.14亿，较2016年年底增长了10.2%，增速高于网民增速的10%。其中手机网络购物用户规模达到4.80亿。

规模和增速

2005年淘宝网上线后，网购规模快速扩张，从2003年17亿元的规模发展为2016年5.16万亿元的规模，总体增速也逐步从2010年的100%以上逐步回落至2016年的33%左右。

2011—2016年中国电子商务市场交易规模【图3-1】[1]

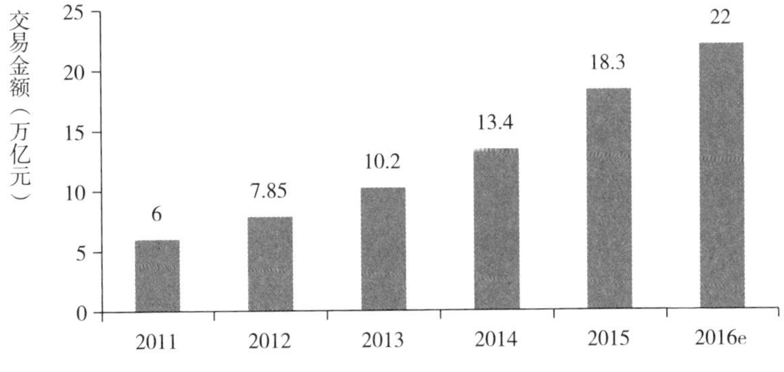

从2011到2015年，中国电子商务市场交易规模持续上升，2015年中国电子商务交易额达18.3万亿元，同比增长36.5%（见图3-1）。新常态下电商竞争更注重技术进步及模式创新，利用大数据技术有效预测需求，发力信息及物流系统建设，打造属于自己的互联网生态闭环，进而以广告、金融等形

① www.100EC.cn

式进行流量变现。2016年上半年，中国宏观经济发展增速稳定，加快推进供给侧结构性改革，各地政府借电商加快传统行业转型升级。中国的电商经济也已步入“新常态”，增速保持平稳增长状态。在网络零售市场中移动端成为主战场，移动端流量成为必争之地。同时，网购竞争格局稳定，流量优势铸就宽护城河。与移动互联网的迅速发展趋势一致，移动端增速远超PC，逐渐成为网购主要形态（见图3-2）。另外，品牌电商服务景气向上，电商渠道地位加强。

2007—2016年网购用户规模【图3-2】[①]

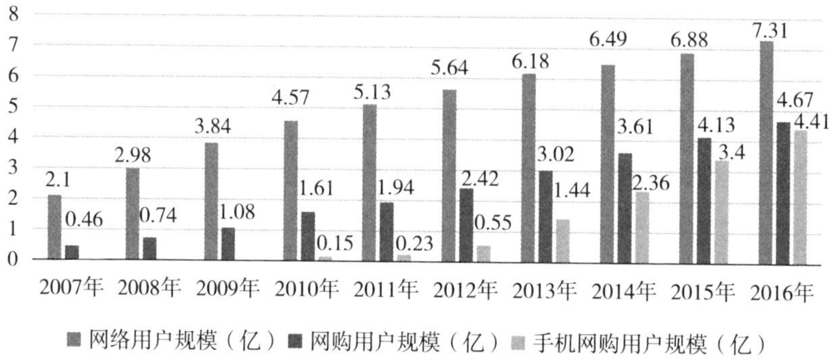

当前，消费是“三驾马车[②]”中体量最大、跑得最快、动力最强的，最终消费对经济增长的贡献率从2013年的48.2%上升至2016年的64.6%，而自2005年以来，全社会消费品零售总额增长率基本上一直高于GDP增长率。据国家统计局数据显示，当前，2016年，我国网络零售交易额达5.1556万亿元人民币，同比增长26.2%，占社会消费品零售总额的15.6%，高于同期社会消费品零售总额增速15.3个百分点（见图3-3）。其中，实物商品网上零售额41944亿元，增长25.6%，占社会消费品零售总额的比重为12.6%。近6年在社会消费品零售额中的占比保持快速增长，2016年增长最快，比社会消费品零售总额增速高出15.2个百分点，网络零售交易额增速一直保持着高于社会消费品零售额增速的趋势。

①《中国互联网络发展状况统计报告》.中国互联网络信息中心

② 三驾马车：原意是指三匹马拉一辆车。中国古代以拉车的马匹的多少来区分地位，所谓“三驾马车”，不是说三匹马拉的车，而是说三匹马一组一辕，分前、中、后三组来拉的车，强调前、中、后三组的重要性。而在文中引申含义是指消费、投资、出口是拉动经济增长的三驾马车。消费是其中之一。

2003—2016 年网络零售交易规模【图 3-3】[1]

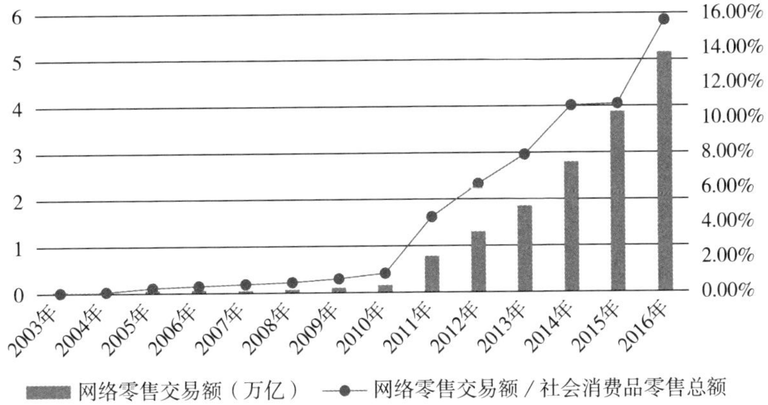

销售的品类

随着各网商与时俱进的创新与服务，互联网上的消费品类愈加细化和丰富，基础生活用品、娱乐消费品、奢侈品等品类均可通过网购满足消费者的需求。据 CNNIC《中国网络购物市场统计调查的数据》显示，至 2015 年年底，连续 3 年最热门的是服装鞋帽，其次便是日用百货、3C 产品和书籍音像。2015 年网购用户的购买详情请见图 3-4。

网络购物商品品类分布【图 3-4】[2]

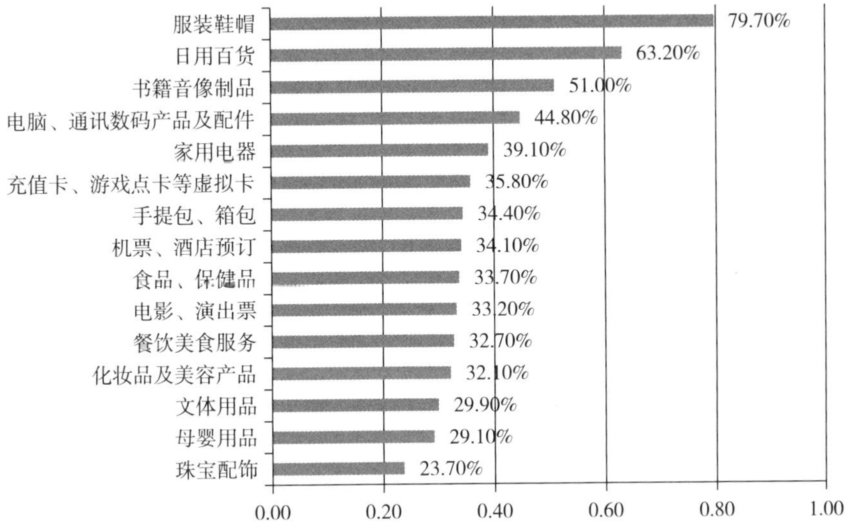

① 商务部. http://www.mofcom.gov.cn

②《中国网络购物市场统计调查的数据》. 中国互联网络信息中心

从2003年至今，驱动网上消费增长的主要因素从便捷、低价逐渐过度至差异化、品质化。消费者消费特点不再是以价格敏感型消费为主，而是逐渐转变为品质敏感型消费为特色。据中国每年双11当日的消费数据显示，从2012年“双11”到2016年“双11”，高档商品的消费占比增长5.3个百分点，低档消费品降低了2.4个百分点（见图3-5）。

对于无差异性的商品，消费者的购买具有很强的随机性，而对于有差异性的商品，消费者则倾向于选择与自身偏好相匹配的商品。商品的差异性，就目前来说主要体现在两个方面，一个是主要来源于电商内部，比如电商的产品、服务、装修风格、支付方式、电商所使用的物流快递，等等；另外一个则主要是指外界对消费者施加的影响，比如客户的体验、购买用户的评价、熟人推荐、在相关领域有影响力人物的推荐，等等。

消费品质结构分布【图3-5】①

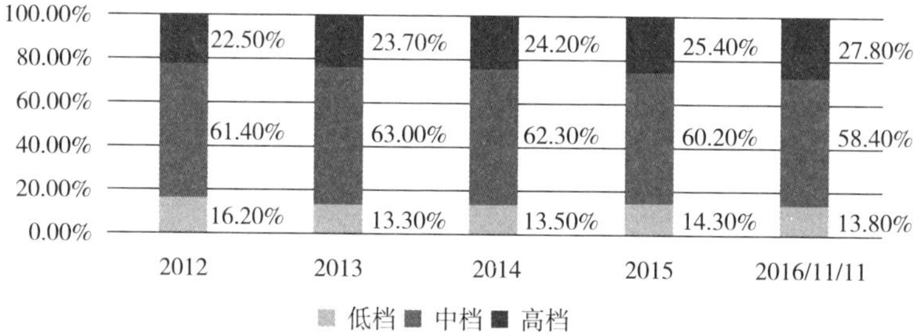

物流配送

电子商务市场的高速发展对物流业高度依赖，尤其是C2C（Consumer to Consumer）电商，对第三方快递的依赖几乎是100%。电子商务引发的物流仓储和配送需求呈现高速增长态势。

2016年我国快递业务量完成了312.8亿件，同比增长51.4%，业务收入完成3974.4亿，同比增长43.5%。其中约有70%是由于国内电子商务产生的快递量。2011年至2016年间，每逢“双11”“双12”快递业务量都会飙升。过去5年业务量和业务收入复合增长率分别为53.1%和39.3%。中国快

① 阿里研究院. http://www.aliresearch.com/blog/index/lists/tag/3831.html

递业已经连续 6 年几乎每年增长超过 50%，中国已经成为全球第一大快递大国（见图 3–6）。根据《国务院关于促进快递业发展的若干意见》以及艾瑞咨询的预测，到 2020 年快递业务量将有望达到 500~600 亿件，市场空间广阔。

2011—2016 年每月的快递业务规模【图 3–6】[①]

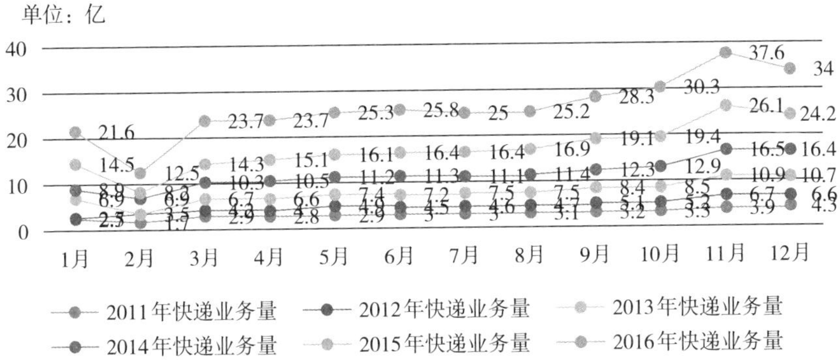

电商平台：从综合到垂直

电子商务从诞生那一刻起，就不仅仅是一个孤立的产业或系统，更是一个产业带动性强、辐射面广的产业链，是一个以电商平台为核心，以支付、物流为支撑，将生产者和消费者隔空连接，并在进化过程中不断衍生出新服务的综合业态。

中国电商平台大多是 1998—2010 年成立的。1998—2003 年京东、腾讯、阿里巴巴、当当网、淘宝网等相继成立，中国电商行业拉开巨幕。2004—2010 年，以红孩子、凡客诚品、唯品会为代表的各类垂直电商纷纷兴起（见图 3–7）。2010 年电商的流量与融资大战到达了阶段性的顶峰，新蛋网、凡客诚品、红孩子、易迅网、麦考林等垂直电商占当年自营 B2C（Business to Customer）电商份额排行榜的第 4、5、6、7、8 名，仅次于京东、当当和亚马逊。然而，2010 年的融资大战只是平台竞争的一个开端，打价格战、升级品质两大策略的相继实施推动着电商行业快速整合，目前的电商平台板块已经形成了十分稳定的格局。

① 中华人民共和国国家邮政局. http://www.spb.gov.cn

电子商务分布简略图【表 3-1】

	入口	电商平台		支付	物流	
		综合类电商	垂直类电商①		自建：京东物流……	
		B2C：速卖通、天猫、京东、唯品会、苏宁易购、1 号店、亚马逊、当当网……	时尚：聚美优品、尚品……		众包：人人快递、达达、京东众包、闪送……	
			母婴：红孩子、蜜芽、麦乐购……		第三方（国内）：EMS、四通一达、顺丰速运……	
生产者	百度、微信、微博……		生鲜：易果生鲜、天天果园……	支付宝、微信支付、在线支付、财付通、京东支付……		消费者
			跨境：网易考拉海购、洋码头、小红书……			
			美食：美团外卖、饿了么……		第三方（国际）：德邦、FedEx……	
		C2C：淘宝网、洋码头	家装：齐家、爱空间、土巴兔……			
			……			
		电商服务商：北联、兴长信达、Shop Ex、百分点……				

蓬勃发展期【图 3-7】②

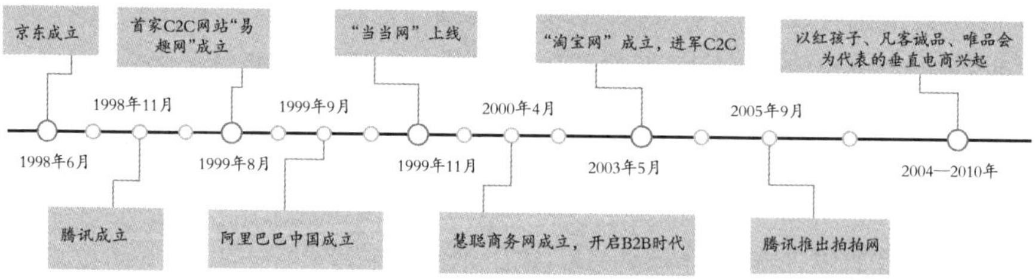

（1）：阿里巴巴、京东。阿里巴巴和京东共占据了 B2C 电商 81%、整体电商近 89% 的市场份额。

（2）：苏宁易购、唯品会、国美在线：分别以家电和服装类起家、向综合品类拓展，目前也已共占据 B2C 电商 9%、整体电商约 5% 的市场份额。

（3）：亚马逊中国、当当网、聚美优品及诸多小型电商共同组成电商市场不到 10% 的份额（见图 3-8、图 3-9）。

① 垂直类电商：在某一个行业或细分市场深化运营的电子商务模式。

② 光大证券研究所

2016 年第三季度整体电商市场份额【图 3-8】①

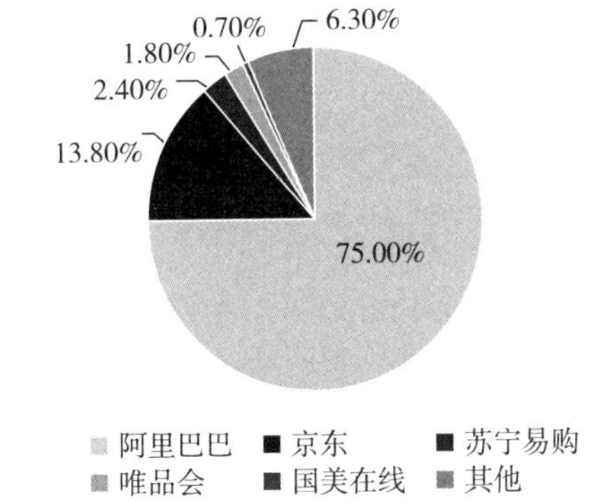

B2C 电商市场份额【图 3-9】②

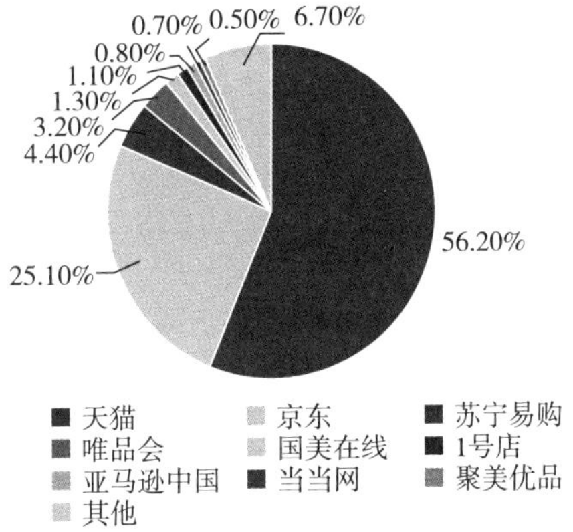

激烈的融资竞争

从 1998 年到 2010 年间，京东、腾讯、阿里巴巴、淘宝等平台类电商相继成立，垂直类电商如红孩子、凡客诚品、唯品会等纷纷兴起。特别是 2010 年，电商的流量与并购、融资大战到达了阶段性的顶峰，是电商行业备受瞩目的一年。电商并购及风投超过 50 起，总金额超过 10 亿美元。成功者如麦考林和当当网，两起 IPO（首次公开募股）拉开了中国电商企业赴美上市的序幕。再如，京东、唯品会、兰亭集势等为代表的大规模融资奠定了之后发展的势头。

然而，巨额资金向电商企业的流入也加剧了原本激烈的竞争、炒高了关联业务。2010 年底开始，大量明星电商公司因为缺乏自身造血能力，开始一批批地消失。被收购和变卖者如千寻网和乐淘网，逐渐消亡者如米粒商城、俏物悄语、蜜淘。

2010 年电商板块融资部分案例【表 3-2】③

投资时间	网站名称	地区	投资方	投资金额（美元）
2010 年 1 月	京东商城	北京	老虎基金	150,000,000
——4 月	快乐购	湖南	弘毅投资、中信产业投资基金、红杉资本	48,245,614
——6 月	乐淘	北京	德同资本、老虎基金、百度	10,000,000

① 光大证券研究所

② 艾瑞咨询

③ 天眼查. https://www.tianyancha.com

续表

投资时间	网站名称	地区	投资方	投资金额（美元）
——6月	梦芭莎	广州	金沙江创投、崇德投资	20,000,000
——7月	佳品网	北京	泰山天使投资、松和资本、嘉丰资本	1,000,000
——9月	麦包包	浙江	DCM、联想创投	30,000,000
——11月	兰亭集势	北京	挚信资本、联想联创策略、金沙江创投	35,000,000
——11月	唯品会	广州	DCM、红杉资本	20,000,000
——11月	酷运动	北京	Acquity Group	17,000,000
——11月	尚品网	北京	Steamboat Venture、晨星创投	10,000,000
——11月	摩巨网	北京	国美电器	7,207,207
——11月	凡客诚品	北京	联创策源领投，IDG、赛富基金、老虎基金	100,000,000
——12月	梦芭莎	广州	Tenya Venture、Nonwest Venture 等	60,000,000

价格混战，力争客户

2010—2012年间，京东三起价格战是电商行业比较典型的价格战。2010年12月，在当当网刚刚赴美上市之后，京东CEO刘强东就在其微博发文称京东新兴起的图书业务遭当当“封杀”，并率先降价促销，挑起价格战。当当网随后号称斥资上千万展开促销用以反击，双方正式开打价格大战，后因新闻出版总署介入而终止。2011年3月，京东商城与当当网的图书价格大战再次升级。京东商城CEO刘强东在自己的新浪实名微博上放“狠话”，不允许公司的图书部门盈利，以对抗老牌图书电子商务上市公司当当网的低价策略。2012年8月10日刘强东第三次挑起价格战，京东大家电3年内零毛利，所有大家电保证比国美苏宁连锁店便宜10%以上，将派员进驻苏宁国美店面，苏宁易购、当当网、国美随即宣战，一时间电商行业硝烟弥漫，新一轮电商大战拉开序幕，电商行业进入混战。①

发展初期电商依靠价格战完成第一波价格敏感型客户的积累，网购用户规模持续上涨成为助推我国电子商务行业发展的关键因素。2003—2007年属

① 百度百科. https://baike.baidu.com/item/价格战/7776200?fr=aladdin

于我国电子商务发展的培育期，网上购物的启蒙时期，以 C2C 模式为主，消费者根据性价比的判断标准进行网购，但是由于市场规范的缺失，在产品质量难以保证的条件下，价格成了增强消费者购买冲动的重大因素；2008—2013 年是我国网上零售的快速发展期，网民规模迅速膨胀，流量红利快速显现。根据 CNNIC 的数据显示，我国网络用户规模从 2003 年的 0.26 亿人增长至 2013 年的 6.18 亿人，持续流量净增长不断激发电商的快速扩张和发展，价格战也成了各电商着力抢客户的主要手段。

垂直电商之殇——被并购的垂直电商【表 3-3】[①]

现状	名称	业务类别	成立时间	被收购时间
被收购	红孩子	母婴电商	2004 年 3 月	2012 年 9 月
	乐淘网	鞋类电商	2008 年 5 月	2014 年 4 月
	乐蜂网	美妆	2008 年 8 月	2014 年 2 月
	千寻网	服饰鞋包	2009 年 4 月	2010 年 3 月
	初刻	休闲服饰	2010 年 11 月	2013 年 3 月
——	——	——	——	入驻时间
入驻京东 / 天猫	当当网	图书电商	1999 年 11 月	2012 年 10 月
	酒仙网	酒水电商	2009 年 9 月	2013 年 7 月
	优购网	服饰鞋包	2011 年 7 月	2012 年 11 月
——	——	——	——	停止运营时间
停止运营	呼哈网	奢侈品	2006 年 6 月	2011 年 12 月
	米粒商城	美妆电商	2008 年 10 月	2010 年 11 月
	俏物俏语	限时特卖	2008 年 12 月	2014 年 3 月
	酷运动	体育用品	2010 年 3 月	2013 年 5 月
	维棉	服饰电商	2010 年 11 月	2012 年 8 月
	美味七七	生鲜电商	2013 年 5 月	2016 年 4 月
	牛窝网	家具电商	2013 年 6 月	2013 年 10 月
	蜜淘	跨境电商	2013 年 10 月	2016 年 3 月
	果实帮	生鲜电商	2014 年 6 月	2016 年 8 月

① 公开资料收集，光大证券研究所

品质升级，策略改变

从2014年开始流量红利开始逐渐减弱，90后一代晋升为消费生力军，消费结构开始发生变化。根据第一财经数据显示，以上海、北京、杭州、南京为代表的一二线城市90后全渠道销售额占比均超过40%，部分低线级城市90后的消费占比甚至已经超过60%。90后是追求个性化的一代，据调查有77.3%的90后更愿意根据自己的偏好选择品牌及商品，90后的消费观念推动了消费升级。B2C网购凭借其品牌管理规范、具备品牌背书的优势，成为90后所主导的消费市场上的主流电商模式，2015年B2C规模首次超过C2C规模。

2016年，各大电商平台陆续开始准备摆脱价格战的单一维度，顺应消费升级的趋势改变营销策略。阿里巴巴CEO张勇明确表态称："'双11'发展至今，我们已经不再把低价作为营销点，价格是否有吸引力，让消费者自己去判断，现在的共同方向是让消费升级。"比如"双11"期间，官方直播、红人直播调动粉丝消费情绪；使用AR+LBS结合虚拟与现实，打通线上与线下，将消费者与实体店直接相连；"Buy+VR购物"消费者佩戴专用眼镜，只需要通过眼神的转动即可发现自己的消费喜好，并完成从选购到支付的全过程，就如同亲临实体店一般。京东也开始着重关注品牌、品质和服务，在坚持"东西多、送货快、质量好、省钱省力"基础上，将品牌定位于使消费者体验高品质的生活。国美在线、苏宁等纷纷跨界举办晚会，增添消费娱乐化。

关系电商

社交、消费在移动应用领域应用频次都非常的高，社交和电商的相互融合不仅会使得电商可以充分利用社交进行导流，社交流量也可以通过电商进行流量变现。借鉴美国社会学家格兰诺维特提出的强弱关系理论，由强到弱，在中国，社交电商可大致分为具备专业知识的熟人电商、网红和大V、垂直电商APP。

熟人电商比如微店，电商与微信的结合，国美把此前的"全渠道战略"升级为"全零售战略"，开启"国美来购"项目，以"微店"的形式，通过10万员工群体的各自圈层，进一步为线上拓展引流，建立起发散的潜在消费网络。网红、微博大 V 具有大量的粉丝群体，他们可以利用自身的优越对粉丝进行导流。2015 年是网红元年，各个领域中的网红层出不穷，不少网红逐渐成为电商大 V，比如罗辑思维用户在 600 万以上，其优酷网视频累计播放 3.9 亿次，巨大流量成为其商业价值开发的基础条件。垂直电商 APP，在某一细分领域往往能够提供比综合电商更为专业化的服务。垂直电商 APP 的用户定位更为精准化，比如外卖类 APP——美团外卖、饿了么。

中国网民的购物狂欢节

购物狂欢节，美国有“黑色星期五”（Black Friday），英国有“Boxing Day”，中国有“双 11”（Single’s Day），堪称全球三大全民促销打折日。然而不同的是，“黑五”与“Boxing Day”是传统的线下购物节后来延伸至线上，圣诞节后的年度大清仓，大街小巷挤满暴走的人群，全家上阵装配着对讲机满场血拼。中国的购物狂欢节，有过之而无不及。

平台造节

中国购物节则是起源于线上延伸至线下，由阿里首创，其疯狂程度，誉满全球，故也有“剁手日”之称。随着“双 11”成为阿里系首个国民购物狂欢节，京东也试图将“6・18”（京东公司的诞辰日）打造成为专属节日。不过随着苏宁、国美等平台的加入，“6・18”已经成为电商平台集体造节的角斗场。

“双 11”

2016 年 11 月 11 日当天，天猫成交额达到 1207 亿元人民币，比 2015 年增长 32%；京东“双 11”下单量超过 3200 万单，同比增长 130%，交易额同比增长 59%；苏宁易购“双 11”全渠道订单量增长 193%，线上订单量增长 210%。此外，国美、唯品会等电商平台“双 11”当日的销售同样比 2015 年大幅增长，小米、华为、暴风科技等公司的全网销售量也继续高歌猛进。国家邮政局发布的最新监测数据显示，“双 11”当天，中国各邮政、快递企业共处理快件 2.51 亿件，同比增长 52%；中国主要电商企业共产生快递物流订单 3.5 亿件，同比增长 59%。

说起消费者在上海 2016 年 11 月 10 日晚上一场群星云集的晚会，开启了每年 11 月 11 日举行的“双 11”活动后，阿里巴巴旗下平台的商品交易额在短短两分钟之内便迅速突破 10 亿美元，仅一个多小时就达到了 100 亿美元。2016 年 11 月 11 日，阿里当天交易额 1207 亿元，无线占比 82%。而对比美国的黑五 3 天 603 亿美元，无线占比 36%。毋庸置疑，中国“双 11”创造了全球在线交易新纪录，赢得全世界的瞩目，这不仅反映出中国消费市场强大的购买力和巨大潜力，更展现出中国数字经济的无限活力。

2017 电商“双 11”再次刷新历史纪录，阿里+京东交易额达 2953 亿元，其中京东 1271 亿元，阿里 1682 亿元，无线成交占比 90%，全天支付总笔数达到 14.8 亿，全天物流订单达 8.12 亿，交易覆盖全球 225 个国家和地区。

“双 11”不是只有枯燥的买买买，还有很多有趣的新体验。外媒 BBC 中的一篇文章就针对“寻找狂欢猫”游戏和 Buy+VR 购物两种新型购物方式进行了深度报道（the Single Day：How China’s Alibaba wants to change shopping）。“寻找狂欢猫”游戏，是用 AR+LBS 技术结合虚拟与现实，巧妙地将消费者与商家直接连接起来，打通线上线下百万家门店，该游戏有 2000 多家星巴克、5000 多家 KFC、500 多家电影院以及苏宁易购、杭州银泰百货、西单大悦城等知名百货及购物中心店参与，捉猫用户达 7000 万人，捉猫次数超过 17 亿次，为实体百货带来了可观的消费者。“造神物计划”联合品牌商家携手打造全球最大 3D 商品库，用创新技术驱动体验变革，创造 VR/AR 商品内容，有来自国内外 600 位记者同场体验 Buy+VR 购物，体验者只需要通过眼神的转动即可发现自己的消费喜好，并完成从选购到支付的全过程。

如此程度的交易量是如何被支撑的？ 2016 年“双 11”公开数据显示，当天由大数据实时监控预警 18 万网点，协同快递保障安全，菜鸟网络地址库解析总调用量超过 4 亿次，智能分单渗透率超过 7 成，截止到 2016 年 11 月 15 日凌晨，6.57 亿物流订单有将近 9 成已发货，将近 2 亿消费者收到包裹，智慧物流提速明显。 支付宝系统平稳支撑了 12 万笔 / 秒的交易峰值，是国际领先机构实际峰值能力的数倍，支付交易 10.5 亿笔，其中移动支付交易量为7.3亿笔。蚂蚁花呗为1000万用户提升额度170亿元，撬动消费268亿元。

“6·18”品质狂欢节

为期18天的“6·18”是电商平台年中大促的日子，时间是6月1日至18日。电商平台借助母亲节、情人节、春节等节日持续造节，电商促销已呈常态化，而消费者面对电商造节促销的表现也越来越淡定。促销，最直接的手段是低价，低价永远都是促销的王道，“1元秒杀”、“一折特卖”等活动比比皆是，品类也一应俱全。不过，现如今“6·18”并非是以针尖对麦芒的价格战为主流。那么电商混战，除了价格战，还有什么新玩法？

京东抓住消费升级的风口，推出“品质狂欢节”，将高品质的商品、高品质的服务和高质量的活跃用户三者相结合。京东大数据显示，2015年对品牌品质表示“关注”的消费者占网购消费者的比重高达56.4%，这足以表明在中国消费者的整体购买力潜力巨大的同时，他们不再只是一味的追求低价，而是越来越注重于产品的品质和服务的体验。2016年的“6·18”期间，京东联合各大品牌商推出“超级品牌日”，一同推出的还有基于客观大数据的“京东家电6·18销量排行榜”，多维度展示各商家在京东所取得的销售业绩，培养出更加理性的消费升级用户群体，聚集更多高质量的电商用户。6月1日到18日的大促期间，京东累计订单量破亿，在18日的当天，全天下单量超过2400万单，同比增长超过60%。其中，移动端下单量占比达到85%。

京东全球购、苏宁海外购、天猫国际，各大电商助力消费者买全球货的劲头依旧。尤其是天猫国际，天猫国际推出500万份免税卡，并且与天猫达成战略合作的250家全球顶级品牌将为一亿品牌粉丝提供额外的品牌专享超级粉丝权益。

直播、网红、粉丝等文化因素，逐渐开始融入到电商的营销方式中，比如苏宁易购在“K.O 618”活动中主打O2O体验优势，邀请网红走进苏宁线下门店，边逛边买；天猫首次联动阿里零售平台、阿里鱼、阿里数娱、优士集团以及全球IP合作方，与国际品牌一起打造了一场“从消费经济升级到粉丝经济”的超级狂欢节。

剁手党

网络消费者是电子商务的一个重要组成部分。以经济刺激为驱动，像“双 11”这样的购物狂欢节越来越多，电商造节加速推动了消费者网上购物的习惯，其中移动端购物的使用率已经远超 PC 端成为主力通道。到 2016 年年底手机购物用户规模达到 4.41 亿人，增速 32.5%%，在网购用户中占到了 94.4%，“剁手党”群体越来越庞大。

80 后是剁手党的主力，占比保持增长趋势，2016 年占比达到 80.7%。女性仍然是最多的，2016 年占比高达 59%，女性依旧爱打扮，而一向只爱 3C 产品的男性也可以是鞋控。

剁手党图谱【图 3-10】[①]

性别	占比	男女最爱买的类别 TOP5				
		1	2	3	4	5
女	59%	羽绒服	毛呢外套	靴子	手机	面部护理
男	41%	手机	羽绒服	平板电视	低帮鞋	跑步鞋

距离从来都不是问题，傲人的阿里平台几乎支撑起了中国的每个角落，北到大兴安岭的漠河县，南到三沙，西到克孜勒苏柯尔克孜自治州乌恰县，东到佳木斯市抚远县，还有最高处那曲地区安多县。

同样身为剁手党，这些省最有范儿：深圳剁手党最有极客范，购买的智能设备是其他城市的 1.7 倍；长沙剁手党最具文艺气息，文化产品购买量高出全国平均四成；合肥剁手党最精明，人均使用红包和优惠券最多；北京的北漂剁手党最念家，异地下单量占到全国四成。

剁手党扫荡全球货，品质生活分分钟升级。“双 11”当天有 4700 万用户购买了国际品牌，国际品牌交易额同比增长了 47%。化妆及美容产品、母婴产品、保健食品成为跨境网购商品的网红。日本的花王 / 妙而舒、美国的 Kirkland Signature、韩国的 AHC、澳大利亚的 Swisse、德国的 Aptamil 是剁手党最爱的 TOP5 进口品牌。澳洲大药房 Chemist Warehouse 跨境平台成为首个破亿商家。

剁手党也不是只有中国人，国际友人也加入队列。当天来自

① 阿里研究院. http://www.aliresearch.com

2016 年"双 11"进口占总销售金额比重【图 3-11】①

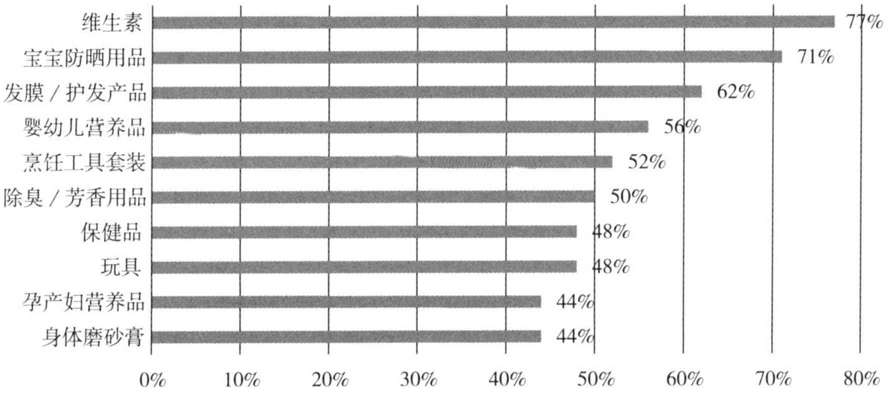

230 个国家和地区的 621 万国际友人加入这支庞大的队伍，在速卖通产生订单量 3578，比去年增长了 68%，无线占比 58%。国际剁手党成员以俄罗斯人最多，其次是西班牙、美国、法国。而且速卖通 APP 在苹果 App Store 在 81 个国家的的购物类应用下载中排名第一。

在移动互联网时代，信息总是在第一时间传播到每个人的手机中，购物几乎不再受时空的限制，家里、工作间隙、上 / 下班路上、公共娱乐休闲场所，等等，手机购物碎片化特征明显，购物者的消费行为也变得相对分散，朋友推荐、微博、微信、点评、粉丝效应……激发消费欲望的方式开始多样化；购物者的购物渠道不再局限于到店购买和体验，门店、电商平台、微博、微信、网红直播……多元化的购买渠道触手可及。购物者的体验越来越凸显出差异化，越来越碎片化的生产方式定位于客户小众化、个性化。个人定制、C2C 模式，不断挖掘市场缺口，为满足购物者个性化需求提供服务。

电商配送：从第三方到仓配一体

顺丰配送员的一天

老曾，33 岁，江苏宿迁人，原本在老家做废旧塑料生意。因 2008 年金融危机，当地的加工厂倒闭了，面临失业的他带着老婆孩

① 阿里研究院. http://www.aliresearch.com

子来到北京，投奔亲戚。有老乡介绍他来顺丰工作，现在一个月能挣四五千块钱。

早上8:00，他就要从家里赶到望京顺丰点部开早例会。由组长检查仪容仪表，简单传达公司的命令。老曾和另外两个同事负责望京佳境天成片区。他负责的路段有两家大学、几个住宅小区、两个大型国营单位。如果要说劳动量，其实并不大。老曾每天骑着助动车走的路段都是固定的，来回也不会超过10分钟。

开完早例会，他需要把自己分属管辖片区的包裹收好，能塞进背包的塞进背包，不能塞进背包的就绑在助动车的后座上，这种简单实用的交通工具价值1500元，是他自己购置的。8:30出发派件，在10点半之前，他要派完第一批件。老曾沉默地把东西装好后，又沉默地出发，也顾不上和同事聊天。一方面，如果做不到"收一派二"或被客户投诉，有可能会被扣分甚至辞退。另一方面，假使他能够抓紧时间多送一个件，就能多提成2块6毛钱。

"350，找您1块。"他说。他收下几张钞票，叠好，装进上衣兜里，再把扣子扣好，准备一会儿回去跟仓管对账。这是代收货款服务，半分也差池不得。正准备去隔壁小区派下一个件，老曾的巴枪响了。4008呼叫中心通知他，附近有客户要求上门取件。老曾便加快手头的工作，赶在约定好的时间，快速赶往客户那里取件。从早上7:30到晚上7:45截单，一天的收发件，老曾要往外跑上十几趟，几乎没有任何休息时间，即便是中午的短暂休息，也时不时会有客户的电话打进来。

老曾刚进顺丰时，便收到一本员工手册，里头写着："收派员填错表最高扣10分……染发、留胡子或指甲扣4分，扣到0分即时解雇……一个月内迟到满30分钟便收警告信，收到第4封就开除……"很多顺丰的员工都对这种军事化的"罚点"制度深感恐惧。老曾也不例外，"累，一个字说到底还是累。想早日脱贫于是就咬紧牙关买了一辆车，那就玩命地干吧。"①

---

① 搜狐. http://www.sohu.com/a/127415492_479854

至2016年，在顺丰公司，类似于老曾这样完成“最后一公里”的快递员有12万人之多，在全国有100多万人。从1993年成立至今，24年的时间，顺丰凭借直营模式、高端服务成为国内商务快递市场的老大。与顺丰同一年成立的还有一家民营快递企业，申通快递。随后韵达快递、圆通快递、中通快递、天天快递等民营快递相继成立。民营快递企业提供了当时环境所需而国营企业EMS又难以满足的更高需求。

第三方:“四通一达”

“四通一达[1]”一开始只有申通快递。随着业务的扩大，原先的申通员工复制了申通的模式，才有了如今的中通快递、圆通速递、百世汇通[2]和韵达快递，也因此他们的发展路径和商业模式极为相似。电子商务的发展给“四通一达”带来了巨大的商机，他们凭借低廉的价格和较快的送达速度被人所熟知，已成为我国民营快递行业的主力军。

四通一达[3]

据2012年数据统计，“四通一达”的快递量占行业总快递量的55%，2013年值申通快递20周年庆时，加盟者超过5万人，加盟员工超过15万人。快递的高速发展，加盟制可谓是功不可没，这一制度由申通首先运用。起初由于业务发展太快，申通的资源跟不上，于是就发动自己的亲戚、朋友去承包新的区域，这就是加盟制的雏形。之后圆通、韵达、中通均是复制了该模式。

“四通一达”的加盟制大致是网点除了向总部缴纳保证金、中转派送费和面单费以外，自担成本，自负盈亏。本质上来说它是一个开放的、庞大的社会化“线下互联网”，通过线下的物流网络、后台的IT系统高效的组织起来，机制灵活，发展成本低，扩张速度快。加盟制是轻资产运营，没有大规模资本开支的拖累，在一定程度上能够减轻总部所遇到的风险。

①四通一达：四通一达是申通、中通、圆通、百世汇通、韵达快递的简称。
②百世汇通的前身是韵达快递在浙江造反的十多个网点，经营模式与韵达快递十分相似。
③兴业证券研究所

这种方式让四通一达在民营企业、国企及直营企业的竞争中杀出一条路，凭借着自身强大的优势建立了属于他们的庞大的快递网络。

加盟制快递的经营模式图【图 3–12】[①]

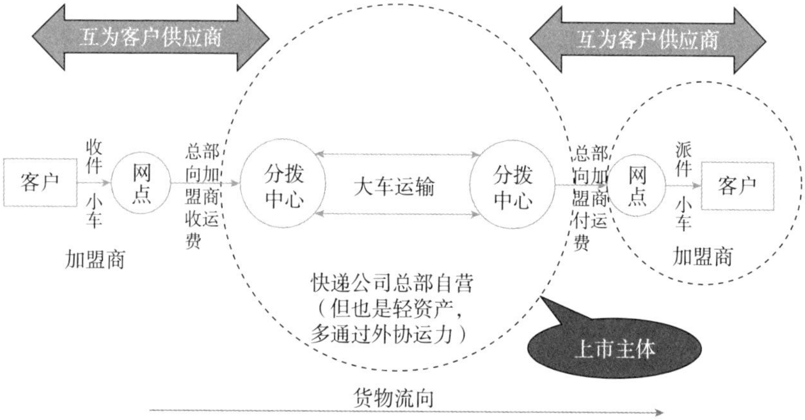

“四通一达”通常采用首重加续重的方式收取费用，一般是首重 8~10 元，偏远地区收取 12~15 元，可以为客户提供门对门服务。低价格、快速送达和根据市场需求而变化一直是“桐庐帮”的竞争优势。在电商快递细分市场，“四通一达”等企业提供的服务完全一样，因此在加盟商相对饱和的情况下，价格战愈演愈烈（见图 3–13），所有的价格战都是区域性的，不是全国性的，价格战的发起有两种，一种是加盟商发起的，另一种是总部引起的，总部引导的价格战会对加盟商进行补贴，总能让加盟商活下去。不过，真正受损的往往是加盟商而不是总部，总部的盈利水平完全取决于业务量，跟终端价格关系不大。网络中的每一个参与者均追求自身利益最大化，带来全网的超高效率与超低成本。

2008—2015 年异地快递平均单价【图 3–13】[②]

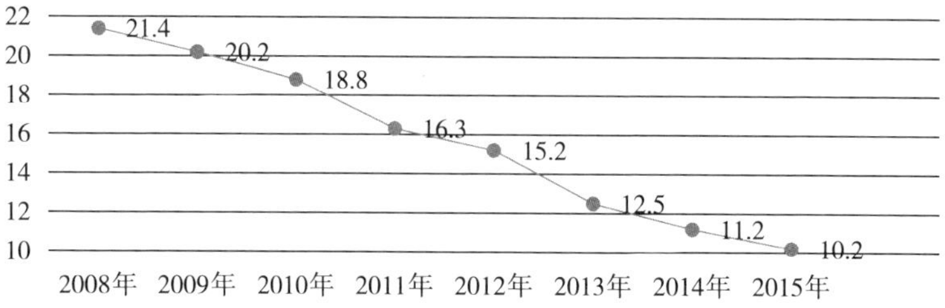

① 兴业证券研究所

② 兴业证券研究所

“四通一达”主要面向电商市场，为 C2C 和 B2C 电子商务物流、第三方物流和仓储提供服务，像淘宝、天猫这样的购物商城的大部分配送业务基本都掌握在“四通一达”的手上，业务量几乎达到 90% 有余。2015 年数据显示快递行业包裹成分的构成中，淘宝和天猫占据了 60%。2005 年淘宝兴起之前，“桐庐帮”的主要客户同 EMS、顺丰一样，以商务件为主，发展的不温不火，一度还出现资金断链的事件。2005 年开始淘宝与圆通签订了推荐物流供应商协议，首次实现了官方合作。这彻底改变了民营快递的发展轨迹，从 2005 年下半年开始圆通快递的业务量每个月都是呈倍数增长。之后，中通、申通、韵达也纷纷与淘宝签订了协议。淘宝业务量的飙升，使得“桐庐帮”从原来的商务快递转变成电商快递供应商。“四通一达”合计最高日处理快件量过 8000 万件，毫不逊色于美国快递巨头。其中，韵达 600~700 万票 / 天，中通 700~800 万票 / 天，申通与圆通持平，900 万票 / 天，百世汇通 400 万票 / 天。

福兮祸所伏，祸兮福所倚。正是因为与淘宝、天猫等电商巨头的高度合作，才使得“四通一达”在一定程度上受到很大的牵绊。因为对阿里的高度依赖，接入菜鸟体系之后会被进一步牵制，利润会被盘剥，陷入价格战并不离奇。这也是第三方物流的通病。市场就是这样，一旦存在风口，就会有人及时发现，并付诸于实施，比如说：刘强东的仓配一体。

京东：仓配一体

京东物流发展历程【图 3-14】①

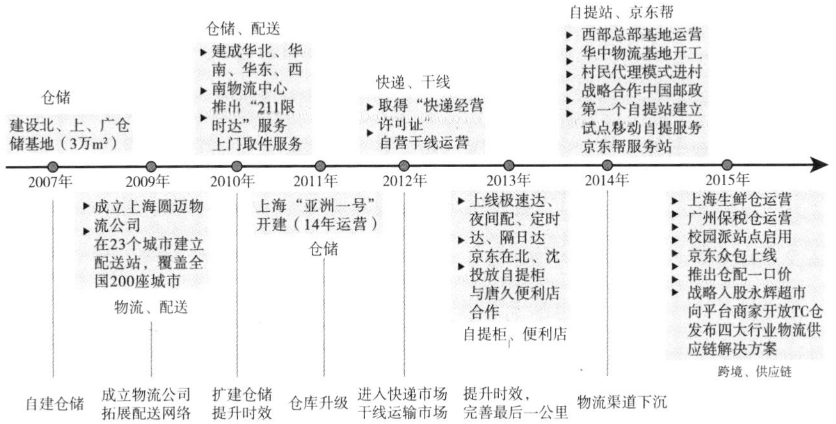

---

① 公开资料整理，长江证券研究所

京东自2007年开始自建仓储，到2012年获得了国家邮政局批准，成为首批成功申请该许可的电商企业之一，由此开启了仓储加配送服务。截至2016年第二季度财报显示，京东已运营234个大型仓库，占地总面积约为520万平方米。京东运营的配送站和自提点达到6756个，物流网络覆盖全国2654个区县。

京东仓配一体化服务【表3-4】[①]

项目	内　容
仓储	基本服务：首发退存
运输	异地收货、全国铺货、逆向运输
配送	时效服务：211限时达、次日达、2小时极速达、夜间配
售后	专业检测
生鲜	生鲜冷链
大件	送货上门、开箱检验、上门安装、售后退换

京东物流的仓配一体化并不是简单的仓储+配送。它建立在互联网大数据平台的基础上，对不同品类商品在全国地域、时间等维度进行精准的营销预测，通过智能仓储系统，将商品在全国范围内进行智能分货，以使得商品能够提前配送至距离消费者最近的城市仓。这便是京东物流的“第一次搬运”。

而商品的“第二次搬运”就是从城市仓到消费者手中的配送环节。在这个环节，京东的配送体系设计不同于普通快递公司，凭借大数据支持体系，京东可以对配送路径进行持续优化，管理体系可以实时监控每一辆车、每一位配送员所处的位置和任务完成的情况，对于任何异常情况发生都可在第一时间及时反映、迅速调配力量支援，从而进一步提升配送效率。

“渠道下沉”是京东物流的重要决策，同其他电商一样，京东将商品供应落后的地方视为发展的新机遇。京东物流将发展重点由大型城市转向三四线城市，将大陆市场分为七个大区——华北、华东、华南、华中、东北、西南和西北，并且在北京、上海、广州、沈阳、武汉、成都和西安这7大中心城市建立物流中心并设立中心仓；在济南、南京、重庆等城市设立前置仓，存放周转快的商品，以便加快对二三线以下城市用户的反应速度，加快时效，提升用户体验；再往下依次是分拨中心、中转站、配送站，配送员从站点出发，用面包车、三轮车、摩托车进行配送。

① 京东官网. https://about.jd.com

为了配合“渠道下沉”，制定“先锋站”计划。京东不借助任何第三方物流公司，它鼓励自己的员工扩充渠道，皆可返乡开设站点，并动员其亲属加入其分销网络的终端配送，迅速扩大分支和终端，扩张自营物流地盘。

“青龙系统”为京东物流提供优化的信息交流平台，是专门服务配送体系的信息管理系统。它能够支持千万级单量，解决了过去宕机、数据管理的问题。原来用 PDA 扫描一次系统响应要 23 秒，现在只需 0.3 秒。预分拣系统的自动分配站点准确率，从 70% 提升到 98%，成为京东物流平台对外接单、社会化运营的重要基础。

跨境物流

随着跨境电商的快速发展，跨境物流已成为社会热词。现在中国跨境电商的外贸卖家越来越多，每当有业务订单时，商家面临的一个问题就是怎么选择快递物流把货发到国外去。一般来讲，作为跨境网商中基数最大的小卖家，他们可以通过平台发货，也可以选择国际小包等渠道。而对于大卖家或者独立平台的卖家而言，他们需要优化物流成本，需要考虑客户体验。因此需要各类型商户务必谨慎地选出比较适合他们的属性和自身定位的跨境电商物流。

一直以来，中国跨境电商出口业务主要是通过邮政系统投递，还有国际快递、邮政大小包等。其中，EMS 的国际化业务是最完善的，依托邮政渠道，EMS 可以直达全球 60 多个国家，费用相对于四大快递巨头要低。现如今，国内快递正逐渐兴起。“四通一达”近年相继启动跨境物流业务。顺丰速运的国际化业务相对成熟些，目前已经开通到美国、澳大利亚、韩国、日本、新加坡、马来西亚、泰国、越南等国家的快递服务，发往亚洲国家的快件一般 2—3 天可以送达。阿里凭借其雄厚的资本实力创建了速卖通。

【速卖通的物流方案】[①]

速卖通上有三类物流服务，包括邮政系统、速卖通合作物流和商业快递。邮政系统是指中国邮政大小包、香港邮政打包等，费用便宜，但时

① 阿里研究院. http://www.aliresearch.com

> 效相对较慢，可能会出现丢包或破损之类的现象。速卖通合作物流是由速卖通分别与浙江邮政、中国邮政合作推出的，经济实惠、性价比高，适用于国际在线零售交易。商业快递速度快、服务好，但相对价格比较高，适用于货值比较高、买家要求比较高的交易。后来，速卖通考虑到高效稳定的物流服务及可追踪的物流信息，有助于提高消费者的购买体验及再次购买意愿，同时也会减少卖家在物流问题处理上的成本。开始对西班牙、巴西、俄罗斯、白俄罗斯、乌克兰的物流服务进行了更新升级①。

据阿里研究院统计，2015 年跨境出口物流排名前 5 的国家分别是俄罗斯、美国、西班牙、巴西、法国，在排名前 20 的国家中，除美国、加拿大等国家外，70% 为一带一路沿线国家，绝大部分为欧洲发达国家，跨境物流成为国家一带一路战略的重要组成部分。随着新《国际铁路货物联运协定》等开拓性国际协议的生效，将会有越来越多的跨境电商包裹将通过新丝路②，送到西亚、欧洲消费者手中。

电商金融：从支付服务到金融衍生

现在，中国的消费者去欧洲旅游购物有了更好的退税途径。不需要再花费大把的时间去排长队等待现金退税，不需要再使用没有任何退税到账提示与确认的信用卡退税。消费者可以使用支付宝退税，不仅省略了现金退税带来的高额手续费，还省去了长达 1~3 个月的税金到账等待时间。他们仅需要花费 1 分钟的时间办理申请手续，便可在 10~15 个工作日内收到税金，省时还省力。

---

① 2016 年 12 月 15 日起，西班牙仅允许使用标准类、快速类物流服务及经济类物流服务中的“中外运—西邮经济小包”，其他经济类物流服务不可使用；巴西仅允许使用标准类、快速类物流服务，经济类物流服务不可使用；俄罗斯订单实际支付金额≥ 2 美元的订单不可使用经济类物流服务发货；白俄罗斯、乌克兰所有订单不可使用经济类物流服务发货。

② 新丝路：全称是新丝绸之路经济带，是在古丝绸之路概念基础上形成的一个新的经济发展区域。有陆上和海上，“陆上丝绸之路经济带”东端连着充满活力的亚太地区，中间串着资源丰富的中亚地区，西边通往欧洲发达经济体；“海上丝绸之路”将中国和东南亚国家临海港口城市串起来，通过海上互联互通、港口城市合作机制以及海洋经济合作等途径而形成，不仅造福中国与东盟，而且能够辐射南亚和中东。

2015年7月14日，支付宝与环球蓝联[①]在北京宣布达成战略合作，联合推广支付宝海外退税服务。支持支付宝购物退税的商户一般会贴有“Tax Free”的标志，而只要退税单上印有“Alipay”手机号填写栏的标示，就意味着该商户支持支付宝退税服务。目前，韩国、欧洲等24个国家的部分商店，但凡是由Global Taxfree、Easy Tax Refund、Global Blue、Premeir Tax Free、SJ TAX FREE、易全退提供退税服务的，都支持通过支付宝完成退税。支付宝国际退税使用的具体汇率，皆为合作的退税公司所提供。

此外，支付宝海外退税服务还支持在欧洲地区的跨境办理。消费者在法国、德国、英国、意大利四国购物后，可以在法国、德国、意大利、荷兰、西班牙、英国、葡萄牙和瑞士八个国家的离境机场完成海关盖章和投递的退税手续。

支付宝海外退税引入了移动应用服务，使用方便快捷。使用该服务的消费者只需要在退税单上填好绑定支付宝的手机、护照号和中文名拼写等必要信息，离境前把退税单交给海关检查者，并投递到机场指定的信箱，就可以坐等退税到支付宝账户。不出半个月，退税金会自动兑换为人民币全额到账消费者的支付宝账户，在此期间不收取任何手续费，并且还可以收到到账信息通知。整个过程比一般信用卡退税快3倍左右。[②]

回溯中国网络支付的历史，上半场大部分时间是支付宝的发展史。支付宝刚上线时，定位还只是淘宝电商的交易担保工具。不过，自其正式从淘宝网正式独立出来之后（2004年12月），便开始以惊人的速度野蛮生长。从2009年正式赶超PayPal成为全球最大的第三方互联网支付平台，到如今坐拥2.7亿活跃用户和500亿美元的估值，支付宝已经发展为线上线下交易的金融支付工具、由支付宝衍生出来的互联网理财产品、金融服务等。

---

① 环球蓝联：环球蓝联是全球最大的退税机构，在43个国家拥有超过27万家的百货公司和酒店合作商户。

② 阿里官方网站

从支付服务到全产业链服务

蚂蚁金服以支付宝为战略支点发展而来。凭借支付宝持久的竞争力，蚂蚁金服积累了大量的长尾用户，并为其提供一系列增值金融服务，这让支付宝用户放在支付宝的钱不再闲着，也让支付宝用户的钱不再不够花。

蚂蚁虽小，但是汇聚起来却有着无穷无尽的力量。而此处所要说的蚂蚁，却是指广大的草根消费者和小微企业。蚂蚁金服（蚂蚁金融服务集团）创办于 2014 年 10 月 16 日，是阿里巴巴为消费者提供的全产业链金融服务，而服务的对象主要是指草根消费者和小微企业，当然，对于金融机构这类大型机构也欣然迎之。

蚂蚁金服提供的产品就像一个串联电路，用支付宝支付，用余额宝、招财宝、蚂蚁聚宝赚钱，当用户的钱不够花就可以找网商银行、蚂蚁小贷、蚂蚁花呗借钱。而用户在淘宝、支付宝上的交易记录所积累起来的芝麻信用可以住酒店免押金、骑共享单车免押金、不用财产证明就可以办签证等等。总之任何一项产品的开发都是跟着消费者的需求走，为消费者提供一条龙服务。服务范围涵盖了支付、理财、融资、保险、证券、征信。

蚂蚁金服【表 3-5】①

<table>
<tr><th colspan="7">蚂蚁金服</th></tr>
<tr><th>支付服务</th><th>理财服务</th><th colspan="3">融资服务</th><th>综合金融服务</th><th>金融基础设施</th></tr>
<tr><td rowspan="3">支付宝</td><td>余额宝／天弘基金</td><td colspan="3">网商银行</td><td>众安保险</td><td>芝麻信用</td></tr>
<tr><td>招财宝</td><td rowspan="2">蚂蚁花呗</td><td rowspan="2">蚂蚁微贷</td><td rowspan="2">蚂蚁借呗</td><td>数米基金</td><td>蚂蚁金融云</td></tr>
<tr><td>蚂蚁聚宝</td><td>蚂蚁达客</td><td>恒生电子</td></tr>
</table>

在余额宝出现以前，利率市场化改革非常缓慢，而即使这样，传统银行也少有大的举动，因为对于老百姓来说，钱只能存在银行，而各家银行的存款利率区别都不大，都很低。而余额宝刚一面世，7 日年化收益率一度接近 7%，几乎秒杀了所有银行的存款利率。在余额宝出现半年以后，也就是在 2014 年 2 月份春节过后银行居民活期存款同比少增 6706 亿元，而以余额宝为代表的货币基金同比规模增长了近 1 万亿元，在往年的这个时间点，可是传统银行第一季度旺季营销的大好时机。可以说，余额宝是目前中国规模最

① 中信证券研究部

大的货币基金，即使在资金规模增长放缓后，用户数量仍持续增长至 2.6 亿左右（2015 年末数据）。余额宝是对支付宝积累的客户资源的第一次衍生运用，有效地起到了客户沉淀作用。它担纲蚂蚁金服旗下的余额增值服务和活期资金管理服务，对接天弘基金旗下的增利宝货币基金，除理财功能外还可直接用于购物、转账、缴费还款等消费支付，是移动互联网时代的代表性现金管理工具。除余额宝之外，招财宝、蚂蚁聚宝也为客户提供理财服务，主要是涵盖低风险的货币基金类产品和高风险的基金 / P2P / 众筹类产品。

客户在淘宝、支付宝上持续的交易记录，能够形成有效的征信数据支持，当客户在小额支付场景或者是供应链交易中面临资金需求时，便可以向网商银行借款。这便是蚂蚁金服开展融资类业务的核心所在。

网商银行借助电商平台积累的信用数据，为那些在传统金融机构无法获得融资的小微客户发放信用小额贷款。同时涉足农村市场，结合阿里巴巴的“千县万村”计划，挖掘消费品下乡、农产品上线、农村生态圈等场景，为农村市场提供特定的金融服务。除此之外，还协助中小金融机构进行系统开发、风险管理、资产托管等业务。2016 年 3 月，网商银行披露了开业 8 个月的成绩单，小微企业客户数量突破了 80 万家，累积提供信贷资金 450 亿元，2016 年 3 月，贷款余额为 100 亿元，2015 年 11 月至 2016 年 3 月，贷款余额每月环比增幅达到 30%。贷款用户大部分是个人创业者，呈现小额、分散、高频的特点，户均贷款额仅为 2 万元左右，98% 的用户贷款额度在 5 万元以下。贷款大部分随借随还、临时周转。

蚂蚁微贷，也就是阿里小额贷款的前身，主要是淘宝贷款和阿里贷款，提供的服务主要是淘宝（天猫）信用贷款、订单贷款以及阿里信用贷款，和传统的小额贷款公司不同，阿里的客户主要是淘宝、阿里巴巴上的店铺，也就是说阿里小贷可以轻易获得客户的历史数据。也正是因为具备这一优势，阿里具备一套独特的大数据授信审贷模型，即水文模型。该模型建立在庞大的数据库基础之上，不仅包括贷款客户自身长期的数据变化，还有参考同类企业的数据情况，以这些数据为依据，通过数学方法以及各种参数，判断客户未来的情况。而满足申请条件的借款人无需提供任何抵押或者担保，仅凭个人信誉即可获得贷款。截至 2015 年 3 月底，已经累计为超过 140 万家小微企业解决融资需求，各小微企业贷款多在 100 万元以下，累计投放贷款超过

4000 亿元。

蚂蚁花呗是蚂蚁金服旗下的一款消费信贷产品。基于网购活跃度、支付习惯等综合情况，开通产品的用户可以获得一定的消费额度。蚂蚁花呗从淘宝系扩散，正逐渐向外部购物平台接入。据天猫方面数据显示，2016 年“双 11”的第一个小时里，蚂蚁花呗支付笔数占比 30.14%，这意味着，在 1 小时破 353 亿的天猫成交额中，有 106 亿是通过蚂蚁花呗来支付的。而使用蚂蚁花呗的多是青年人，尤其是 90 后。中国现在有近 1.7 亿的 90 后，其中有 4500 多万人开通了花呗，也就是说，每 4 个 90 后就有 1 人用花呗。

数据是蚂蚁金服最有价值的资产，而征信是挖掘和变现这种资产的最佳方式。芝麻信用便由此而来，数据和数据基础上形成的征信，是蚂蚁金服投融资业务开展的基础设施。随着时间的积累，芝麻信用可能凭借支付宝和余额宝的海量客户数据，成为覆盖面最广阔的商业征信机构。当然，前提是在支付宝在支付领域不会被替代的情况下。

电商金融带来的颠覆

信息不对称、市场不确定性以及由此引发产生的风险管理之需求，通常被认为是金融中介存在的重要原因。然而互联网金融所具有的特点正在侵蚀着金融中介赖以存在的基础，互联网金融并不突出金融组织和金融机构，而是基于金融功能能够更有效地实现而形成的一种新的金融业态。资源配置和支付结算是金融最基础的两大基本功能，通常由商业银行来承担，这在中国尤其明显。风险管理是现代金融最核心的功能。互联网技术与金融功能具有较高的耦合性，这成为互联网金融存在的基础前提。

在金融形态结构化的演进过程中，资本市场对商业银行而言，是金融的第一次“脱媒”，推动了金融资源的自由流动和市场化配置，促进了金融体系风险定价机制的形成，完成了信息从点对点到点对多、多对多的转变，从信息封闭到信息公开的转型，实现了资金所有者由储蓄者到投资者角色的转换，进而建立了财富增长的市场机制。然而由于信息技术等因素的约束，金融的第一次“脱媒”并不彻底。互联网平台的植入势必推动金融的“二次脱媒”，旨在解决金融功能的效率以及金融服务的普惠性问题。以电商平台为核心的互联网金融是互联网发展的一个必然趋势。阿里金融、京东的供应链金融等，都是互联网金融在当下的典型形式。

游离于银行体系之外的网络支付，由于其“脱媒”和高技术的特性，其灵活、便捷、快速、高效是传统金融支付工具和支付体系难以达到的，是包括商业银行支付工具和支付体系在内的现有金融的重要竞争者。

基于互联网的支付清算体系，是以第三方支付、移动支付为基础的新型支付体系在移动终端智能化的支持下迅猛发展起来的。特别是非金融企业利用互联网积极推进业务支付的网络化，第三方支付和移动支付极大地促进了支付体系与互联网的融合，并成为金融体系基础设施的重要组成部分。第三方支付核心的业务模式是网关支付模式和账户支付模式。前者的运行机制较为简单：第三方在线支付平台前端连接客户，后端连接银行或客户，在集合多个银行提供的基础支付统一平台，为客户和商户提供统一线上支付接口，通过第三方支付账户实现前端客户向后端客户的银行账户或同类第三方支付账户的支付，实际上是替代了银行的支付功能，国内快钱、汇付天下、易宝等是该模式的代表。账户支付模式依靠自身的电子商务平台，这种模式除完成第三方支付功能之外，还提供担保功能，更为重要的是，在将银行体系部分资金“抽取”出来置于第三方支付的备付金账户之后还可以多样化使用备付金账户中的资金，比如购买货币基金，支付宝和财付通都是典型代表。

在互联网金融中，现代信息技术的支撑使得信息不对称、市场不确定性、信用风险有了根本性的改进。互联网平台具有信息发布及时、信息探索快速且具有强大的信息流整合能力，以及对云数据的有效处理能力，在解决信息不对称、评估信用风险方面，是传统金融中介难以企及的。

不仅如此，互联网金融以互联网为平台，以信息整合和云数据计算为基础，开创了一个不问地位高低、不计财富多少、人人可以参与的低成本、高效、灵活的金融运行结构。在这里，小微企业可以找到手持盈余资金但却投资无门的投资者，低收入群体可以享受财富管理带来的喜悦，虽然他们面临着比传统金融更高的风险。在中国，金融体系资金配置更多地倾向于大中型企业特别是国有企业，财富管理的重点主要是高收入群体，而大多数小微企业难以从正规的金融渠道获得贷款，大多数有信贷需求的家庭只能通过民间借贷来满足，大多数的农村家庭借贷更是依赖于非正规的民间渠道。这些传统金融所忽视的企业、个人终于在互联网金融上获得了金融服务。金融服务第一次摆脱了对身份、地位、名望、财富、收入的依赖，显然它是对普惠金融理念的践行，而这正是对互联网金融具有强大生命力的源泉。

跨境电商：从海淘代购到平台自营

中国式海淘

【空姐代购案】①

从2008年夏天开始，李晓航在淘宝网上销售化妆品，起初从代购店进货，后来结识韩国三星公司高级工程师褚子乔。由褚子乔提供韩国免税店优惠账号，结算货款，再由李晓航和男友石某以客带货方式从无申报通道携带入境，一年多共计偷逃海关进口环节税113万余元人民币。

2011年8月31日，李晓航从韩国到达首都机场后被抓获，后以走私普通货物罪被提起公诉。检方指控的犯罪金额分为两部分，一部分是两次走私被当场查出的现货涉及的偷逃税款11万元，另一部分是根据淘宝网店订单推算的，数额被认定为109万元。

2012年9月，北京市第二中级法院做出一审判决：李晓航犯走私普通货物罪，判处有期徒刑11年，并处罚金人民币50万元；褚某犯走私普通货物罪，判处有期徒刑7年，并处罚金人民币35万元；石某犯走私普通货物罪，判处有期徒刑5年，并处罚金人民币25万元。判决后，李晓航、褚子乔不服，上诉到北京市高级人民法院。

2014年3月31日上午，北京市高级人民法院对李晓航等3人走私普通货物上诉案做出终审裁定。法院审理认为，李晓航等3人构成走私普通货物罪，一审法院认定事实清楚，证据确实充分，定罪及适用法律正确，量刑适当，审判程序合法，依法裁定驳回李晓航、褚子乔的上诉，维持原判。

---

① 百度百科 . https://baike.baidu.com/item/ 空姐代购案 /12007611?fr=aladdin

中国式海淘最早可以追朔到 2007 年。2007 年以前海外代购主要是专业买家，属于小众市场。2007 年淘宝全球购上线后，海淘开始快速发展，但政策尚未规范。海淘商品大多数通过邮政小包进入中国，导致税收漏出严重。

比如，某人在境外购买了大量化妆品等奢侈品，通过邮政寄回到国内自己家里，然后通过淘宝或者是在朋友圈内代购销售，这样就规避了交税，同时这也是走私行为，是违法的。

直到 2012 年，政府开始设立试点城市，相关政策不断出台，行业逐渐得到规范。到 2015 年，已经基本确立了“海淘阳光化、监管高效化”方针，行业开始呈现健康态势并快速发展。

自中国式海淘发展至今，进口物品通关方式主要有四种：一般贸易、灰色通道、走私以及跨境电商。详情见表 3–6。

进口物品通关方式【表 3–6】[①]

<table>
<tr><th colspan="10">进口物品通关的四种方式</th></tr>
<tr><td>通关方式</td><td>一般贸易（B2B）居多</td><td colspan="5">灰色通道（B2C、C2C）</td><td>走私</td><td colspan="2">跨境电商</td></tr>
<tr><td rowspan="2">用途分类</td><td rowspan="2">货物</td><td rowspan="2">个人邮递物品</td><td rowspan="2">出入境旅客行李</td><td colspan="3">进出境快件</td><td rowspan="3">非法入境商品</td><td rowspan="2">个人使用、保税模式</td><td rowspan="2">用于出售</td></tr>
<tr><td>文件类</td><td>个人物品类</td><td>货物类</td></tr>
<tr><td>税收政策</td><td>消费税、增值税、关税</td><td>行邮税、50 元以下免税</td><td>自用、合理数量范围内免税</td><td>无</td><td>自用、合理数量范围内免税</td><td>消费税、增值税、关税</td><td>行邮税</td><td>一般贸易税</td></tr>
</table>

从海淘代购出现，到平台类电商[②]慢慢开始兴起，再到自营类电商[③]涌现，跨境电商在政策的支持与鼓励下，历经 10 余年的时间，初步形成了以平台类、自营类为主流的商业模式，还有咨询导购类等。

平台类电商品类丰富，但是保真保质和对价格体系的控制有难度，而自营类电商对商品的掌控能力较强；平台类电商流量来源广泛，优势在于流量的量大，而自营类电商重视核心品类的选择，优势在于流量的质量。

---

① 广发证券发展研究中心

② 平台类电商：简单地理解，平台类电商就是在线上搭建一个商城，吸引商家入驻，电商企业以收取商家一定费用作为盈利模式

③ 自营类电商：简单地理解，自营类电商就是在线上搭建一个商场，电商企业以较低的进价购买商品，然后以较高的售价出售商品，以其差价作为盈利模式。

平台类电商典型代表有天猫国际、洋码头、淘宝全球购、京东全球购等；自营类电商典型代表有网易考拉海购、亚马逊海外购、小红书、聚美极速免税店、唯品会、京东全球购等（见图 3–15）。目前，大多企业上线时间不长且规模不大，龙头格局尚未形成。

2016 年中国跨境进口电商零售进口销售份额占比【图 3–15】[①]

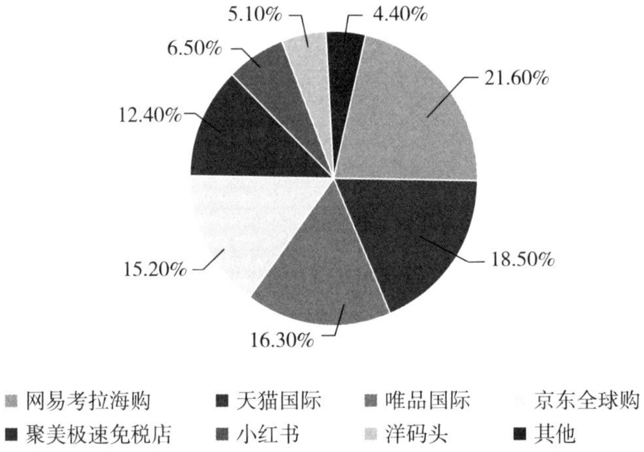

进口电商

澳洲的奶粉、日本的电器、韩国的美妆、德国的厨具……得益于跨境电商，海外购物已是前所未有的便利。从奢侈品到日用消费品，“海淘”不再是富人的特权，它正向普通大众消费者迈进。

吸引消费者选择海淘的关键因素就是价格优势，这一优势是跨境电商独有的优势，是国内实体店无法企及的。跨境电商一般由厂商直接供货或电商海外直购，可以缩减流通渠道层级，缩短供应链距离，并消除跨国企业价格歧视，再加上国内的税负政策等多重优势，一并造就了价格优势。

流通渠道层级的缩减来源于跨境电商的两种业务模式，即海外直邮和保税进口。若使用海外直邮模式，商品从境外通过国际运输的方式发送，直接送达国内消费者；若是使用保税进口模式，头程采用传统的外贸物流方式发至保税仓，收到消费者订单后，商品直接从保税仓库发出，由“四通一达”等国内快递承运送到消费者手中（见图 3–16、图 3–17）。

①《2016—2017 年中国跨境电商市场研究报告》. 艾媒咨询

比如网易考拉海购，采用保税进口模式，该模式的商品提前备货至国内保税仓，配送速度快；洋码头、小红书，一半采用海外直邮模式，该模式在海外发货通过一次性快递配送到位，一般附有商品的采购途径。而一般贸易的流通渠道甚是繁琐，它是由国外品牌电商依次经由国外出口商、国内进口商、国内批发商、国内零售商，最后才会到达消费者，代理层级多，价格也就高出许多。

中国跨境电商的主要物流模式——保税模式【图 3–16】①

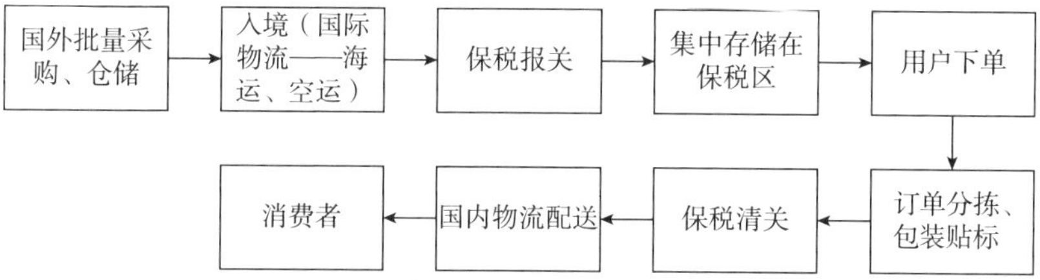

中国跨境电商的主要物流模式——海外直邮【图 3–17】②

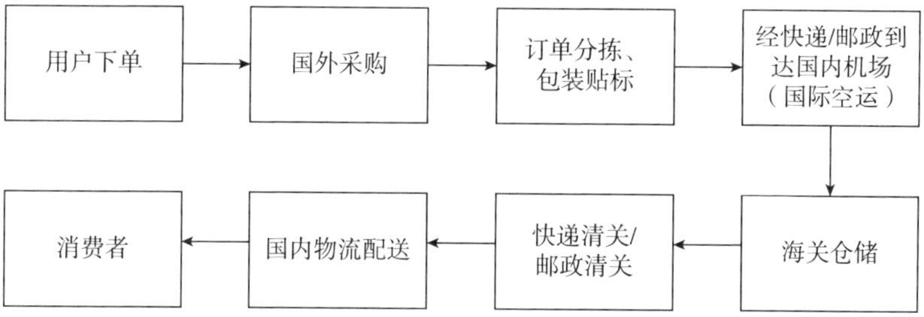

国内税收政策，即行邮通关政策，是形成跨境电商价格优势最为关键的因素。我国海关针对进口物品主要使用货物清关及行邮清关两种标准。

进口物品如果作为货物通关，必须在其到岸价基础上征收关税（10%~50%）、增值税（17%），部分商品还需征收消费税（10%~56%），比如化妆品、珠宝、汽车等，整体税收一般超过 30%，化妆品甚至达到 60%。

进口物品如果使用行邮清关规则，则只需要缴纳行邮税（10%~20%），仅化妆品等个别商品行邮税达到 50%，而行邮税达到 50% 的商品，商品价格不够 100 元则免税，而其他商品税额不大于 50 元则免税。

由下图可以看出，按照跨境电商渠道征收的行邮税税率比按照一般贸易渠道征收的三税之和平均少 20% 左右，至于护肤品和高级服装，由于 2015

①《2016—2017 年中国跨境电商市场研究报告》. 艾媒咨询

②《2016—2017 年中国跨境电商市场研究报告》. 艾媒咨询

年6月份海关总署将护肤品的进口关税由6.5%下调至2%，将高级服装的进口关税由16%下调至8%，致使护肤品行邮税只比一般渠道少4%，高级服装行邮税只比一般渠道少6%。

跨境进口商品征税情况【图3-18】[1]

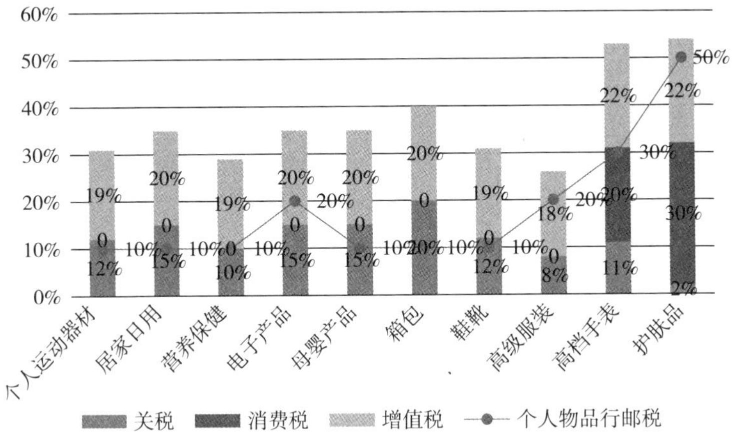

中国政府的包容政策

海淘、代购等跨境零售进口，本身是一种贸易行为，经营的主要是母婴产品、保健品、化妆品等个人生活消费品，价值较低，存在利用免征税额避税、大量包裹不用交税就进境的情况。而利用行邮税钻空子进行税收套利、规避正常税负现象日趋增多。对于如何规范地将跨境零售进口商品进行有效的定性，中国政府非常谨慎和包容。

为了解决此类问题，我国财政部联合海关总署、国家税务总局于2016年3月24日共同下发《关于跨境电子商务零售进口税收政策的通知》，从4月8日起执行跨境电子商务零售进口税收政策，要求跨境零售进口商品不再按物品征收行邮税，而是按货物征收关税、进口环节增值税、消费税等，行邮税税率也同步调整。接着，财政部在4月初先后发布了两批《跨境电子商务零售进口商品清单》，共包括1240个8位税号商品。根据规定，清单中的商品须提供“通关单”。这些进展对海淘代购形成了冲击，使得很多跨境电商零售进口产品出现一定的断档，比如澳大利亚的保健品、奶粉、化妆品的代

① 广发证券发展研究中心

购渠道明显阻滞。正是在这样的背景下。5 月 24 日，国家海关总署核发《海关总署办公厅关于执行跨境电子商务零售进口新的监管要求有关事宜的通知》，方案主要针对 4 月 8 日推出的跨境电商新政做出了适当调整，主要涉及网购保税模式和直购模式的跨境电商，决定暂不执行《清单》备注中关于化妆品、婴幼儿配方奶粉、医疗器械、特殊食品的首次进口许可证、注册或备等要求。政府政策的变动，一方面表明政府规范行业发展，减少无序竞争的决心，另一方面也是为了提升消费者的生活品质。

出口电商

与进口电商相较，出口电商发展较快，市场格局已经基本稳定。据中国电子商务研究中心研究报告中公布的数据显示，2015 年出口跨境电商交易额达到 4.5 万亿，同比增长 26%。多年来 B2B 电商模式一直占据着主导地位，但是 B2C 模式的增速逐步高于 B2B，至 2015 年，已高于其 8.3 个百分点，交易额达到 7200 亿元的规模，同比增长 33.3%。出口电商卖家品类以 3C 和服饰居多，也不乏户外用品、健康与美容、珠宝首饰、母婴玩具、汽车配件等。

出口 B2B 和 B2C 电商均已经初步形成了以平台和自营为主流模式的稳定格局。B2C 电商中规模前三的平台类电商主要是全球速卖通、eBay、亚马逊，自营类主要有环球易购和兰亭集势。平台类电商运营规模较大，领先者有几十亿美元量级的规模，比如全球速卖通，截至 2015 年 3 月底财年成交额就已达到 66 亿美元；而自营类小到几十亿元，比如主打服装和 3C 产品的环球易购 2015 年半年的成交额仅有 11 亿美元。

【全球速卖通】①

全球速卖通是阿里巴巴旗下面向全球市场打造的在线交易平台，俗称“国际版淘宝”。速卖通诞生于 2010 年，类似于淘宝，卖家可以把商品编辑成在线信息，通过速卖通平台发布到海外，利用多种物流方式将商品运输到国外买家手上，完成交易。基于其本身为用户带来的极佳的使用

① 阿里研究院. http://www.aliresearch.com

体验，2016 年 11 月 4 日，全球速卖通（AliExpress）APP 荣获 Google Play 全球编辑精选。

全球速卖通平台在线商品数量达亿级，覆盖商品品类广泛。至 2015 年年底已有 3C、服装、家居、饰品等共 30 个一级行业类目，优势品类包括服装配饰、鞋包、美容健康、消费电子、家居等。平台拥有超过 20 万的中国活跃卖家，覆盖 220 多个国家和地区，2010 年到 2014 年交易额年均增长超过 300%。

全球速卖通诞生初期，阿里巴巴就收购了 Vendio，同时与 UPS 和 PayPal 合作。Vendio 核心业务是帮助中小卖家建立网上销售平台，并同步接入不同的网上销售渠道，如亚马逊、eBay 等。阿里巴巴收购 Vendio 之后，Vendio 可以将服务的 8 万多美国 B2C 零售卖家与速卖通对接，通过 B2B2C 的模式将速卖通的产品推向全美市场。与 UPS 合作为用户提供了一种高端的物流选择，使客户享受到了在线管理货运和追踪的便利性。与 PayPal 的合作使得速卖通客户可以通过 PayPal 付款，极大地提高了订单的转换率。

全球速卖通通过本地媒体、Google、Facebook、Twitter、EDM 电子邮件等多种营销渠道吸引买家进入，依托阿里巴巴、淘宝、天猫的卖家资源，以免注册费吸引卖家入驻，收取不超过 5% 的成交佣金（同期敦煌网佣金率为 5%~8%），同时利用多种营销方式，促成双方交易。后来，平台对入驻的卖家增添了双重标准（企业身份、品牌），并清退了平台上所有的个人卖家，完成了由 C2C 平台向 B2C 平台的转型升级。同时与阿里巴巴旗下的 B2C 模式天猫通力合作，力争将中国的品牌推向全球。在杭州举办的 2016—2017 年度全球速卖通卖家大会上，速卖通颁发了年度十大出海品牌，名单如下：服装及配件类的 Simplee；耳机类的 Bluedio；手机配件类的 Ugreen；小家电类的 PUPPYOO；电动工具类的 DEKO；智能手表类的 LEMFO；泳装类的 NAKIAEOI；童鞋类的 UOVO；石英表品牌 BOBO BIRD；女鞋类的 Bacia。

俄罗斯、巴西等新兴国家是全球速卖通的重点市场，而在速卖通发展初期，目标市场是欧美地区。在发展过程中，速卖通发现，越来越多的买家来自俄罗斯、巴西等新兴国家。当时这些国家线下商品流通不充分，电商发展比较滞后，中国廉价的商品能在很大程度上满足其需求，于是速卖通重新定位了目标市场，同时也避开了与 eBay、亚马逊等巨头的正面交锋。

买家的支付方式同样多样化，有信用卡（Visa、Master card 等）、TT 汇款、Money Bookers 等。若买家选用信用卡支付，支付宝将代为结汇成人民币给卖家，汇率以买家付款当日的平均汇率进行计算，而 TT、MB 直接支付美金到卖家账户。

全球速卖通平台【图 3-19】[①]

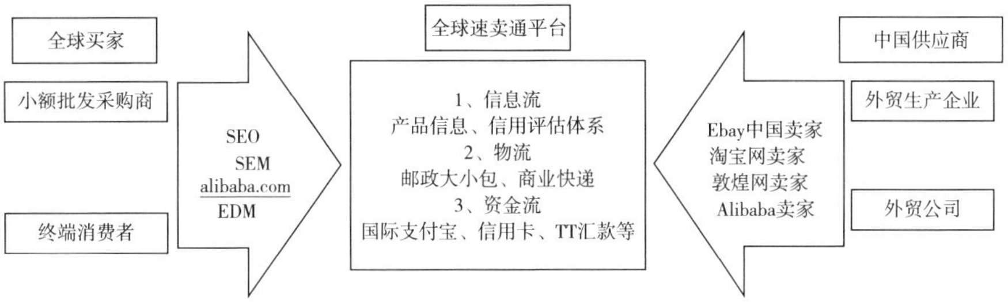

跨境电商兴起之因

电子商务市场从一开始的出现，就是全方位的对外开放，比任何传统的贸易方式都更为开放、更加迅速、更加便利，进而，仅几年内便从国内市场快速扩散到全球市场。中国“走出去”和跨境电商，使世界市场成为中国消费者的市场、中国生产者的市场，真正实现了“全球买、全球卖”。

据商务部的数据显示，2008 年到 2014 年期间，我国传统外贸进出口规模平均复合增长率为 6.97%，而跨境电子商务进出口规模年均复合增长率为 33.1%。而自 2008 年美国金融危机以来，世界经济持续低迷、贸易保护主义日益泛滥、人民币升值、原材料价格上涨和人力成本提高等，各种不利因素对我国传统外贸进出口产生了强烈冲击，跨境电子商务却不为之所动。跨境电子商务在国际贸易环境极其不利的情况下实现了快速增长，这一现象促使其备受业界的关注，也很快成为我国企业开拓国际市场的新渠道，成为助推我国外贸转型升级的重要抓手。

跨境电商是在世界市场范围内配置资源，通过跨境电子商务平台整合供应链，从资金流、信息流、物流三个方面全方位助力中小企业释放利润空间，降低了企业进入市场的门槛。作为“互联网+外贸”的产物，与传统外贸的

① 阿里研究院. http://www.aliresearch.com

整个供应链相比，跨境电子商务的供应链依托于跨境电商平台；整合信息流实现了各节点信息的共享，整合资金流采用在线支付的方式加快了贸易流程，整合物流形成了规模优势。

跨境电子商务的销售模式也不再是以生产为导向的大额交易模式，而是以消费者的需求为导向，碎片化、批量多且小规模化。个人购买力受经济波动的影响较小，多批次、小批量的外贸订单需求量的不断增长成为促进跨境电商发展的重要基础动力。跨境电商消除了地域化，企业可以运用大数据对全球市场进行精准分析，可以与世界各地的消费者直接进行良性互动，与消费者更加亲密接触。这样不仅更加有效地建立企业自身的品牌效应，其产品也更强调满足消费者的个性化需求、及时需求，这也是跨境电商与传统外贸最本质的区别之处。追求高品质、优质品牌、个性化、高性价比商品的部分网购消费者已经开始将目光投向海外市场。2015 年我国海外网购用户规模为 4091 万，年增长率为 135.8%。随着移动互联网的快速迭代，跨境购需求增长强劲。

中国为什么成为电商大国?

我国的电子商务最早是从模仿国外开始的，淘宝模仿 eBay，京东模仿亚马逊……，但是模仿仅仅是一个开端，中国的电子商务企业从中国的消费者、中国的市场出发逐渐探索出具有中国特色的商业模式。eBay 自 2002 年进入中国市场开始，一度主导了中国的 C2C 网购市场。而淘宝 2003 年 5 月成立以后，与 eBay 开始正面竞争。从免费模式、旺旺聊天工具、具有货款担保功能的支付宝，再到买卖双方的评价体系等等，从模仿到创新，淘宝仅用了两年时间就超过了 eBay 在中国的网购市场份额，至 2006 年 eBay 就败走中国 C2C 市场。中国企业依据本土国情不断创新、演化，解决电子商务在发展中遇到的各种瓶颈，其中平台机制、第三方支付、物流快递为电子商务的发展提供强有力的支撑。

13 亿多中国消费者的消费行为逐渐发生变化，至 2016 年已有 7.31 亿的网络用户规模，4.67 亿的网购用户规模，其中使用手机网购者占比 94.4%。

可以说，在互联网、物流已经普及之地，几乎所有的消费者已经养成了使用网络购物的习惯。而且网络零售交易额增长率一直保持着高于社会消费品零售额增长率的趋势，其中2016年的增长率比社会消费品零售额增长率高出15.2%。因此，庞大的消费人群是中国电子商务快速发展的关键原因之一。

电子商务是“互联网+流通”的产物，是对传统商业模式质的变革。线上交易平台的建立，克服了传统线下商业活动的局限性。首先，无论是平台型还是自营型，B2B还是B2C等商业模式，电子商务突破了传统线下商业模式的经营时间和物理空间的限制。在电子商务平台可24小时交易，市场容量、交易商品、交易主体被无限放大，且规模扩张的边际成本趋于零。其次，电子商务降低了流通成本，提高了交易效率。我国是世界公认的、全球最大的玩具、服装、箱包、家用电器等制造业大国。制造业企业可以通过电子商务直接与产品流通渠道上的下游客户联系，甚至跳过中间商与消费者直接联系，开拓海内外市场。据商务部研究报告显示，电子商务在整体上能够为企业节省5%~10%的交易成本，能够使存货水平平均下降25%。据麦肯锡研究，电子商务可以提升零售业14%的生产率，网上销售商品价格平均较实体店低6%~16%。据研究机构测算，网络零售的交易效率是实体零售的4倍。第三，电子商务可以充分调动市场参与者、增加要素流动性、信息的透明性，充分发挥市场配置资源的作用。

第三方支付是电子商务中的关键环节。相比于传统的买卖双方直接交易，第三方支付多了一个环节，买卖双方通过支付中介平台交易，而不是直接交易。第三方支付将支付方式与现代信息技术的发展相结合，使支付变得方便快捷。在与银行的合作方面，第三方支付平台负责提供很多应用方面的接口程序，这样就把不同种类的银行卡和不同的支付方式连接到一个平台上，保证了各商户在不同银行卡之间的转账流畅性。在整个的网上交易过程中，第三方支付会对交易双方进行约束和监督以确保资金的安全传递，并有相关银行作为信用依托。与传统的金融支付工具相比，第三方支付更加有效、快捷、高效地解决了电子商务中的网上交易问题，更好地推动电子商务的快速健康发展。

物流业的快速发展与电子商务的崛起是相辅相成的。从1980年中国邮政EMS开设全球邮政特快专递业务，到1993年申通、顺丰等民营快递企业相继成立，再到 2007 年京东开始自建仓储物流、2013 年阿里巴巴建立菜鸟网络；从国营企业占主导到民营企业抢占九成之多的市场份额；无论是电商与快递企业联手合作，还是电商自建物流，中国的物流业与电商就像是一对利益共同体，双方之间的博弈，促使各方的发展更为规范、更加适应市场的需要。电商企业业务薄弱甚至空缺之地——农村，也正是物流薄弱甚至是未涉入之地。在城市电商和城市快递发展已近饱和的情况下，各快递企业的农村物流计划纷纷开始布局，农村电子商务市场的发展速度已经连续 3 年超过了城市，成效卓著。

中国政府对电商企业的发展提供了非常宽广的发展空间，简政放权、放水养鱼、鼓励创新，在“无为”中体现“有为”，发挥市场配置资源的决定作用。

首先是推动完善信息网络基础设施等硬件环境。加速实施“宽带中国”战略，全面启动 4G 商用进程，推动骨干网、宽带网络等设施资源进入国际领先行列。其次是营造宽松的创新创业环境。对待新生事物，各级政府鼓励先行先试，坚持在发展中耐心观察、精心指导、科学规划的原则。各地政府设立电商区、电商园，从财政、税收、金融、土地和人才等各方面给予政策支持，推动网络经济发展。

第四章

网络时代的制造方式

2015年，中国电子商务B2B交易额达13.9万亿元，由钢铁、石化、冶金等行业形成的年交易额超过千亿元的电子商务平台20个以上，超过百亿元的有50个以上，互联网应用呈现从消费领域向制造业领域扩散的态势，电子商务从交易平台向生产平台转变。传统B2C、C2C向大规模个性化定制C2B转变，由此催生了新的制造方式、产业形态。

对于中国制造业来说，本身就面临着“全球竞争、绿色低碳、转型升级”的严峻挑战，“互联网+”正好带来了脱胎换骨的机遇。互联网广泛融入研发设计各个环节：新型研发组织模式不断涌现，电子、航空、机械等行业骨干企业建立全球多地协同研发体系，家电、服装等行业企业打造客户从设计、研发到配送全过程深度参与的研发体系。大规模个性化定制成为主导的新型生产方式：互联网渗透融合制造业的生产过程，服装、家具等行业正在涌现出一批新模式新业态。生产性服务业引领制造业转型升级：工程机械、电力设备、风机制造等行业服务型制造快速发展，在线监控诊断等产品全生命周期管理服务开始普及。

工业发展史上的每一次变革都承载着新旧的更迭，经历着新事物、新产业的诞生，以及旧规则、旧制度的淘汰。网络时代下，资源配置方式、研发模式和生产经营模式都发生了改变。目前中国制造业转型升级已有四个明确方向：一是互联网思维主导的转型；二是满足个性需求的定制化生产；三是生产制造能力分享；四是依托互联网的制造业的新动能。

思维升级：互联网主导的转型

在互联网浪潮席卷全球的背景下，中国的一些传统企业退出了历史舞台，一些传统企业开始顺应时代潮流，积极拥抱互联网、树立互联网思维，做到与时俱进。传统企业从生产模式、管理模式、商业模式和营销模式入手，推动四个模式的互联网化。在商业模式变革方面，海尔、美的等传统家电制造企业积极改变行业传统的以出售硬件终端赚取成本差价的商业模式，通过构建智能云平台，发挥数据、交互、服务等方面的优势而获得收益。新时达、武汉奋进等企业开始积极探索工业机器人领域服务模式的创新，把工业机器人的相关服务变为一种独立的商品形态。在组织形态创新方面，海尔、华为、美的等企业已率先通过建立开放型小微经营体、协同化自决策机制、股权激励型合伙制等方式，推进企业组织模式去中心化变革，充分调动各类参与主体的积极性和创造性，加快深度合作和迭代式创新，迎接互联网时代的挑战。

管理大师德鲁克曾经指出，当今企业之间的竞争，不是产品之间的竞争，而是商业模式之间的竞争。以互联网为核心的新一代信息技术加快推广普及，推动了企业组织流程、商业模式创新。互联网技术激发了用户被搁置的多样化个性化需求，企业传统商业模式、组织架构难以维系，需要以用户为导向、以需求为核心进行组织形式和经营策略变革。网络化、扁平化、同步快速的信息传递方式促进市场参与主体搜索、获取、分享、沟通信息的效率提高，同时成本降低，充分发挥其自主经营、决策、分配等权利。互联网具有开放性和快速迭代的特点，在其加速渗透的过程中，企业趋向于在短时间内以开放、合作、共享的创新模式，整合内外部资源，促进用户深度参与、产业链上下游企业高度协同，缩短产品研发周期，增强企业对市场的快速反应能力。

互联网思维

很多传统行业都得了一种叫“互联网焦虑症”的病，他们对未来充满前所未有的恐惧感。企业互联网化管理的核心是领导人是否能够以互联网思维管理企业。所谓互联网思维就是传统行业要积极探索与互联网的结合，发掘新的商业模式，实现自身的升级转型。中国的企业家大体上分为两类：

立场比较消极的有：

联想杨元庆：互联网不能代替一切，它不能代替产品的创新、不能代替技术的研发、不能代替生产制造，也不能代替供应链管理，互联网并没有、也不可能颠覆传统产业的根本价值、核心价值。

娃哈哈宗庆后：网商搞乱了企业的价格体系，造成企业产品卖不出去、没有利润，只能关门，亦造成了一部分人失业，虚拟经济本应该为实体经济服务，现在纯粹变成了把别人口袋里的钱装到自己口袋里的经济，长此以往，经济就会出现大问题。

立场比较积极的有：

海尔张瑞敏：我们自己就是传统企业，我觉得互联网思维对传统制造业企业可能就是意味着一种颠覆。我理解这种颠覆是“三无”：企业无边界、管理无领导、供应链无尺度。没有成功的企业，只有时代的企业。

复星梁信军：我已经无条件向移动互联网全面投降，全面拥抱。移动互联网跟传统行业嫁接之后，它诞生的是新行业、新产品，跟原来的东西不一样，并且它的规模可能会数倍于原来的传统行业。

2014 年 3 月 20 日，美国著名财经杂志《财富》公布“全球 50 位最伟大领袖”排行榜中，海尔集团 CEO 张瑞敏排名第 22 位，《财富》杂志对张瑞敏的评价是：“他的突破性管理模式创新，把海尔从一个资不抵债的小冰箱厂打造成了世界最大的家电品牌。他把集团员工打散成一个个小团队，让他们自主经营管理，自己选择团队牵头人，竞争上岗，还能分享额外利润……这种管理模式在西方国家非常罕见，在中国更是从未有过的颠覆。”“创新”“颠覆”是评价海尔经营模式中最重要的词汇。

管理模式的变革

【海尔互联网主导的管理模式】[1]

海尔集团1984年创业于青岛，前身是一家资不抵债、濒临倒闭的集体小厂，30年间经过中国改革开放时代浪潮中的成长、见证中国市场经济的发展、拥抱全球互联网时代的到来，通过名牌战略、多元化战略、国际化战略、全球化品牌战略，到2012年提出网络化战略这五个发展阶段转型，最终成为全球大型家电第一品牌。根据世界权威市场调查机构欧睿国际（Euromonitor）发布的2016年全球大型家用电器品牌零售量数据显示：海尔大型家用电器2016年品牌零售量占全球市场的10.3%，第8次蝉联全球第一。

海尔互联网转型从三个方面切入：顾客和用户思维方式的改变，员工和用户关系的改变，互联工厂和用户关系的改变。海尔网络化发展战略的基石是“人单合一双赢”模式。“人”是指员工，“单”是指用户，“人单合一双赢”就是员工给用户创造价值的同时，能够实现自身的价值，该模式旨在搭建一个机会公平、结果公正的充满活力的价值平台。

海尔提出的“三无”指的是“企业无边界，管理无领导，供应链无尺度”；“三化”指的是“企业平台化、员工创客化、用户个性化”。这两者其实说的是一件事情：企业无边界也可以归纳成企业的平台化；管理无领导也可以体现为创客化，每个员工都是一个创客[2]；第三个是供应链无尺度，可以体现为用户的个性化。企业需要打破原有的边界，成为一个开放的平台，可以根据用户的需求按单聚散；同时为了跟上用户点击鼠标的速度，企业需要颠覆传统的层级关系，组建一个个直接对接用户的自主经营体；在此基础上，海尔探索按需设计、按需制造、按需配送的供需链体系。简单地说，就是海尔提供一个资源平台，让员工甚至是潜在的员工可以实现在海尔的平台上自行创业。

---

①《无颠覆不海尔》.《阿里商业评论》. 阿里研究院. https://club.1688.com/threadview/46919459.html

② 创客（Mak-er）“创”指创造，“客”指从事某种活动的人，“创客”本指勇于创新，努力将自己的创意变为现实的人。这个词译自英文单词“Mak-er”，源于美国麻省理工学院微观装配实验室的实验课题。此课题以创新为理念，以客户为中心，以个人设计、个人制造为核心内容，参与实验课题的学生即“创客”。“创客”特指具有创新理念、自主创业的人。

与海尔公司相似，传统企业在互联网时代里也可以像互联网企业一样，随时随地通过互联网执行商业活动中的全部核心流程，传统企业经营管理效率得到了极大的提高。互联网时代，中国传统企业的管理模式变革面临诸多机遇，管理思想观念、组织结构、管理方式、管理流程都发生了惊人的变化。

互联网的发展使得企业家的管理思想观念发生转变。通过互联网技术，企业管理者可以在极短的时间内获取资讯和发布信息。世界上任何地方的最新信息，都可以以最快的速度在全球蔓延，使得人们不论在世界的哪个角落都可以同时了解和获取相应的信息资源。这就更加考验企业管理者的素质：要么紧跟时代步伐，抓紧稍纵即逝的机会，不断加速创新，适应环境；要么被互联网时代风云变幻的大潮所淹没。

互联网的发展使得企业管理组织结构发生变化。传统企业的组织结构呈金字塔状，信息通过层级传播。互联网技术使得信息传递技术进行了全面的革新，信息的传递速度、数量以及效率均大幅度提升。组织结构逐渐转变为扁平的金字塔，扁平化的组织结构可以直接打通决策者和执行者之间的联系。互联网推动了企业组织决策的集中权力逐渐下放，掌握最新信息的一线员工可以与企业中的任何组织或个体进行畅通无阻的信息交流沟通，根据市场变动及时做出决策。企业的作业程序由传统的“串行”转变为“并行”，每一个环节中的个体在网络的融合下，同时围绕在各种有待解决的问题周围，或协调所发生的常见操作和任务。

营销模式的变革

“互联网+”大大增加了营销触点，使得营销推广无处不在。如今，随着移动智能终端的不断普及，互联网已经渗透到我们生活的每一个角落，基本上每天都离不开它。弹窗广告、网页推送、微信朋友圈、QQ个人空间等，营销入口随处可见，这无疑为企业的营销推广提供了更多的机会和更高的成功率。企业可以采用的营销方式多种多样，如搜索引擎营销或优化、电子邮件营销、即时通讯营销、病毒式营销、自媒体营销、新媒体营销等。中国的传统企业开始借助互联网，变革原有的营销模式。

服装、化妆品、食品等品类的品牌商或生产商，利用网络直接销售产品，或者在网上开展网络分销，招募小卖家或者店铺进行网络代理销售。甚至有部分传统企业实行线上产品和线下产品分隔，或者启用全新品牌。一些实力强、品牌知名度高的大型企业通过自建网络平台开展网络销售业务。中小型企业则主要依托阿里、淘宝、京东、亚马逊等平台开展业务，利用第三方平台提供的工具和服务，简 化网络销售的操作，降低投入成本。在网络销售业务的推动下，传统企业在产品质量、产品和品牌规划、网站（网店）运营、促销活动、网络传播推广、仓储物流配送、财务评估等方面进行了相应的变革。

一般来说，提供中介服务、直接服务、大宗工业品的销售采购等类型的传统企业都采用“线上沟通 + 线下成交”模式。在形式上和策略上，这种模式类似于招商加盟或贸易批发模式，但招商加盟模式的对象不是最终使用者，而是经营者。而该模式的目标对象不管是企业还是个人，都是最终使用者。

一些传统企业出于自身的某种考虑或者线上成交困难等原因，把网络当作媒体来对待，通过网络传播品牌价值以及辅助线下销售。该模式一般面对的是大众群体，大众消费品企业比较适合这种模式。企业主要通过门户平台广告、互动活动、话题炒作或者博客、SNS（Social Network Site）、微博等工具和方法来扩大品牌影响力。

【雷神游戏本】①

海尔作为一个大型白色家电厂商，在不到一年的时间里孵化出了让游戏玩家疯狂追捧的笔记本品牌——雷神游戏本，从冒出创新的想法到寻找生产商家，从设计到制造出第一批成品，仅用短短数月几乎是业界的一个奇迹。首批雷神笔记本 2013 年 12 月上线试销，尽管只有 500 台投入销售，但累计预约购买的玩家多达 3 万余人。2014 年 1 月 15 日 3000 台正式上线，21 分钟全部抢光。仅 4 个多月，“雷神”超越了诸多老品牌，成为京东游戏类笔记本电脑的第 2 名。

这个项目由三位产品经理——李宁、李艳兵和李欣共同发起，整个

①《无颠覆不海尔》.《阿里商业评论》. 阿里研究院

团队成员的平均年龄不过25岁，却个个都是绝对资深的网络游戏发烧友，中国“网游一代”的中坚力量。

李宁是海尔笔记本在京东上的接口人。在很长一段时间内，海尔笔记本在京东上的表现乏善可陈：1999元左右的低价笔记本，竞争惨烈，基本上不怎么赚钱，海尔的笔记本业务单元的存在似乎只是这个千亿身家的家电巨头基于未来的某种战略需要而已。一次偶然的机遇，李宁发现，尽管笔记本电脑在中低价位上网本领域的国内竞争已经是一片红海，但价位明显偏高的游戏笔记本电脑在京东的销量却持续走高。

作为资深网络游戏的发烧友，李宁在与更有行业经验的李艳兵探讨中达成了共识：尽管国内笔记本电脑市场竞争已经非常激烈，但是对于游戏玩家而言，中低端价位的电脑配置太低，无法满足网络游戏对电脑配置的要求，初步搜索一下，网游玩家对于笔记本电脑的抱怨就多达三万余条；而专业的进口游戏本动辄一两万，绝大部分玩家的荷包“不堪重负”，很多玩家为了更好的游戏体验不得不到网吧里去“抢位”。

“这就是需求!”雷神的初创团队从这三万多条不满中总结出最核心的13个改进目标，决心做一款专为发烧友级网络游戏玩家设计的中高档笔记本电脑。尽管是在海尔内部创业，但由于海尔的知名度仅在白色家电领域，对于游戏玩家产生的品牌印象并不适合直接做笔记本电脑，因此，团队在高管层的支持下决定“去海尔化”，采用了“雷神”这个源于网游神作《雷神之锤》的霸气十足的名字。

雷神的出现弥补了市场的一块空白，不过，硬件上的高性价比并非雷神的独门暗器，雷神最核心的竞争力还是在主创团队与粉丝的零距离交互上。雷神在推出后几乎是一路被用户推着向前走。在网上，雷神团队首先是建立了QQ群，渐渐地随着用户增多，他们随即建立论坛，让用户在其中交流，提需求和意见、反映问题。他们也在百度贴吧上建立了雷神吧，在京东上也建立了讨论区。在这些社区里，雷神团队的成员都亲自参与其中，一直保持着团队人员与玩家群体互动的习惯。逐渐地，一些热心的玩家用户会成为群里的意见领袖。形成用户讨论氛围后，一些问题在社区里就由热心用户给解答。很多技术过硬的玩家甚至会主动担任起测评师的角色，自己花钱买机器，自己花钱做配置测试，乃至把整个机器拆掉之后对硬件配置模式进行分析再设计，测试报告写了厚厚一叠寄给雷神团队。这些意见领袖们被称为“雷疯”，直接参与到雷神产品开发的每一个环节。

对于海尔这样的大企业而言，雷神游戏本的成功并不在于它卖出了多少台——实际上，雷神即使再赚几千万人民币，在海尔总利润的占比依然是微不足道的——而在于它开创了一个新的企业运营模式，并且通过这样一个模式，企业和 80 后、90 后这群未来的主力消费者建立了很好的连接。在海尔的推动下，青岛雷神科技股份有限公司于 2014 年 1 月成立，并建立自己的官网（http://www.leishen.cn/）。雷神项目的成功证明了海尔这种平台化运营模式的潜力，为未来孵化出更多类似的成功的“创客”项目提供了先导。

个性化定制生产

当前中国传统企业的柔性化生产模式正在加速发展。柔性化生产，是指供应链具有足够的弹性，生产制造企业的产能能够根据市场需求快速做出反应，多款式小批量的产品可以生产，大批量翻单、补货也可以满足，无论是大单还是小单，都可以做到品质可控、成本相差无几、交货及时。传统 B2C 模式的基本形态是大规模生产 + 大众营销 + 大品牌 + 大零售，该模式的生产制造与同时代的市场消费需求、分销渠道、大众营销等固有特点密不可分。传统模式下，制造企业通过大批量、规模化、流程固定的流水线实现低成本生产，生产与消费之间隔着批发、分销、配送等各个环节，生产商无法及时看到消费者需求的变化，需要以“猜”的方式进行库存和生产。传统的 B2C 模式下也经常出现这样的场景：畅销的商品往往缺货，滞销的商品却堆满货架和仓库，既错失销售机会，又积压资金。

互联网的出现，消减了产销之间的信息不对称，推动了生产端和需求端的紧密结合，催生了 C2B 商业模式的兴起。C2B 模式即消费者驱动的商业模式。C2B 模式要求生产制造系统具备高度柔性化、个性化，以及快速响应市场等特性。这与传统 B2C 商业模式下的标准化、大批量、刚性缓慢的生产模式完全不同。互联网、大数据技术将生产企业和消费者紧密联系在一起，使消费需求数据、信息得以迅捷地传达给生产者和品牌商。生产商根据市场需求变化组织物料采购、生产制造和物流配送，使得生产方式由大批量、标准化的推动式生产向市场需求拉动式生产转变。拉动式的生产并不一定要对市场需求进行精准的预测，关键是供应链的各方面更紧密的协同，以实现更加“柔性化”的管理。柔性化最极致的做法是大规模个性化定制的实现。个性化是客户化市场的需要，批量化是企业生产效率和成本的选择；大规模个性化定制是要解决这一对长期存在的矛盾，解决个性化客户需要和低成本、高效率的集约化生产问题。互联网和大数据的出现，使得这一问题如今在中国的一些生产制造企业里可以得到完美解决。

互联网释放了消费者的个性化消费，也催生了新的销售模式和生产方式。目前，在淘宝网上，“多品种、小批量、快翻新”正在逐步成为主流。以服装业为例：在消费端，淘宝网上固然有一些单款销售数万件的服装，但另一方面长尾效应也越来越显著，一款女装销售百余件，在淘宝网上就是一个很普遍的现实。这意味着，企业生产体系必须适应“多品种、小批量”的要求，才能“接得住”蓬勃的个性化需求。在生产端，从纺织机械来看，近年来中国服装行业开始对数码印花、数控裁床、三维人体测量仪等适应于柔性化生产的设备加大了引入力度。原来的服装企业大都采取捆包制的大规模生产方式，但部分服务电商企业，则越来越多地开始采取更适应于多品种、小批量生产的单件流或小批量转移。事实上，不只是服装业，互联网上大量分散的个性化需求正在以倒逼之势，持续施压于电子商务企业的销售端，并倒逼生产制造企业在生产方式上具备更强的柔性化能力，并将进一步推动整条供应链乃至整个产业，使之在响应效率、行动逻辑和思考方式上逐步适应快速多变的需求。

数据驱动的个性化定制

服装生产是一个从设计、价格、渠道等各方面都竞争异常激烈的行业。有一家企业却可以做到从不拖欠薪资，从不要求员工加班；不是销售出去寻找客户，而是客户带着订单主动上门；生产车间的每一件成衣从颜色、款式到面料完全不同，但在制造的每一步却是标准化、流程化地批量生产；2014年1月到4月，短短一个季度，生产、销售、利润等各方面指标都同比增长了150%以上。这就是红领集团，一家位于山东青岛的民营服装生产企业。

这家西服制造企业创立于 1995 年，现在拥有总资产 12 亿元，服装板块年实现销售收入 10 多亿元，有 3000 多名在各自领域有专长的员工，它的经营奥秘是什么呢？它是怎样创造出这些惊人的数字的呢？

【酷特个性化定制平台】①

酷特（原红领集团）花了 11 年的时间，投资了 2.6 亿元人民币研发出一个个性化定制平台——名为 RCMTM 的男士正装定制领域的大型供应商平台（RCMTM 即 RedCollar Made To Measure，红领西服个性化定制）。目前，这个平台已拥有过去十多年红领积累的 200 万名顾客的版型，有超过 100 万亿种以上款式组合，这样一个海量的数据库，最终为智能制版程序的成型提供了高度缜密而细致的演算依据，并强力支撑了酷特个性化定制工业化生产模式。通过该平台，酷特一秒钟内至少可以自动生成 20 余套西服的制版；一套定制西装从接单到出货，最长用时为 7 天，实现了服装个性化定制的大规模工业化生产，从小众定制迈入大众定制。

客户通过移动通讯设备即可登录酷特“私人定制”客户端，输入身体 19 个部位的 25 个数据，便可以根据配图提示，按照自己的想法制作专属服装，包括不同部位的样式、扣子种类、面料，乃至每条缝衣线的颜色等。在客户端，顾客提交订单、在线付款后，其设计的西装就会通过互联网进入酷特“RCMTM 平台”，这边的服装制作流程即迅速启动，CAD 马上出来最适合的版型，并进行拆解和个性化裁剪，然后，每块裁剪好的布料，挂上相对应的电子标签进入吊挂，便进入 300 多道加工工序的流水线上。而在流水线上，系统还可以对物料数据继续整合管理，配里料、配线、配扣。上述这些流程，全部是自动化完成。按国外的西服定制流程，一套定制西服的生产周期，严格意义上需 3 至 6 个月；而在酷特的数字化定制平台上，从接单到出货，规定最长用时为 7 天。

需求驱动的 C2B 模式

在现代工商业发展史上，C2B 模式的大量浮现是一个从未有过的事件。

①《红领的“酷特模式”》.《青岛日报》

尚品宅配，一个由软件研发公司跨界发展而成的全屋家具定制服务商，被时任广东省委书记汪洋称赞为“传统产业转型升级的典范”。因为它探索出了移动互联网时代极具创新性的方向和路子，对中国整个制造业都具有极强的借鉴意义。

【尚品宅配与圆方软件】①

1994年，李连柱下海创立圆方软件。创业10年后的2004年，圆方软件已逐步打通了家具企业从销售端到生产端的全流程信息化。也就是在这一年，李连柱看到了家具定制的蓝海，也看到了改变一个行业的可能。尚品宅配由此成立。

当时李连柱面临的选择是：是步大部分家具企业的后尘，以大生产、大库存的模式面向大众市场销售单一产品，还是面向小众市场销售个性化产品？这两种模式都不是他所希望的。他真正向往的，是一种大规模实现个性化定制的模式！

在当时的定制市场上，有两类企业比较活跃：一类是中小作坊，一类是高端家具企业。前者如李连柱所说：“定制家具其实不是个新鲜的概念，每个木匠都能做。但代价是低效率和不可控的质量。”后者的最大问题就是价格高。那么，在年产值6500亿元却没有任何一家企业的市场份额超过1%的家具行业，如何才能面向中产消费者实现全屋家具定制？

从2004年到2007年初，尚品宅配历经了三年的全流程信息化改造，最终支撑起了个性化定制的商业模式。

在消费者参与的设计端，它通过互联网或专卖店，使消费者可以参与设计平面布局、体验全屋模拟，还可以借助条码化生产系统自助查询订单进展。它构筑了一个基于互联网的实时交易和互动设计系统，把消费者、加盟店、总部及工厂联系在一起。相关各方都可以共享信息，形成了通畅的网络渠道。

面对消费者近乎漫无方向的个性化意愿，如何确认真正的需求？为此，尚品宅配采集了数千个楼盘的数万种房型数据，建立了“房型库”，

① 《互联网+：从IT到DT》，阿里研究院

辅以自身的“产品库”，消费者的选择、对比、修改，就有了现实的基础。基于这两个数据库，也就可以组合出多种多样的空间整体解决方案。尚品宅配还在推动云设计的发展。超过几万名的家居设计师，通过尚品宅配的产品库和房型库，利用云计算服务去设计各种家居空间解决方案。

在生产端，尚品宅配的创新更是令人耳目一新。由于销售的不只是单个产品，而是近乎于魔方组合的空间解决方案，这就对生产柔性化提出了很高的要求。最初，当工厂的日加工量达到30单时，生产体系就会出现混乱。而如果要引入国外全自动的板式家具柔性生产线，则花费高昂。

尚品宅配脱胎于圆方软件的背景，在此发挥了关键作用。仅在软硬件上投入数百万元，尚品宅配就大大提升了柔性化生产的能力。比如为电子开料锯加装“制造执行软件”，以实现快速、准确的裁切加工；为加工中心安装CAD/CAM接口软件，设计师为消费者提供的设计图，同时也转换为指导机器生产的工业化制造图纸；为加工设备加装电子看板，则大大压缩了找图、读图的准备时间。此外，尚品宅配还采用了排产软件，以杜绝误工、返工的情况。通过信息技术的改造，对于消费者而言的个性化全屋板式家具组合，在车间则变成了一块块贴有准确条形码编号的板件。个性化定制与标准化大批量生产的矛盾因此得以解决，生产流程得到了极大的简化。

通过一系列的系统和流程再造，尚品宅配的日产能力、材料利用率、出错率、交货周期、资金周转率等，都有了很大改善。同时，也由于先下单、后生产而实现了零库存。

C2B模式通过预售、集体团购等形式可以将分散着的用户需求集中起来，对于一些还没有生产出的产品，可以根据集中的需求进行快速的生产，在用户需求完全表达的理想情况下，这使得商家的供给可以正好与用户的需求匹配，避免了资源的浪费。对商家而言，即需即产实现了零库存，使库存成本趋零；而由于已经知道需求的分布，甚至可以选择不同的生产地点进行生产从而降低运输成本；同时由用户已经付费锁定了收益，商家也不必担心调研时口碑很好的商品大规模生产后出现“叫好不叫座”的情况。这种形式整体降低了商家的成本，在一定程度上避免了商家的损失。

产能共享：中国制造的新模式

全球共享经济快速发展，从欧美不断向亚太、非洲等地区的上百个国家扩张。全球共享经济正进入快速扩张期，未来一切可分享的东西都将被分享，人们的工作和生活方式将因之发生深刻变化。从最初的汽车、房屋分享迅速渗透到金融、餐饮、空间、物流、教育、医疗、基础设施等多个领域和细分市场，并加速向农业、能源、生产、城市建设等更多领域扩张，从生活领域向生产领域扩张。

生产能力分享指的是通过互联网平台，将不同企业闲置的生产能力整合，实现产品的需求方和生产的供应方最有效对接的新型生产模式。共享制造是在制造业领域内掀起的一股清风，是解决制造业产能过剩、产业结构失调、资源生态危机、技术创新能力不足等一系列问题的积极探索。共享生产能力和设备的典型企业有沈阳机床厂、阿里巴巴的淘工厂。

老树抽“新枝”

新中国建立后，在东北地区形成了中国最早建设起来、以重工业为主体、门类齐全的工业体系，由于它特殊的地位和作用而被誉为“共和国长子”，改革开放前东北工业约占全国工业比重的 1/6。但改革开放后，东北原有以国有经济为主体的工业不能适应市场机制的变化，许多传统的优势产业的发展日益陷入困境。具体表现为技术装备陈旧、生产工艺落后，产品品种与市场需求不符，工业经济效益逐年下降。1978 年至今，东北地区的 GDP 增速开始低于全国 GDP 的平均增速，东北的经济地位出现了严重的下滑。

在机床行业，沈机集团在计划经济时代的地位无出其右。计划经济年代中国机床行业“十八罗汉”这家企业占了三家，沈阳市因为这家企业的存在而被称为“中国机床之乡”。在过去的半个世纪的时间里，很多技术工人，甚至名校大学生都以挤进这家企业为荣。

到 1992 年，随着中国“拨改贷”“利改税”等政策的实施，以及对外开放的力度进一步扩大，中国机床企业的生产环境急剧恶化。1994 年，进口机器设备关税壁垒拆除，机床产品的进口关税提前降至 9.7%，数控系统的关税降至5%。涌入的进口机床使中国机床企业的生产环境进一步恶化。沈机集团和周边的国有企业开始减产、亏损、下岗、转产、被兼并。从1993年到2002年，沈机集团经历了最困难的10年，这10年也被企业内部人士称为“黑暗十年”。①

2003年，中国开始实施振兴东北老工业基地战略，由此至2012年的10年期间，历尽磨难的东北三省地区终于迎来“黄金十年”发展期。在这十年，作为工业母机，机床业高速发展。2003年到2010年，沈机集团产值翻了两番。2011年，沈机集团销售收入180亿元。此后，沈机集团连续3年世界机床行业销售收入第一名。

【i5智能机床和i平台】②

在2002年，38岁的关锡友被任命为沈机集团总经理，上任后的第一件事情就是把非机床类的外围业务全部砍掉。“我就不信了，机床都没做好，你别的能做好。”关锡友当时在内部扔下这么一句话。为了重回以技术创新驱动企业发展的轨道，关锡友偷偷在上海组建了一支团队，研发一款名为i5的新产品，从2007年至今，已共投入了11.5亿元。

朱志浩是i5项目的带头人，上海人，一闻机油味就兴奋不已，是一个倔脾气。他说，i5的研发不想被国企的机制束缚，所以在接手之前和关锡友约法三章。“一不能逼，二不能管，三从基础做起不糊弄。”

2012年，是关锡友最难过的一年。i5项目投入5年，砸下五六亿后，沈阳库房里只有一堆做实验报废的机床。“我跳楼的心都有了。不为别的，几个亿没了，还没有成果，领头人还是自己同学。而且审计要查这也没法查啊，都是一堆计算机和废品，找谁说理去。”

一年后，当朱志浩终于打来电话，告诉他智能机床系统研发成功时，关锡友不敢相信。“你再说一遍！”他在电话里反复地问。

i5智能数控系统是沈阳机床集团历时5年、投入11.5亿元巨资，于

①《曾经的“金饭碗”深陷泥潭，沈阳机床艰难自救》. 中国企业家网. http://www.iceo.com.cn/com2013/2016/0427/301293.shtml

②《曾经的“金饭碗”深陷泥潭，沈阳机床艰难自救》. 中国企业家网. http://www.iceo.com.cn/com2013/2016/0427/301293.shtml

2012年自主研发而成，集工业化、信息化、网络化、智能化、集成化于一体，标志着沈阳机床掌握了整机运动控制技术。2012年，沈阳机床厂成功开发出世界首台具有网络智能功能的“i5智能化数控系统”，通过互联网平台，用融资性租赁、经营性租赁、生产力租赁等金融和经营等手段，以及再制造循环，在大数据基础上，以即时付费（Pay online in time by Data）的方式，用价值驱动产品的全生命周期，实现按用户需求（on Demand）销售。简单来说，就是通过智能机床将其运作状态整合，实现机床闲置时间的共享，满足不同客户的生产需求。沈阳机床厂也就因此成为了生产能力的供应方，而连接智能机床的i平台则成为了其自建的共享平台。

沈阳机床厂智能机床使用流程【图4-1】

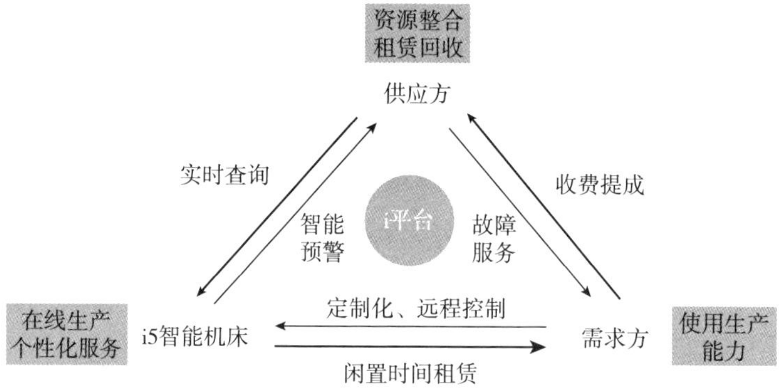

阿里巴巴淘工厂

在制造业领域，经常会出现严重的供给侧信息不对称现象。一方面，一些行业陷入严重产能过剩，个别企业自身经营不善，出现闲置设备、厂房和土地。另一方面，一些市场前景好、技术实力强、经济效益好的企业，急于新建厂房进行扩大再生产。供需矛盾使得平台的价值愈加明显，而共享制造无疑是此类平台运行最核心的理念和机制。

当前中国部分大中城市已出现B2B、C2B模式网络分享平台，通过整合不同企业包括设备、人才、新信息基础设施等在内的闲置生产能力，实现供需双方产品高效对接。工业服务分享平台按制造工艺分类提供服务，定位于制造企业加工、定制、外协和专业化服务的互助式B2B电子商务平台。制造企业可以通过平台将富余的制造能力、制造设备、制造资源和专业服务进行展示和共享，并为其他制造企业提供个性化定制、加工制造、检验检测、设备服务和工业设计等专业服务，提高企业制造资源的利用效率，实现共赢。

【阿里巴巴淘工厂】①

阿里巴巴淘工厂是一个连接淘宝商家与生产工厂的平台，主要为淘宝上的卖家提供产品生产服务。其运作模式是寻找工厂的淘宝商家，将生产需求如订单件数、工期等发布在淘工厂网络平台，供方工厂也可以将其有能力接单的产品类型、剩余产量发布在该平台。利用网络信息化手段，供需双方双向选择合作对象，实现整合各工厂空闲档期的协作生产，也能更准确有针对性地满足淘宝卖家的特定需求。

淘工厂2013年10月开始试运营，同年12月正式上线。截至2015年1月，全国已有8000多家淘工厂企业，单个企业年最高交易额达到近

淘工厂交易流程【图4-2】

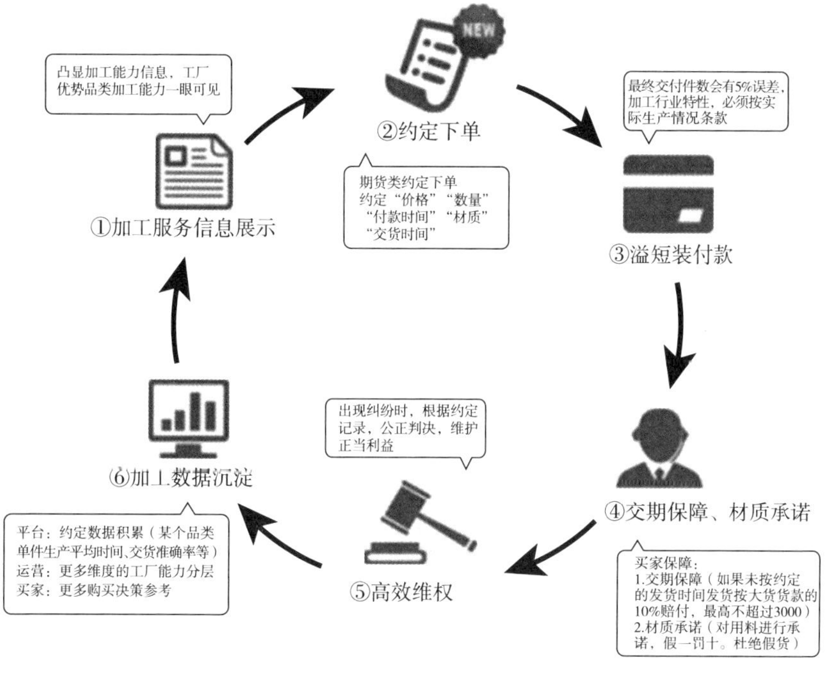

①《六大领域分享经济发展概况（之六）：生产能力》. 国家信息中心信息化研究部. http://www.sic.gov.cn/News/249/6113.htm

2000万元。广东是我国服装生产和出口大省，在阿里巴巴上有4000多家淘工厂，主要集中在广州、东莞、中山等珠三角一带。以蓝树叶服饰公司为例，该企业拥有2条生产线70多台机器，过去依靠传统客户资源，生产线利用率只有50%~60%，且生产周期不稳定，在6到8月服装行业销售淡季，企业生产线几乎处于停工状态。如今通过淘工厂平台，将生产线空闲档期提前发布在网络平台，客户资源遍布全球，可以做到生产“淡季不淡”。公司总经理江再建说“两条生产线的利用率几乎提高一倍，以前一年产量40万件，现在每年生产量翻番，收益也翻番”。此外，广州部分服装企业还组成联合工厂，工厂之间共享产能。有厂家接到无法消化的订单，共享给其他订单匮乏的工厂，抽取提成，共享利益。

淘工厂最大的特点：一是开放最近30天空闲档期，让工厂将产能商品化，淘宝卖家在平台上可以快速搜索到档期匹配的工厂；二是柔性化程度高的工厂被优先推荐（柔性化指生产弹性大的工厂，涵盖最低起订量、打样周期、生产周期等方面）；三是按照淘宝卖家的需求定制，入驻的淘工厂为淘宝卖家免费打样、提供报价和档期，并且接受30件起订、7天内生产、信用凭证担保交易等协定，淘宝卖家可以尝试小批量试单，并快速翻单；四是平台负责交易安全保障，通过金融授信加担保交易解决交易的资金缺乏和资金安全的问题，同时通过数据分析，多维度地将工厂生产能力分层，促进供需双方信息最大化对接。这样的模式是互联网改造传统行业的典型应用，凸显观念的改变、信息的互通、平台的搭建为传统制造业带来的资源整合、供需互补、效率增加。

产能共享的原因与趋势

共享经济平台解决生产的供需方信息不对称的问题，让企业不再独立生产，而是以闲置生产能力的共享实现协作生产。生产能力的整合不仅降低了生产成本、提高了生产效率，也让按照客户需求的定制化服务变得更加容易。就产品需求方而言，信息的充分对接、工厂柔性化生产等减少了企业搜索成本、生产成本和管理成本，实现个性化定制、降低风险。就产能供应方而言，档期的灵活安排能降低风险和接单成本、充分利用产能以提升收益，同时有利于推动生产创新、加快企业转型。小企业分享大企业计算、制造资源，创新门槛更低，成本更低。

产能分享成效分析【图 4-3】①

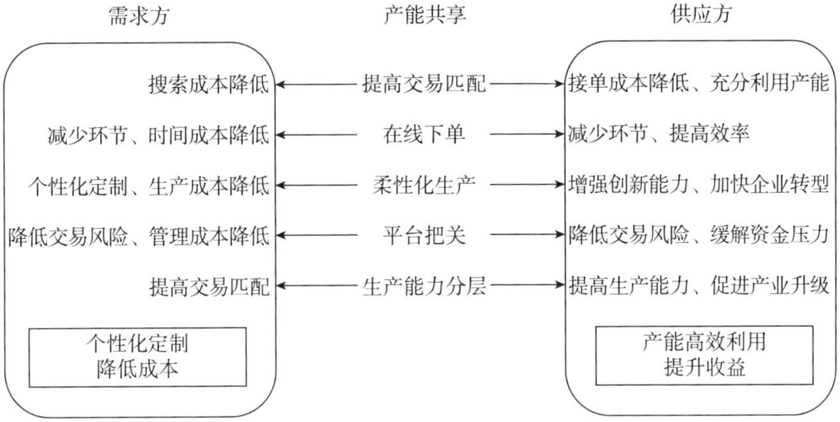

共享制造为供给侧改革提供更大的市场空间，反过来，供给侧改革又为共享制造的发展提供了有力保障，可充分发挥出共享制造的作用，使其成为拉动制造业经济增长的新路径。目前中国还未形成整合各方生产能力的分享平台，但此类分享的实践探索已经在进行中，只是大都由企业自发组织，较为零碎，尚未形成市场规模。也有第三方组织发起的共享平台，把供给资源集中起来，但目前这样的案例不多，下面的易科学是其中佼佼者。

【科研设备共享平台：易科学】②

易科学：“易科学”是一家科研仪器共享和实验交易互联网平台，对接科研仪器供需双方。在该平台上，用户注册登录后，即可搜索、预约平台合作机构的科研仪器，也可以发布实验需求。企业创始人孙磊介绍，平台目前已累计聚集了 13 万多台（套）仪器设备信息，服务了数百家企业和几千位研发人员。在“仪器资源库”中，仪器的所属单位、基本功能、联络人的联系方式都是一查便知。除了分享科研仪器设备，“易科学”也在探索研发人才、实验服务的线上交易平台。孙磊说，随着平台用户聚集

①《六大领域分享经济发展概况（之六）：生产能力》. 国家信息中心信息化研究部. http://www.sic.gov.cn/News/249/6113.htm

②《“共享工厂”带来产业逆袭》.《江苏商报》. http://jssb.njnews.cn/html/2017-08/16/content_ 36269.htm

增多，供需双方合作深化，供方除出租科研仪器设备外，还提供包括科研咨询、研发合作项目等内容服务。

中国的共享经济已涵盖穿衣、吃饭、住宿、出行、家政、贷款、学习、就医、旅游等许多方面，在资本等多种因素的驱动下，共享经济领域持续拓展，未来共享经济发展的新亮点将出现在生产领域，在这一领域，将出现以下几个趋势：

其一，有影响力的一体化产能分享平台将逐步形成。中国生产能力领域的共享经济尚处于初级阶段，总体规模依然偏小，拥有较大影响力的分享型平台仍是少数，但未来随着智能制造的发展，企业信息化水平提升，大规模一体化的生产能力分享平台将逐步形成。

其二，对接“云计算 + 制造业工厂”，让中小企业共享大企业创新资源。阿里巴巴集团副总裁胡晓明说，云计算是大数据时代的普惠科技，在规模效应下释放经济红利，将创新成本降到最低。

其三，行业标准化问题有待进一步关注。部分与分享平台合作过的企业及科研机构反映，行业标准化有待于政府部门及行业协会等共同建设。如货品品质标准体系、供应链的标准体系，仅靠商家自身整合建立或互联网平台制定标准难以满足发展需求，需要与当地政府及行业协会共同建设完善。

制造业的新动能

纵观全球，“再工业化”浪潮席卷全球，为了抢占新技术革命的发展先机和全球制造业产业链的高端位置，德国于 2013 年提出了“工业 4.0”，美国提出“工业互联网”，日本提出“机器人革命”，英国提出“英国工业 2050 战略”，欧盟提出“欧盟 2020 战略”，各经济体纷纷布局新技术和新产业。可以说，21 世纪的第一个 10 年是制造业的 10 年，特别是在金融危机之后，传统制造业强国都将目光投向了制造业及其新的生产方式，智能制造技术已成为世界制造业发展的客观趋势，世界上主要工业发达国家正在大力推广和应用。

工业 4.0 代表着一种新的生产技术和生产方式，被定义为“万物互联环境下的智能生产”，通过信息流与实物流的深度融合建立一种新的生产方式。所谓“万物互联”，即依靠物联网和传感器技术，在工业网络上建立原材料、零部件、生产设备、工厂等实物流之间的数字化集成，并连接网络上的供应商、生产商、零售商、用户等。这就在物与物、人与物、人与人之间建立了智能交互联系，形成了网络中的信息流。所谓“智能生产”就是利用信息流驱动实物流进行自主生产。工业流程采集用户需求、产品设计研发、生产、销售与售后等各阶段的信息，利用信息流和大数据分析获得产品的最佳实现方式，使实物流能够自动交换信息、触发动作和控制，实现产品生命周期的智能化。

智能制造

工业互联网的关键词是“更加智能”；包括智能工厂、智能生产、智能物流、智能产品、智能应用等领域创新。大数据是工业互联网的大脑、总指挥、经济新石油，云计算、人工智能是迈向物联网的工具。万物感知的物联网既是下一个时代的现象，也终将成为进一步塑造人们精神与物质生活的主题。

智能制造是实现整个制造业价值链的智能化与创新，是信息化与工业化深度融合的进一步提升。智能制造从单一软件到小融合，再到不断的大融合，今天进入了深度融合的时代，信息技术、先进制造技术、自动化技术和人工智能技术无不在融合之中。

2014 年 2 月，密歇根大学从美国智能制造产业目标市场的角度，对包括中国在内的 19 个国家的智能制造市场增长潜力、开放程度、市场规模、基础设施和国家风险等指标进行分析和对比，结果显示中国市场处于开放程度较高、增长速度较快的象限。中国制造业产能巨大，存在强烈的智能化改造需求。智能制造将为设备和软件行业带来机会，机器人、传感器、工业软件、3D 打印等都蕴含百亿甚至千亿的市场容量。

主要国家智能制造市场潜力比较（2014 年）【图 4-4】[①]

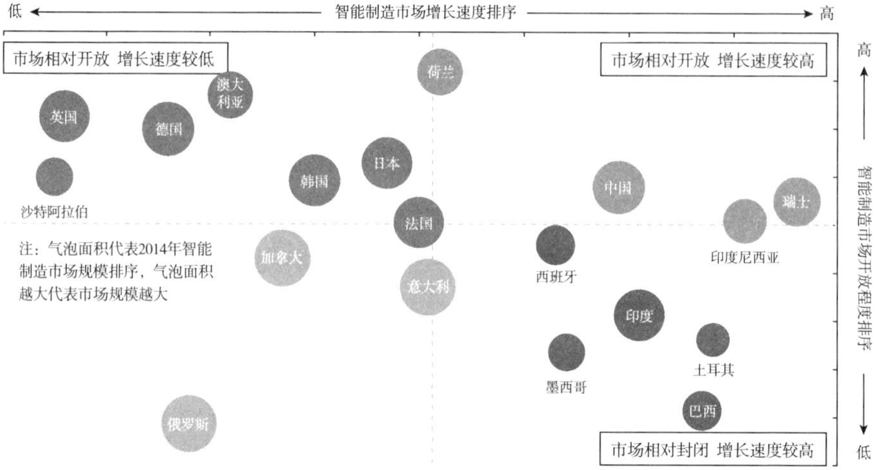

发展智能制造既符合中国制造业发展的内在要求，也是重塑中国制造业新优势、实现转型升级的必然选择，中国政府高度重视智能制造的发展。2015 年 5 月，国务院发布《中国制造 2025》，提出了五大重点工程，智能制造工程是其中之一。2015 年 12 月，工信部和国家标准委联合发布《国家智能制造标准体系建设指南（2015 年版）》，提出要建成覆盖 5 类基础共性标准、5 类关键技术标准及 10 大领域重点行业应用标准的国家智能制造标准体系。2016 年 4 月，工信部、发改委、科技部和财政部联合印发了《智能制造工程实施指南（2016—2020 年）》，提出“攻克五类关键技术装备，夯实智能制造三大基础，培育推广五种智能制造新模式，推进十大重点领域智能制造成套装备集成应用”。2015 年，工信部开展了 94 个项目的智能制造专项。2015 年和 2016 年，工信部连续开展两批次总计 109 个的智能制造试点示范项目。

中投顾问在《2016—2020 年中国智能制造行业深度调研及投资前景预测报告》中指出，中国智能制造处于初级发展阶段，同样也是大部分处于研发阶段，仅 16% 的企业进入智能制造应用阶段；从智能制造的经济效益来看，52% 的企业其智能制造收入贡献率低于 10%，60% 的企业其智能制造利润贡献低于 10%。而 90% 的中小企业智能制造实现程度较低的原因在于，智能

① 中国产业信息网. http://www.chyxx.com/industry/201604/403804.html

化升级成本抑制了企业需求，其中缺乏融资渠道影响最大。年收入小于 5 亿元人民币的企业中，50% 的企业在智能化升级过程中采用自有资金，25% 为政府补贴，银行贷款和资本市场融资各占 11%。而企业收入规模大于 50 亿元人民币的企业，其智能化升级资金来源中自有资金占 67%，银行贷款占比 25%。整体而言，中小微型企业的银行贷款比例低于大中型企业，占企业数量绝大多数的中小企业只能依靠自有资金进行智能化改造。①

智能制造的区域、行业和企业发展水平差异较大。从区域来看，上海、广东、江苏、浙江、山东等东部沿海省市由于经济发达，企业智能化改造起步较早，进度较快，区域企业整体智能制造水平相对较高。部分企业已经从数字化阶段向软件化、网络化和智能化阶段迈进，企业数字化、软件化和网络化改造比较全面。而西部省市目前制造业水平普遍处在机械化向自动化、数字化迈进阶段。从行业来看，电子信息、工程机械、石化冶炼、生物制药、家电电器等行业智能制造水平较高，普遍开展了数字化研发设计、软件化控制生产和网络化经营销售。从企业来看，部门企业智能制造已经走在了前列，涌现出了海尔家电智能制造、青岛酷特服装个性化定制、陕鼓动力装备智能服务、沈阳机床智能机床等一批试点示范项目。

中国智能装备制造业产值【图 4–5】②

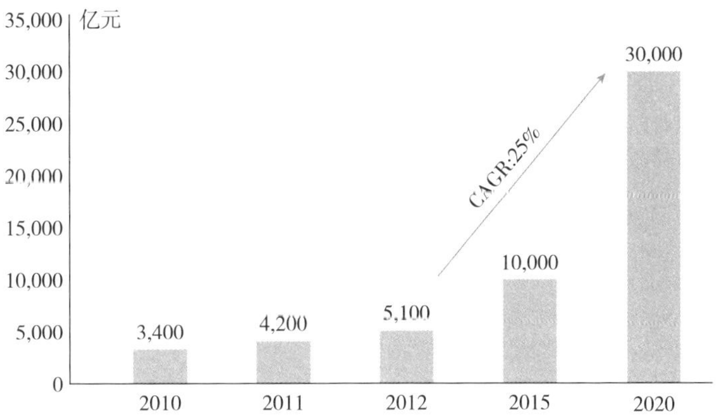

① 中国投资咨询网. http://www.ocn.com.cn/reports/1890zhinengzhizao.shtml
② 中国产业信息网. http://www.chyxx.com/industry/201604/403804.html

智能设备应用行业渗透率（2015 年）【图 4-6】[1]

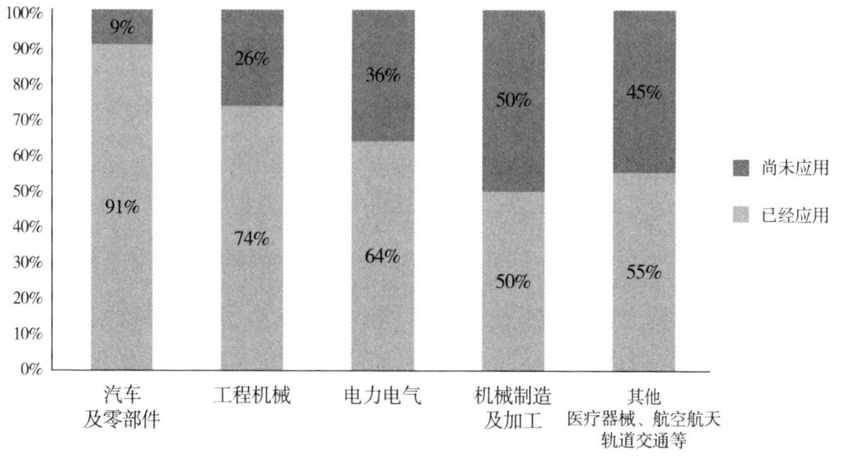

创客文化

当前，中国制造业与互联网融合步伐不断加快，在激发“双创”[2]活力、培育新模式新业态、推进供给侧结构性改革[3]等方面已初显成效。基于互联网的创业创新载体不断涌现，新的创业创新生态系统加速构建。线上线下紧密互动的创客空间[4]、创新工场[5]、开源社区等创业创新载体快速发展，聚集中小企业、创业者的线上“双创”平台初具规模。例如，中航联创平台“爱创客”[6]已集聚 3.5 万创客用户、1000 多位资深专家、8000 多项制造技术和 10000 多项设计技术。

菲尔普斯在《大繁荣》里说：“国家层面的繁荣源自民众对创新过程的

---

① 中国产业信息网. http://www.chyxx.com/industry/201604/403804.html

② 双创指的是创新和创业。

③ 供给侧结构性改革，就是从提高供给质量出发，用改革的办法推进结构调整，矫正要素配置扭曲，扩大有效供给，提高供给结构对需求变化的适应性和灵活性，提高全要素生产率，更好满足广大人民群众的需要，促进经济社会持续健康发展。

④ 创客空间指的是社区化运营的工作空间，在这里，有共同兴趣的人们（通常是对电脑、机械、技术、科学、数字艺术或电子技术）可以聚会社交，展开合作。

⑤ 创新工场（Sinovation Ventures）是一个全方位的创业平台，旨在培育创新人才和新一代高科技企业。创新工场通过针对早期创业者需求的资金、商业、技术、市场、人力、法律、培训等提供一揽子服务，帮助早期阶段的创业公司顺利启动和快速成长。同时帮助创业者开创出一批具有市场价值和商业潜力的产品。

⑥ 中航联创平台是以中国航空工业集团公司已有技术、设计、制造和产业链配套优势资源为出发点，利用网络的信息共享、互联互通优势，激活内部潜力、协同外部资源，跨界扩展到全领域、全行业，打造线上线下相结合，“互联网+开放创新+研发协同+智能制造”的开放创新和联合创业平台。

普遍参与。”显然，中国在发展中也意识到这一点，2014 年 9 月，李克强总理在夏季达沃斯论坛上提出：“要在 960 万平方公里的土地上掀起‘大众创业’‘草根创业’的新浪潮，形成‘万众创新’‘人人创新’的新态势。”因此，2014 年被称为“创客元年”。一个个代表着年轻创业者梦想与灵感的“创客空间”在各地蓬勃开展起来，“创客运动”俨然形成了一种新的价值导向和生活方式，创业和创新活力的激发，也使得“创客”（Maker）一词成为 2015 年最具特点的年度关键词之一。

西方创客文化源于 20 世纪诞生的“车库精神”“硅谷精神”“DIY 神精神”，人们基于发明创造的热情聚在一起形成团队，即便在极为简陋的外部条件下也能够自由独立地思考、乐观积极地相互协作并解决问题，最终创造出新事物。自 2010 年“新车间”在上海成立以后，中国的创客文化开始在几个主要城市落地生根发芽，例如北京的“京西创业公社”，深圳的“柴火创客空间”，浙江余杭的“梦想小镇”。一个个载着梦想的孵化园，成为创客青年们的乐园。政府给予大力支持和具体政策扶植，最大限度的发挥宏观政策的调控作用，促进创新和创业、孵化与融资、线上与线下的广泛融合，提供优秀创意、技术及资源的共享空间。中国的创客文化在创业 2.0 时代下快速发展，形成了以北京、上海、深圳为主的三大“创客圈”。尽管中国创客文化和西方创客文化的物质基础并不相同，但精神内在相通，都是以求知求实、刻苦钻研、投入奉献为信念，是志向与理想落地的显现。“仰望星空、脚踏实地”常常是创客一族的励志格言。中国的创客文化可以溯源到古代“尚巧”“求精”“道技合一”的工匠精神。某种意义上，创客文化是工匠精神在信息时代的继承。

创客文化的核心表现为创意共享、实践为主、资源协同、融合创新。其特征是毫无拘束的知识共享与同伴引导，意在鼓励更多有志向有想法的人士从实验室走向创客空间、从专业科研进入实践领域，集学术知识和民间智慧于一身，打破学术的刻板与边界，进入真实的世界，让理论和想象成为产品与成果。在中国，“互联网+”时代各产业之间的跨界技术融合为创客的创造性活动提供了路径支持，这使得创客文化具备显著的跨界性。跨界的生产协作方式可以综合多种资源和技术，寻求多层次多角度的磨合发展。产业跨界直接促成产业结构的去中心化、社会活动的物联网化等诸多创新，这种跨界性也成为当下创客文化的重要特质之一。在中国产能调整、产业结构转型时期，创客文化起到了激发社会创新资源的作用。很多大型制造生产企业因循传统经营模式受阻，创客为其创新发展提供了新的方式，引导制造企业迈向符合当前市场的个性化量产新阶段。小微科技企业更倾向于培育这种低成本、高产出的创客文化，开展创新活动以寻求产品和技术的突破。学校等其他社会主体通过成立基金组织、开展创客大赛及提供知识产权等形式，加速创客运动与文化的发展。在时代发展的浪潮中，创客文化作为一种新兴的文化软实力推动着产业转型发展，并进而融入到实现“中国梦”的国家发展蓝图之中。

生产性服务业的平台化

生产性服务是指那些为进一步生产或最终消费提供的中间投入的服务，一般为生产、商务活动和政府管理而非直接为最终消费者提供的服务。生产性服务业主要包括金融、物流、会展、中介咨询、信息服务、软件外包、科技研发、创意、教育培训等行业；这些行业正在平台化发展。

平台化指的是用一个载体，将所有的产品打通，连接起来。长期以来，企业的目光一直聚焦在客户身上，在互联网时代最佳的选择是利用现有资源搭建平台，把客户集中在平台上，仔细观察、分析、研究、发现客户的需求，并通过各种方式满足这些需求，实现平台化。当前，云计算和移动互联网技术的发展打破了原有行业间的界限，互联网企业以其数据优势不断影响传统企业，同时，信息技术在医疗、金融等领域的渗透不断深入。平台型企业原本存在，但是互联网时代赋予其新的内涵和形式。首先，以波音公司的生产为例介绍原有的平台化含义，波音公司把一架飞机分解为无数零部件和模块，交给供应商生产，甚至让供应商参与零件与模块的研发，而自己则成为一个设计和系统集成的平台，其核心能力体现在对系统和流程的设计、控制和优化，类似的例子还有戴尔电脑的生产。与之形成对比，在信息技术时代，平台型互联网企业的整合能力已经突破了单一生产链条和产业，形成了一个多点突破与多链延伸的网状结构。目前在信息领域中，产业链向上下游延伸，呈现更大规模的垂直整合，往往形成生态系统。无论是从流量还是从市值上看，排名靠前的互联网企业都已经脱离了单一功能或单一产品的阶段，而是依靠庞大的用户规模形成了平台化商业模式，并从平台中获取企业升级动力[①]。反过来，互联网企业的营收多元化、各产品和业务的交融，会使生态系统内竞争个体的界限越来越模糊。大型互联网企业都在努力争夺移动互联网和智能设备的入口，尽可能整合系统、平台和服务，嵌入用户的日常生活。

① 新华网思客. http://sike.news.cn/static s/sike/posts/2015/12/219488403.html

第五章

网络时代的生活方式

“手机，先消灭了座机电话，后来又灭了照相机，现正在杀信用卡。微信先把短信给灭了，顺手又把 QQ 给打残了，报纸早输得一塌糊涂了，电视貌似还活着。手机，淘宝天猫阿里巴巴，把百货商场挤得没法活了。手机，让路盲女孩和路痴汉有救了，想去哪儿都不怕了。手机，字典、记事本、通讯录，通通被杀得无影无踪了。手机，浏览器和应用风起云涌，电子杂志……”摘自 2017 年最佳报告文学《手机》(网民们的戏称)。

下图就是一个都市白领的生活记录：

一个都市白领的一天【图 5-1】

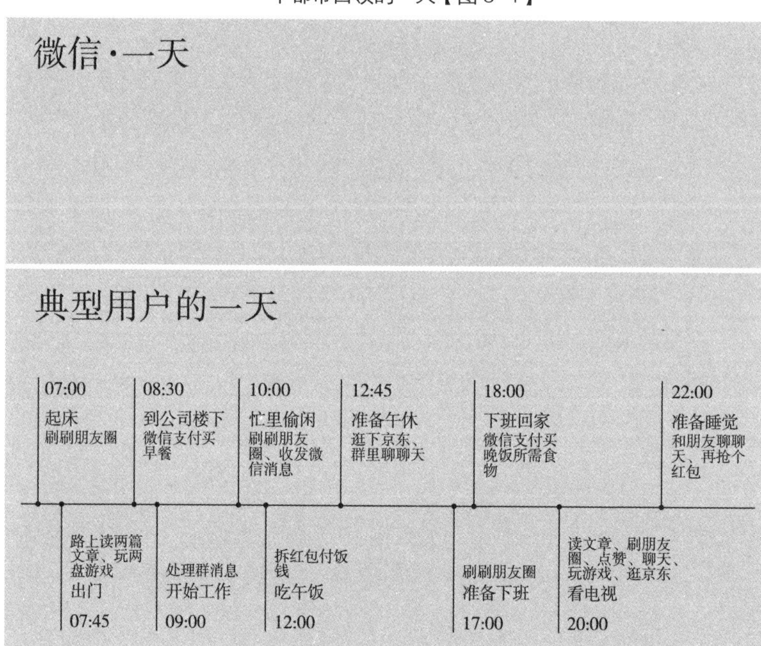

事实上，手机相比电脑更具移动性和便携性，在手机应用领域迅速发展的LBS（location based services，基于位置的服务）应用和SoLoMo（social—local—mobile，社交—位置—移动）应用，无不极尽所能的强调手机服务与现实生活相结合的概念，在通过手机传递信息的基础上打通虚拟空间与现实世界之间的界限。伴随着移动互联网而发展起来的微博、微信等社交、即时通信软件等手机应用形式，使个人与网络的融合进一步加强，每一个携带手机、平板电脑等移动终端的用户都实时处于“在线”状态。在个人信息通过手机被发布和传播的同时，私人领域与公共空间之间也已经开始相互渗透。

网络“三大件”

中国人的生活方式具有明显的时代特征，上个世纪70年代所谓的“三转一响”（自行车、缝纫机、手表和收音机）；到了80年代、90年代有所谓的“三大件”（电视机、冰箱、洗衣机）；到了21世纪，有所谓的“新三大件”（汽车、录像、音响）。从2014年开始智能终端、移动互联技术发展，进入虚拟实在空间，各种应用程序相继而生，以微博、微信为代表的社交网络（SNS）成为这一时期网络应用的主题。网络基础设施和应用载体与传统各领域、行业的结合日趋紧密和深入，各种技术载体由“量变”向“质变”演化，在由科技所构建起来的高速路上，人们的网上活动也空前活跃起来，生活状态发生了天翻地覆的变化。

在生活方式的构建过程中，手机上的三大工具：社交网络、网上支付和即时配送扮演了最关键的角色，成为互联网时代的“三大件”。社交网络将不同地域不同层次的人联系起来，加速了信息的流通，缓解了人与人之间的信息不对称；网上支付解决了人与人之间的商品支付交易问题，突破了线下纸币、银行卡支付造成的壁垒，更加便捷、高效；即时配送虽然是实物运输，通过云平台对物流配送的变革，提高了配送的合理性、时效性，尤其是即时配送服务对快消品的配送满足了众多领域需求。

社交网络

2003年，社交网络在北美流行，社交从现实世界走向网络空间。社交媒体的本质就是形成了一种新的关系世界，网络空间转变为自下而上由广大用户集体智慧和力量为主导的“关系为王”的体系，在人与人的交流中形成了新的人际关系、新的社会关系。马克·扎克伯格将Facebook的存在价值定位为“给予人们共享的权利，使世界变得更开放，连接更加紧密”。

2005年，社交网络进入中国大学生市场并迅速流行。国内的开心网、校内网、人人网使真实互动成为网民的习惯，发布日志、共享照片、社交网络游戏等促进了用户间的情感交流。

2009年11月11日，中国互联网络信息中心（CNNIC）发布的《2009中国网民社交网络应用研究报告》显示，社交网站的用户规模已接近国内网民总数的三分之一。在国内SNS用户群体中，年轻化的特征非常突出，学生与职场人士这两大群体是中国社交网站用户的主力。不同社交网络面向的受众各具特色，且主题丰富多彩。开心网以娱乐主题为主，面向白领；人人网主打校园主题，目标群体为学生。

截至2017年12月，微信朋友圈的使用率为87.3%，正式确立了社交媒体王者的地位。

即时通信的三个方向

整体上，即时通信产品的差异化、服务连接能力的拓展和办公场景下应用能力的增强是其发展的三个主要方向，具体如下：

第一，各即时通信产品自身定位的差异化在2017年得到进一步体现。由于平台上承载的信息、服务、内容日渐增长，微信推出“搜一搜”和“看一看”功能，以探索更为有效的分发方式满足用户需求。QQ则更加注重对于阅读、游戏、直播等娱乐功能的连接，旨在成为年轻用户的休闲娱乐平台。另一方面，以陌陌为代表的即时通信产品尝试向泛娱乐社交平台转型，期望利用直播业务提升自身营收能力。

第二，以微信为代表的即时通信产品对于各类生活服务的连接能力仍在持续拓展。与2016年通过移动支付连接各类缴费服务不同，微信在2017年初上线“小程序”功能，并以此为基础将连接能力向用户生活中的各类线上线下服务渗透。包括交通出行、线下餐饮、电子发票等多项生活服务被纳入其中。根据微信发布数据，截至第三季度，其开放平台小程序已覆盖20多个行业大类的200多个细分类目。

第三，即时通信在办公场景下的应用能力不断增强。2017年3月，腾讯在拥有企业微信产品的同时又推出了专注于协同办公功能的手机端即时通信“TIM”，并依靠其分发渠道优势在用户中快速渗透。2017年9月，阿里钉钉推出新版本，并以企业即时通信为核心向智能办公硬件领域拓展。

联系 + 共享 = 信任

社交网络涵盖以人类社交为核心的所有网络服务形式，通过网络这一载体把人们联系起来，从而形成具有某一特点的团体。而随着智能终端的大范围普及，社交网络更是将其拓展到移动手机平台领域，借助手机的普遍性和无线网络的应用，利用邮件、即时通讯、综合社交、社区社交、职场社交、婚恋 / 交友社交等应用平台，推动互联网向现实世界无限靠近，使得互联网从科研院校、政府、商业应用平台扩展成为一个人类用于社交的工具，最终使得互联网平台逐渐实现泛社交化。社交网络满足了用户在不同场景下的沟通、共享、服务、娱乐、互动等需求。

正是这些网络社交应用的大流量助长各种交易的增长。社交网络的大流量、传播速度、传播范围消除了现实社会信息传递的成本和时间，这使其自身的商业价值日益明显。在 10 年之前，互联网确实不存在信任这个词，那个时候在各大论坛上没人会用自己的真实姓名，而 LinkedIn、Facebook、微信、QQ 等的出现，刺激了网络的透明化，网民开始放下戒备，在网络上展示自己。交易的本质问题还在于信任，人们越来越愿意共享自己的所见所得、经历体验，慢慢地，这样一种“晒行为”在社交网络上找到了自己的落脚点，最终成就了下面各种共享经济的商业模式。

无现金生活

当你去路边的地摊买东西，不论买的是夜宵还是其他东西，不论摆摊儿的是小青年还是老头老太，你在付钱时会发现在货架上都贴着一两个二维码。不知从哪一天开始，在中国，二维码已经遍布大街小巷，不论老少贫富，无人不晓得二维码是什么。人们通常使用的二维码有两类：支付宝、微信。而且，这两个二维码像一对神仙眷侣总会同时出现，只不过它们是竞争关系。

通过扫描二维码支付可以追溯到 2003 年，那一年阿里巴巴成立了支付宝业务部，并于次年 12 月正式推出第三方支付应用支付宝，随着互联网的普及与应用，电子商务迅速发展，第三方支付如雨后春笋般出现。2005 年，腾讯成立财付通（微信支付）、PayPal 入华，同一年又有 50 家第三方支付公司成立，这一年也被誉为第三方支付元年。随后，市场进入井喷式发展期，不少互联网巨头公司也纷纷布局，同时还滋生了一小众深耕细分领域的支付企业。据易观发布的数据显示，2016 年，Q4 第三方移动支付市场中，支付宝和财付通（微信支付）分别以 54.1% 和 37.02% 占据市场份额的前两名，成为第三方支付市场上名副其实的“两大排头兵”。①

销售额【图 5-2】

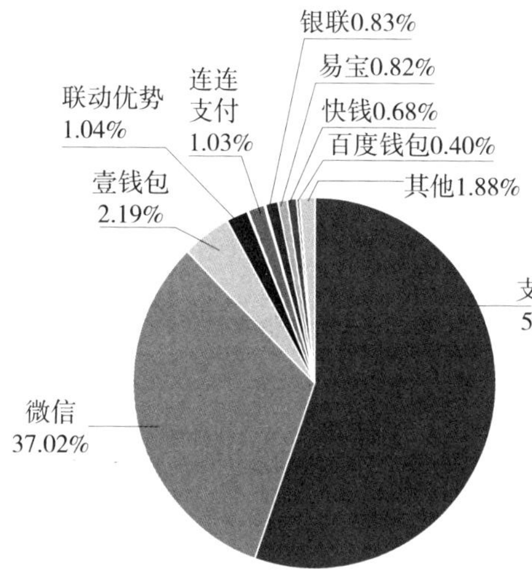

根据 iResearch 艾瑞咨询统计数据显示，2016 年，中国第三方支付交易规模达到近 80 万亿元，同比增长率接近 300%，其中移动支付占第三方支付总交易规模的 74.7%。微信支付和支付宝的普及，加之各种应用嵌入移动支付，无现金生活时代的生活方式初现。出门用滴滴、餐饮订团购外卖，各种零售店、便利店均同时支持支付宝或微信支付，移动支付的渗透逐渐深入。

节日红包

中国人在节日有发红包的习俗。用户在移动端支付习惯的养成过程中，新年抢红包活动功不可没。微信支付的起步要晚于支付宝将近 10 年，但是在 2014 年年底，微信以红包的方式切入支付领域，打得支付宝措手不及，让马云感慨此举是“偷袭珍珠港”。

① 易观发布的《中国第三方支付移动支付市场季度监测报告 2016 年第 4 季度》

【红包 = 社交 + 支付】①

2014 年 1 月，腾讯微信上线了红包功能。微信的“熟人”特性加速了红包功能迅速传播。2016 年 2 月 8 日（大年初一），微信公布猴年除夕红包整体数据。猴年除夕当日微信红包的参与人数达到 4.2 亿人，收发总量达 80.8 亿个，是羊年除夕 10.1 亿个的 8 倍。最高峰发生在 00 : 06 : 09，每秒钟收发 40.9 万个红包。除夕当天共有 2900 万张红包照片在朋友圈传递，红包照片互动总次数超过 1.92 亿次。同时，在摇红包活动中，共计摇出 1.82 亿个红包。而 QQ 公布数据显示，除夕夜共有 3.08 亿用户参与了刷一刷抢红包，共刷出了 22.34 亿个红包。除夕夜全球 QQ 用户共刷了 1894 亿次，参与 QQ 刷一刷红包活动的用户中，90 后占到了 75% 以上。支付宝也在战后公布成果：猴年春晚咻一咻总参与 3245 亿次。

支付宝 VS 微信支付

占据社交高频入口的微信，其支付场景几乎是无孔不入。2014 年 1 月，微信以红包的形式切入支付领域，打得支付宝措手不及。短短一年时间内，支付宝高达 80% 的市场占有率骤降到 55%，减少的部分基本是被微信支付吞噬掉的。微信支付上线之后发展之迅猛，已经成为成长最快的支付工具。在互联网女皇 MaryMeeker 的《2016 年互联网趋势报告》中称，2016 年有 31% 的微信用户通过微信购物，较 2015 年上升了 16%，此外，用户使用微信支付的月度交易次数超过 50 次，是支付宝的 5 倍。腾讯通过社交行为让大众习惯了微信支付②。

微信的优势恰恰是支付宝的劣势。因此，打造线下支付场景，增强用户的粘性成为支付宝的应对之策。支付宝也开始做社交、O2O，每一个领域都势在必行。但是战线拉得过长，往往心有余而力不足。支付宝相继推出到位、照片红包、生活圈、集五福等功能，以此来增强用户活跃度，培养用户习惯，以期能让用户高频使用支付宝，并在其中探索更多服务内容从而产生新的交易行为，而不仅仅是在使用支付功能时才会想到打开支付宝。然而这些功能

---

① 搜狐. http://www.sohu.com/a/58397768_148887

② 张承惠. 中国互联网金融的现在与未来［J］. 人民论坛 · 学术前沿，2014，12：6-11

都不尽如人意。

作为阿里战略布局中重要的一环，支付宝的战略地位和市场份额不容有失，为了解决低频的痛点，支付宝开始战略性地淡化社交，着手围绕商业场景、金融场景做一些基础的沟通功能和关系链积累。至此，下一步与微信支付的战火将会集中到场景化的消费上。

即时物流

即时物流是随着移动互联网和本地生活服务的发展而衍生出的新的物流模式，主要服务于同城配送。它指的是不经过仓储和中转，直接从门到门的送达服务，已经为城市生活的重要支撑。

物流行业存在“最后一公里”问题，配送距离一般在 3 公里以内，占据了配送成本的一半以上。在城市的生活中，为了保持较好的用户体验，配送一般需要在 30~60 分钟内完成。

为了应对商品及时有效的配送，有的依靠一些代理商，有的平台自建物流，比如美团外卖的美团专送、百度外卖的百度骑士等，但是大多时候主要还是依靠类似滴滴优步模式的社会众包模式。社会众包物流的出现有效弥补了第三方物流的服务空白，利用闲散的社会劳动力去解决了城市即时配送的市场需求。美团点评研究院最新发布的一则报告显示，2016 年年底，美团已经拥有 10 万名骑手配送员，总配送公里达到 9 亿多公里。

众包物流企业主要做运营平台，本身不直接提供服务，而是通过平台来让海量的供给方和需求方快速建立联系，为两者的交易提供及时高效的技术支持和信用保障，是典型的轻资产化运营，且能够快速应对市场变化。当前，众包物流主要集中在同城快递的配送中，分为 2B 和 2C 两种模式，2B 主要服务于具体的商家，以外卖、生鲜作为切入点，配送范围多集中在 3 公里以内，典型代表企业有达达、蜂鸟配送、菜鸟裹裹，配送人员均过百万；2C 服务的对象则更为广泛，从商家到个人都有，平台也更为开放，任何人都可以成为自由快递人，配送范围更广，以人人快送为代表，配送人员已过百万。

“新生活”模式

互联网信息技术的提升以及服务商运营模式的迭代式创新，解决了一直横亘在服务商与消费者之间的信息不对称问题，海量消费者通过网络平台直接搜索到商家，省去了传统渠道必不可少的中间环节，这种扁平化、去中间化的过程优化了客户的体验，也带来了诸多附加值。这些应用首先渗透到了电商的相关行业：物流运输、仓储与邮政、商贸、旅游等；然后扩散到满足人们生活需要的各种服务行业：房屋中介、住宿与餐饮、个人出行、社区养老服务、就业服务、家政、物业管理服务、医疗、休闲娱乐、体育健身服务等。这些行业与人们日常生活息息相关，不仅使这些服务业日臻完善，而且对人们的衣食住行产生了颠覆式的影响。

从拥有到共享

互联网实现消费者和服务商的高效匹配。对生活理念最大的颠覆就是：线上线下结合（O2O），有拥有产品到共同共享。

O2O（Online to Offline）模式的概念是在 2010 年 8 月由 AlexRampell 提出的，AlexRampell 在分析 Groupon、OpenTable、Restaurant.com 和 SpaFinder 公司时发现这些公司存在一个共同的特点：它们促进了线上—线下商务的发展，并将之称为 On 2 Off（O2O）。O2O 商务的关键是在网上寻找消费者，再将他们带到现实的商店中进行消费，同时，对消费者来说这也是一种“发现”机制。

共享经济是信息技术革命发展到一定阶段后的产物，人们借助于互联网平台整合并共享海量的、碎片化的闲置资源，及时、高效、低成本、多样化的满足消费者的差异化需求。在互联网出现之前，人们使用社区的二手市场来共享和交换东西，人们共享的地域以及共享物品的范围非常有限。互联网的出现消弭了空间和时间的差距，使得人们的共享变得更加有效率，同时也激励着更多的人愿意去共享。

O2O 的习惯培养

1999 年成立的携程旅游网是中国最早的 O2O 模式的公司。消费者可以在线上浏览最新的旅游资讯以进行选择、预订等，然后再到线下付款并享受服务。后来，随着 O2O 模式的普及与发展，O2O 的概念逐渐脱离了“线上—线下”的定义，衍生出“线下—线上”“线下—线上—线下”“线上—线下—线上”三个新的方向。无论是哪种方向都是通过线上和线下的互动，将虚拟与现实结合，提升消费者和服务商高匹配度，采用互联网技术创新服务体验和服务供给。

目前，O2O 模式主要面向的是消费者的生活服务领域，包括旅游酒店、出行、餐饮、休闲娱乐、在线医疗、综合生活服务等，很多电商也引入 O2O 的概念将网上的销售拓展到实体营销，并延伸至服务。

传统服务商的运营模式需要消费者直接到店消费，与消费者之间的互动渠道单一，而 O2O 模式为双方提供了一种更为高效的互动渠道。O2O 模式充分利用互联网跨地域、无边界的优势，使用互联网平台挖掘并整合线下的商家资源，将线下商品及服务进行展示，并提供在线支付预约消费功能，尽可能地吸引消费者到店消费。O2O 模式对传统的经营模式进行了本质上的改进。

对于消费者来说，它打通了线上线下的信息和体验环节，为线下消费者提供丰富、全面、及时的商家折扣信息，拓宽了消费者选择的余地，避免了因信息不对称而遭受的“价格蒙蔽”，同时实现线上消费者“售前体验”。

对商家来说，平台成为其流量入口。O2O 模式的核心技术在于要求消费者在线支付，支付信息会成为商家了解消费者购物信息的渠道，方便商家对消费者购买数据的搜集，进而达成精准营销的目的，更好地维护并拓展客户，例如美团、大众点评。

O2O 商业模式在生活领域的快速普及培养了大批量的消费者采用线上消费线下体验的消费习惯。如此庞大的消费群体，为服务商们的创新创业提供了用户基础；同时服务的提供与线上线下的消费引导也在重塑着人们的生活习惯。O2O 模式快速升级为共享经济。

共享的理念普及

共享经济建立在这样一个模式下：产能剩余 + 共享平台 + 人人参与，这是由“共享经济”鼻祖罗宾蔡斯女士提出的共享经济的公式，就是将社会中海量、分散、闲置的资源，不论是长期过剩还是短时间闲置的物品，放到一个平台中让所有有需求的人去共享使用的一种模式，让资源的利用率大大提升。共享经济的核心是资源优化配置，它强调“使用而不占有”（Access over Ownership）和“不使用既浪费”（Value Unused Is Waste），也是一种对“价值”的再认知——“使用即价值”。这种物质上的共享是建立在数据联通、信息共享的基础上的，由共享的技术模式引发共享的经济模式，最终引发共享的思维模式与生活方式，整合线下碎片化资源，分离所有权和使用权，优化资源配置，不仅使得资源高效利用，还提供了消费者剩余。共享经济颠覆了依靠增加新投入刺激经济增长、产生效益的老路子，结合共享、互动与平等的特征，注重调动用户的积极性，可以充分发挥协同创新的潜力。共享资源、共享信息，让物尽其用、人尽其能，各取所需。像服务业这种资本可分割性较强的行业，单个劳动者用一小部分，甚至不需要资本就可以通过互联网平台匹配到需求方并提供服务。服务业的思维模式不再局限于线上到线下的引流，而是拓展到将人们的劳动力、所有品、时间等闲置的资源通过互联网营销出去，创造可回收、循环、复用的价值。

移动支付助推共享

据艾瑞数据统计，在共享经济大范围普及之前，2013 年中国的互联网支付交易规模就已达到 5.37 万亿，其中移动支付交易规模达到 1.22 万亿。移动支付的大规模渗透，提前解决了网民在网络上共享物品、知识技能时面临的如何支付问题。

尤其明显的是在共享出行领域，滴滴打车与支付宝的绑定，使得用户在使用滴滴 APP 打车时，下车之后不需要任何操作，支付宝会自动结账，也不需要担心在当时支付宝中是否有钱。另一个比较典型的案例是外卖平台美团，美团外卖将线下餐饮商户整合到互联网平台上，展示用户方圆几公里内各商户的美食、优惠等信息，并提供配送到家服务。用户从点餐到就餐足不出户就可以完成交易体验就餐服务。

现下正时兴的共享单车就印证了网络支付对共享经济的重要性。城市街道两旁、地铁出口满处停放的共享自行车 Mobike、ofo、bluegogo，使用它们只需要使用手机扫描二维码开锁，在使用之后手动关锁即可，网上支付的高效快捷，让众多共享领域的商业模式的发展成为可能。

共享经济发展现状

共享经济的概念源于上世纪 70 年代的协同消费，但当时并未流行起来。2008 年到 2014 年是全球共享经济高速发展时期。就中国而言，与全球的共享经济发展进程相比，前期略微缓慢。自 2014 年以来，随着技术和商业模式的不断成熟、用户的广泛参与以及大量资金的进入，中国共享经济的市场规模和企业数量呈井喷式增长。在部分领域中国创业形成了独具特色的中国本土模式，有些企业已经开始了全球化进程。下图是相关企业的数量增长。

中国典型共享经济初创企业的数量【图 5-3】[①]

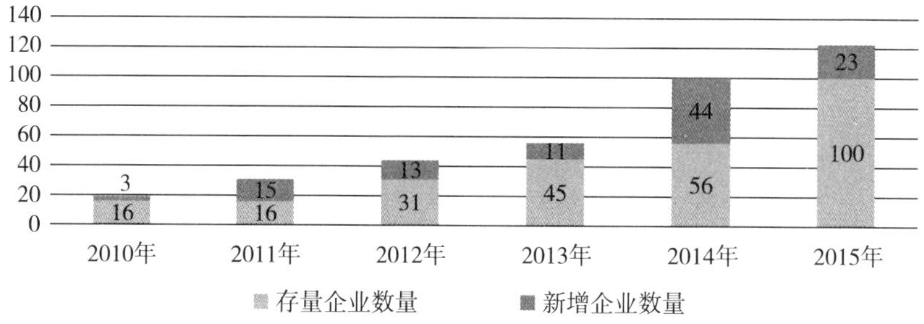

共享的领域

在短短的几年时间里，共享经济所涉及领域甚是广泛：在交通出行领域出现了滴滴出行、易到用车、PP 租车、车纷享等；在美食领域出现了爱大厨、好厨师、我有饭（上门私厨）、觅食（美食寄售）、壹家美食荟（家庭餐桌一站式解决方案）、楼下 100（提供甜品的轻食配送服务）；在空间共享领域出现了小猪短租、途家网（短租）、自如友家（长租）、丁丁停车、e 泊车（停车位）；在资金共享领域出现了陆金所、红岭创投、人人贷等 P2P 网贷，以

①《中国分享经济发展报告 2016》

及京东众筹、天使汇、众筹网、点名时间、淘宝众筹等资金众筹；在二手交易市场出现了人人车、瓜子二手车、闲鱼拍卖等；在知识 & 技能领域出现了猪八戒、在行、时间财富等。此外，在物流众包、医疗共享、自媒体、生产能力等领域也出现了一批代表性企业，比如春雨医生、达达、沈阳机床厂 i5 智能平台等。

中国共享经济各领域企业分布情况【表 5–1】[①]

交通出行	B2C：滴滴、神州专车、车纷享；P2P：滴滴、嘀嗒、PP、友友、e 代驾；共享单车：ofo、Mobike……
美食服务	爱大厨、好厨师、壹家美食荟、楼下 100、我有饭、饿了么、美团外卖……
空间共享	房屋住宿：小猪短租、途家网、游天下、租这儿、住百家；停车位：丁丁停车……
共享金融	P2P 网贷：陆金所、红岭创投、人人贷；资金众筹：京东众筹、天使汇……
二手交易	人人车、瓜子二手车、闲鱼
物流众包	达达、空间客车
知识 & 技能	猪八戒、在行、时间财富、知乎、百度百科、VIPABC……
医疗共享	春雨医生、好大夫在线、名医主刀……
自媒体	虎嗅、百度百家、斗鱼、章鱼 TV、喜马拉雅、荔枝 FM……
生产能力	沈阳机床厂 i5 智能平台、阿里巴巴淘工厂、易科学……
汽车后服务	典典养车、车发发……

独角兽企业

共享经济正成为最活跃的创新领域，这在中国尤其明显。共享经济的发展使得生产要素的社会化利用更为方便。共享经济将社会上海量、分散却也闲置的资源集聚到平台之上，在企业和个人之间按需分配。平台集散所带来的规模效益在中国这个地大物博、人口密集的国家被无限放大。当生产要素和生产条件逐渐达到最优组合时，创业门槛越来越低，带有共享基因的创新企业日益活跃。

近年来，科技创新独角兽企业中，共享型企业往往占到了三分之一以上。2017 年 2 月 17 日，CBInsights 公布的全球 186 家独角兽企业中，有 42

①《中国共享经济研究报告 2017 年》

家是中国公司，占到总数的22.6%，其中具有典型共享经济属性的公司有15家，占中国独角兽企业总数的35.7%。出行、金融领域、美食服务的共享型企业估值普遍较高。

全球独角兽企业榜单中的中国共享经济企业【表5-2】[①]

共享经济企业	估值（亿美元）	行业／领域
滴滴出行	338.0	交通出行
陆金所	185.0	资金共享
新美大	180.0	生活服务
饿了么	45.0	生活服务
中商惠民	20.0	生活服务
微影时代	20.0	文化传媒
挂号网	15.0	医疗网
优客工场	10.2	办公空间
货车帮	10.0	物流众包
途家网	10.0	房屋住宿（短租）
新达达	10.0	物流众包
融360	10.0	资金共享
魔方公寓	10.0	房屋住宿（长租）
瓜子	10.0	二手交易
知乎	10.0	知识＆技能

渗透率

共享经济型企业在中国的消费者中很受欢迎。共享型产品降低了参与者的日常支出，增加了参与者日常的绿色消费，便捷了参与者的日常生活。在触网规模及触网速度早已普及的年代，共享经济的参与者中，用户占比远远大于提供者。据艾瑞咨询提供的调查数据显示，2016年，平均每100人中就有77个人使用过共享经济APP平台。中国消费者积极的参与态度，在各个领域产生了成规模化增长的交易额度。

①《中国共享经济研究报告2017年》

据国家信息中心信息化研究部发布的研究报告中显示，2016年共享经济领域参与提供服务者约为6000万人左右，比上年超过了1000万人；共享经济平台的就业人数约为585万人，比上年增加了85万人；参与共享经济活动的总人数已经超过6亿人，比上年增加了1亿人。预计未来几年共享经济年均增长速度仍在40%左右，到2020年共享经济规模占GDP比重将达到10%以上，到2025年占比将攀升到20%左右。

2016年中国共享经济市场交易额约为34520亿元，比上年增长了103%，其中资金共享领域交易额约为20860亿元，比上年增长了110%，生活服务、生产能力、交通出行、知识技能、房屋住宿、医疗共享等重点领域的共享经济交易规模共计达到13660亿元，比上年增长96%。融资规模约为1710亿元，同比增长130%。其中，排在前4位的交通出行、生活服务、知识&技能领域共享经济的融资规模分别为700、427、325、200亿元。

2016年中国共享经济重点领域的参与者人数【表5-3】①

领域	参与人数（人）	其中：	
		提供服务人数（人）	平台员工数（人）
生活服务	5.2亿	2000万	341万
生产能力	900万	500万	151万
交通出行	3.3亿	1855万	12万
知识&技能	3亿	2500万	2万
房屋住宿	3500万	200万	2万
医疗共享	2亿	256万	5万

2016年中国共享经济重点领域的市场规模【表5-4】②

领域	交易额（亿元）		
	2015年	2016年	增长率
知识&技能	200	610	205%
房屋住宿	105	243	131%
交通出行	1000	2038	104%
生活服务	3603	7233	101%

①《中国共享经济研究报告2017年》
②《中国共享经济研究报告2017年》

续表

领域	交易额（亿元）		
	2015 年	2016 年	增长率
生产能力	2000	3380	69%
医疗共享	70	155	121%
资金共享	10000	20863	109%

2016 年中国共享经济重点领域的融资规模（亿元）【图 5-4】[①]

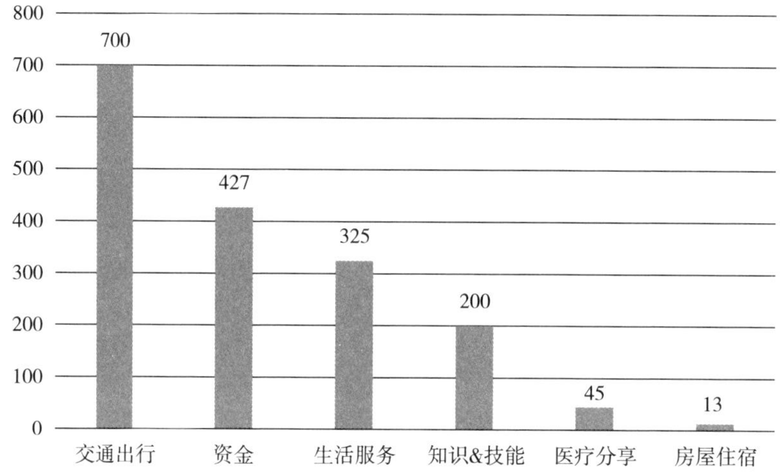

出行领域的共享

很多人进入共享经济是从网约车开始的。“行”是高频词的刚性需求。来自 Wind 的数据显示，中国 2012 年人均出行消费 1628 元，占据居民人均支出的 9.8%，且仍旧保持着持续增长的趋势。互联网的盛行为共享出行的出现创造了条件，共享出行成为传统出行需求与大数据、移动互联网等技术相结合而催生出的全新出行模式，在短时间内快速成为影响最为广泛、活跃程度最高、备受消费者追捧和市场关注的热门领域。

①《中国共享经济研究报告 2017 年》

网约车

交通出行共享的发展大致经历了三个阶段：起步阶段（2010年9月—2012年12月）、竞争阶段（2013年1月—2015年2月）、分化阶段（2015年3月至今）。伴随着阻碍因素、驱动因素的主导地位的变动，网约车共享冲破质疑成为共享经济成长最快的领域。

网约车现状

交通出行领域的共享经济的发展起步于2010年。2010年9月以来，易到用车、快的打车、滴滴打车等基于LBS技术的移动互联网出行服务平台相继成立。至2012年年底，中国出行市场呈现百花齐放、蓬勃发展之势。从2013年，市场竞争开始加剧，在投资公司、互联网巨头的资本支持下，补贴大战爆发，大量中小平台在这场用户争夺大战中走向灭亡。滴滴与快的合并开始占据市场主流地位，成为交通共享领域的代表性企业。嘀嗒拼车、神州租车、易到用车、友友用车和优步等也逐渐得到市场的认可，成为融资额达10亿美元或注册用户达千万级以上的主流平台。

经过前期竞争的洗礼，交通出行共享领域形成了“一超多强”的市场格局。滴滴先后并购快的、优步中国，以其一站式模式成为龙头老大。在其他细分市场，一些平台凭借其自身特色也获得了市场的认可。据CNNIC调查数据显示，2015年年底，近九成用户使用过滴滴/快的，在本地交通出行市场中占据市场支配地位，而优步中国的使用率仅有21.2%。

交通领域共享经济的业务类型及运营模式【表5-5】[①]

业务类型	运营模式	服务提供者		主要平台	常用场景
		车辆来源	司机来源		
打车软件	B2C	出租车公司	出租车司机	滴滴	日常出行
配驾专车	P2P	个人车辆	个人司机	滴滴	日常出行
	B2C	租车公司	职业司机	神州、滴滴、易到	商务用车、中高端出行
拼车	P2P	个人车辆	个人司机	滴滴、嘀嗒	通勤出行

①《中国分享经济发展报告2016》

续表

业务类型	运营模式	服务提供者		主要平台	常用场景
		车辆来源	司机来源		
租车自驾	P2P	个人车辆	自驾	PP、友友	中短途出行
	B2C	租车公司	自驾	神州、车纷享	中长途出行
代驾	P2P	个人司机	个人司机	滴滴、e 代驾	酒后等不便驾驶情形
试驾	P2P	个人车辆	自驾	滴滴	购车前体验驾驶
巴士	B2C	租车公司	职业司机	滴滴	通勤出行
单车	B2C	平台	无	Mobike、ofo	短途出行

2015 年 11 月本地交通出行服务品牌的使用率【图 5-5】[①]

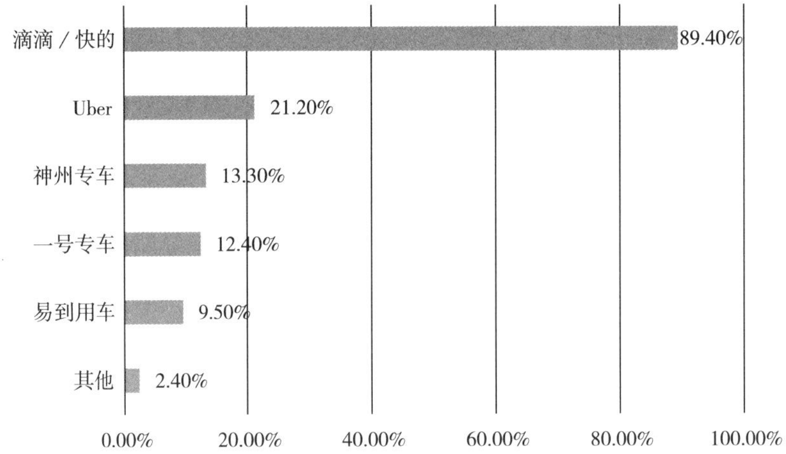

据 CNNIC 报告数据显示，2016 年年底，网络预约专车用户规模为 1.68 亿，比 2016 年上半年增加 4616 万，半年增长率为 37.9%。2016 年共享出行领域市场交易额约为 2038 亿元，较去年增长了 104%。融资超过 700 亿人民币，比去年增长了约 124%。参与总人数超过 3.5 亿人，增长近 40%。其中，网约车司机总人数约 1800 万人，比去年增加了 350 万人。

共享出行的模式

共享出行在短期内实现了服务类型的快速拓展和运营模式的迭代创新。目前已经形成了两大服务的类型，P2P（Peer-to-peer）和 B2C 两大运营模式。

① CNNIC. http://www.cnnic.net.cn

P2P 是轻资产模式，需要个人车辆或者是司机接入互联网平台，平台只提供司机端与乘客端的信息对接服务，以及司机端的安全审核、适当培训，还有保险。平台运营的成本较低。而 B2C 是重资产模式，即平台拥有车辆及职业司机，该模式还承担了车辆的购置以及维护等成本，因此平台的运营成本高。

滴滴出行的车辆来源有出租车公司、租车公司以及个人车辆，司机来源有出租车司机、个人司机、职业司机，因此它的运营模式兼具了二者。除了滴滴出行，采用 P2P 运营模式的还有被并购之前的优步中国、友友用车、PP 租车、e 代驾；采用 B2C 运营模式的还有易到用车、神州专车、车纷享。

对于服务的质量，不同的运营模式带来的服务也不一样。P2P 依靠乘客的评价来保证服务的质量，且存在差异化，而 B2C 模式提供的服务标准统一。然而，无论是哪种模式，用户对这种新的出行方式的满意度整体较高，使用网约车已经成为用户出行日常。

据 CNNIC 调查数据显示，每周至少一次叫车出行的用户比例为 24.9%，其中有 5.1% 的用户几乎每天都会叫车出行。特别是在公交出行、自驾出行或其他主客观条件存在限制的情况下，使用叫车出行服务的比例都很高，大约是在 80% 左右。使用频次与场景因素之间不存在显著差异，说明无论在公交出行限制、自驾出行限制、或是其他任何不利条件下，互联网叫车已成为用户的不二选择。用户对本地交通出行服务的整体满意度较高，对线上、线下服务环节表示满意的用户都超过 70%。互联网叫车服务受到用户的认可，在于其对传统出行服务市场标准化有余但灵活性不足起到了很好的改善作用。

【滴滴出行】①

滴滴出行是中国移动端出行服务行业 APP 中订单量最大、服务人数最多、活跃度最高、服务内容最广泛的 App，是仅次于淘宝的全球第二大在线交易平台。滴滴在中国 400 余座城市为近 3 亿用户提供出行服务。2016 年 1 月，滴滴宣布 2015 年完成订单总量达 14.3 亿，这一数字相当于美国 2015 年所有出租车订单量的近两倍，也超越了已成立 6 年的 Uber 实现的累积 10 亿的订单数。同年，滴滴实现了中国网约出租车市场份额

① 网易科技. http://tech.163.com/16/0113/07/BD6N2BM900094P40.html

99%，网约专车市场87%，并在其他各条业务线都取得了超过70%的主导性地位。2016年2月春运之际，滴滴首开春运跨城顺风车，便有约200万人通过全球最大跨城移动出行网络返乡返城，当日订单突破1000万人。同年5月，滴滴出行专快车日订单突破1100万，全平台完成订单突破1400万。滴滴出行致力于为参与者打造移动综合平台，为乘客提供差异化体验服务，有面向低端出行服务的出租车、快车、拼车车，高端服务专车，还有代驾、巴士、试驾、企业级配驾等服务。

网约车市场的动力与阻力

2010年至2012年年底期间，网约车服务市场的阻碍因素占据上风。网约车服务发展的初期面向商务市场，属于B2B服务模式，并非以B2C为主导。小众市场很难带动大众服务市场，发展思路受限使得网约车市场规模太小，需求驱动力不足。发展时机也不成熟，消费者使用手机网购、手机网上支付、手机团购等移动商务类应用的习惯尚未成熟，仅凭网约车一己之力很难推动用户移动支付的习惯形成。网约车先驱企业的影响力极其有限，市场处于观察阶段，难以有效推动制度层面的变革创新。

2013年，消费者的移动商务应用呈爆发式增长，到年底，手机网民规模达到5亿，年增长率高达19.1%。与此同时，移动通信基站、WLAN网络热点净增数量成倍增长，定位技术、地理数据库快速发展并不断完善，为基于地理位置的移动互联网应用提供了良好的技术准备。

2014年至今，驱动因素占据上风。随着部分城市道路、停车场等基础资源日趋紧张，城市对出租车严控数量，对私家车执行限号、严控牌照数量等措施的实行，乘客和车主均渴望改善用车环境和出行效率。专车企业也扭转B2B思路，向B2C模式转型采用多元化的布局方案，通过专车、快车、拼车等细分领域为用户提供多差异化服务，并采用全民补贴策略抢占大众打车市场，重塑消费者的用车习惯。与此同时，政府逐渐有条件地放开政策管制，网约车作为“互联网+便捷交通”的一个方面得到了支持。

2016年7月，网约车新政终于落地，正式确认了网约车的合法地位。截至年底，36个省会及副省级以上城市有34个公布了实施细则。虽说各地细则松紧不一，但是网约车的合法地位已经得到了国家政策的肯定。交通共享领域的市场规模持续扩大的同时，细分领域也取得了较快的发展，租车、大巴、电动车、停车、单车等服务在经济发达城市相继普遍开来。

未来几年市场规模仍将保持中高速增长，伴随着持续升温的资本热捧、快速发展的技术支持，网约车用户及覆盖城市的数量必将持续扩展。在“互联网+”风潮正劲之时，传统出行领域的各类企业将会积极拥抱新兴业态，出行服务会不断细分，整合多种出行方式的一站式共享服务将出现，进一步改善人们的出行体验。

共享模式增加了交通出行领域的有效供给，在一定程度上改善了城市出行服务供求关系，增加了用户的体验。通过移动互联网精确匹配需求和供给，缓解了出行信息不对称局面，有效缩短了车辆空载时间，释放了社会化运力，提升了城市的出行效率。倒逼交通行业尤其是出租车行业改革，充分体现“互联网+”在交通出行领域的创新应用对传统消费的积极影响。

共享单车

中国原本是个老牌的骑行大国，在很多“老外”的眼里，自行车叮铃铃的嘈杂声与人头攒动是中国交通出行的特点。近 20 年随着人们收入的提高与汽车保有量的疾速攀升，自行车出行逐渐淡出。物极必反，随着道路交通的拥堵与环境污染等一系列问题的加重，骑行被重新关注并被共享经济所选择呈现了回归态势。

近来在中国的校园、地铁站点、公交站点、居民区、商业区、公共服务区，随处可见青少年、中年甚至老年人骑着统一标识的自行车，成为各大城市最亮丽的风景线。他们不是特殊组织成员，也不来自于同一个旅行团。事实上，这是新生产物——共享单车——提供的自行车共享服务，它采用分时租赁模式，一时间火爆中国，推动全民骑行的小高潮。

共享单车的历程

在此之前，中国共享单车市场已经历了三个发展阶段。2007 年到 2010 年为第一阶段，国外兴起的公共单车模式开始引进国内，由政府主导分城市管理，多为有桩单车。2010 年到 2014 年为第二阶段，专门经营单车市场的企业开始出现，但公共单车仍以有桩单车为主。2014年至今为第三阶段，随着移动互联网的快速发展，以ofo为首的互联网共享单车从北大校园走进社会，更加便捷的无桩单车开始取代有桩单车。2016年是单车共享元年，在这一年共享单车迅速风靡，几乎一夜之间成为市民出行的新宠。据比达咨询检测数据《2016年中国共享单车市场报告》显示，2016年共享单车用户规模约为1886.4万人左右，到2016年底，共享单车市场开始迅速扩张，大量资本流入，诸多商家进驻。随着共享单车市场投放密度的增加，2017年共享单车用户规模继续扩大。吕本富教授认为对于投资界“刚需”、“痛点”、“高频”是判断一个行业是否有投资价值的三个关键点。而对于跟共享单车而言，这三者都兼而有之。

【摩拜单车 Mobike】[1]

2016年4月22日第47个世界地球日，摩拜单车正式上线，不到一年时间里，摩拜遍及了二十多个城市。摩拜创始人胡玮炜说:“摩拜单车的意义，是将自行车带回城市，带回人们生活。通过带动更多人的骑行，缓解城市交通拥堵，改善空气质量，拉近人和人之间的距离，并推动城市向更健康、更人性化以及可持续发展的方向改变。”在盈利模式方面，摩拜突破了传统的买卖关系，而是着眼于互联网时代更高层面的经济模式——用户经济，一个产品的用户越多，它盈利的可能性就越高，产品本身也就越有价值。当一个产品可以改善更多城市的格局、影响更多的人选择一种更好的生活方式，就像苹果手机一样，一个产品改变了一个时代，改变了人们的生活，这时手机已经不仅仅是手机，单车也不仅仅只是单车了。

Mobike摩拜单车，无固定桩，不掉链子、不用充气，随用随取、云端解锁，用完即走。这样一款造型时尚、色彩靓丽且骑停便捷的智能共享自行车，将智能监控系统、APP服务端、支付技术、工业生产和迭代技术整合在一起，一经推出便风靡中国各大主要城市。它颠覆了人们传统的思维模式，也挑战了人与人之间的信任关系，还缓解了城市交通出行与环境难题。

---

① 新浪财经. http://finace.sina.com.cn/roll/2016-12-27/docifxyxury8796440.shtml

自行车原本是快要或者是已经没落的行业，而“互联网+单车”的出现不仅救活了自行车行业，还成为了城市居民的最爱，共享单车解决了城市“最后一公里”的出行需求。这主要归功于共享单车为城市居民解决了三大痛点：特别是帮助城市居民解决了在乘坐地铁前后面临的一段尴尬距离的苦恼，而这个问题是公共交通很难解决的问题；共享单车解决了城市居民在道路拥堵高峰时期的出行问题，而滴滴、Uber 在面临这个困境时的能力是极为有限的；共享单车有益于解决城市的环保问题，城市的雾霾大约三分之一是机动车辆引起的，城市居民以自行车代替机动车辆出行，符合低碳理念，带来更加重要的社会价值与意义。

成长的烦恼

共享单车带来方便，也给居民带来了烦恼。短短一年，从事单车共享的平台就有 20 家左右，Mobike、ofo、U-Bicycle、小鸣、bluegogo、骑呗等。他们都是典型的 B2C 模式，是企业直接对个人的服务。据不完全统计，2016 年下半年，有 11 家共享单车企业获得了共 30 多亿元融资。2017 年 1 月初，Mobike 宣布完成了 D 轮 2.15 亿美元的股权融资，并与富士康达成独家战略合作；3 月，ofo 宣布完成 D 轮 4.5 亿美元融资。

充满共享单车应用软件的手机屏幕【图 5-6】

一张手机截屏蹿红网络，这张截图上 24 个共享单车应用的图标霸满了整个手机屏幕，说明共享单车的竞争之激烈。而在街头，仿佛一夜之间，共享单车已经到了“泛滥”的地步，各大城市路边排满各种颜色的共享单车。在中国共享单车市场中，ofo 和摩拜两家企业优势比较明显，据国内知名移动互联网大数据监测平台 Trustdata 发布的《2017 年 Q2 中国共享单车行业发展分析报告》，ofo 月活跃用户数增至 1758 万，排名行业第一；摩拜月活跃用户数下滑至 1582 万，排名第二。

在被市场与大众青睐的同时，共享单车的无序发展与市场竞争也逐渐成为了一个不得不被关注的问题，政府的态度从对这一新鲜事物善意的观察期，开始过渡到治理期。2017 年 5 月 7 日，在上海召开的共享单车专业委员会成立大会上，宣布成立中国自行车协会共享单车专业委员会。2017 年 8 月 3 日，交通运输部等 10 部门联合发布了《关于鼓励和规范互联网租赁自行车发展的指导意见》。新政明确了规范停车点和推广电子围栏等，并提出共享单车平台要提升线上线下服务能力。政府出台的监管措施以及官方媒体的报道，都将推动共享单车行业规范化发展。

共享单车进军海外

2017 年 3 月摩拜正式进入新加坡，6 月进入英国曼彻斯特和索尔福德，在日本福冈成立分公司，7 月进入意大利佛罗伦萨，8 月进入英国伦敦、泰国曼谷，9 月进入马来西亚沙阿兰、美国华盛顿。从亚洲到欧洲到美洲，摩拜共享单车不断刷新着全球城市覆盖，也将环保、健康、科技、智能、共享的理念向世界传播着。截至 2017 年 10 月，摩拜单车已进入全球 8 个国家的超过 180 个城市，运营着超过 700 万辆智能共享单车，服务来自世界各地的超过 1.5 亿用户，每天提供超过 2500 万次骑行。智能锁、北斗 /GPS/Glonass 多模卫星导航芯片、物联网通信芯片，这些技术支持了共享概念在现实世界落地。

餐饮美食的共享

民以食为天，餐饮业在服务业中占据着重要地位。据国家统计局数据显示，自 2010 年起，中国餐饮行业就一直保持着平均 14% 的增长速度，直至 2015 年，餐饮行业市场规模达到 3.2 万亿。移动互联网、智能端的快速普及以及大数据等信息技术的快速发展，互联网浪潮不断影响着传统餐饮企业，“互联网+”餐饮已覆盖半成品餐饮、餐饮企业服务管理、网络订餐和互动共享全流程服务。

据国家统计局的数据显示，从 2011 年到 2015 年国内每年在吃喝上消费掉的金额占国内社会消费品零售总额均超过了 10%，也就是说每花掉 100 元钱，十多块都是用在了下馆子或吃外卖上，并且每年国人在餐饮上的花费都有明显的上涨，2015 年，巨大的消费需求使得餐饮业消费金额相比前一年增长了 16.0%，国内吃货总计吃掉了 3.2 万亿的美食。使用互联网平台整合与美食相关的餐饮商户、厨师等信息，正逐渐给消费者带来无可估量的美食福利。

美食共享平台

近年来，餐饮服务领域的共享平台增长迅速，平台的创新与应用使得人们点餐、订餐、就餐的体验越来越丰富。团购、外卖、点评、厨师上门做饭、菜谱、美食与社交因素结合等，在各垂直领域企业纷纷布局（如表 5–6）。现阶段，拓展面虽广，但是发展最快，规模最大、认知度最高，最为成熟的是外卖行业。而其他细分领域，像美食社交、厨师上门服务、菜谱等还处于起步阶段，而且多分布在经济生活水平相对较高的一二线城市。据某调研机构数据显示，餐饮类各细分领域的 APP 应用款数占比中，以外卖最多，占比 32%，其次是团购 25%，菜谱类占比 16%。

餐饮行业各垂直领域的共享型平台【表 5–6】

外卖	团购	菜谱	预定	美食社交	点评	上门服务	供应链端
美团外卖、饿了么、百度外卖、到家美食汇、口碑外卖、楼下 100……	美团团购、百度糯米、点评团购、拉手团、窝窝团……	豆果美食、好豆菜谱、下厨房、美食天下、美食杰、掌厨……	订餐小秘书、排队网、宴请网……	Yummy、我有饭、美食行……	大众点评、开发网、美团点评、新美大……	好厨师、爱大厨、烧饭饭……	美菜、有菜、青年菜君、送菜哥、蔬东坡……

餐饮外卖的地域普及远广于出行领域的共享，从餐饮外卖活跃用户的城市分布上看，北京、上海、广州、深圳一集其他省会城市占比加总达到 61.6%，虽说一二线城市占比过一半，但是乡镇农村、县级市城市、地级市城市的居民也已经早就普及到了（如图 5–7）。

2015年中国在线外卖活跃用户地域分布情况【图5-7】①

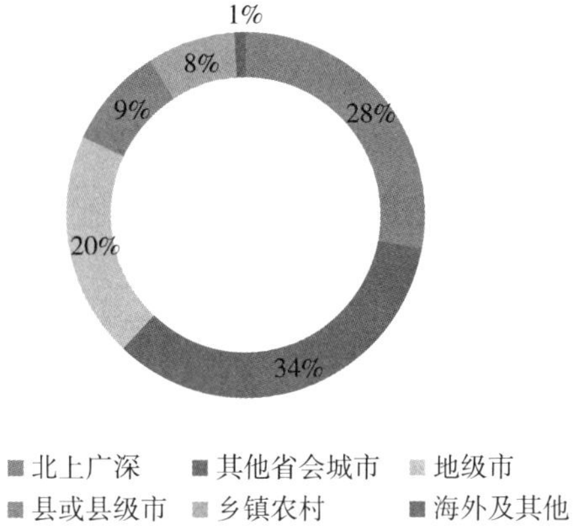

点评、团购、外卖

餐饮服务业的共享内容：各垂直类餐饮平台整合各细分领域的碎片化信息，公布于线上，为线下商店带来用户流量。具体而言，外卖体现的是物流配送的共享，点评体现的是城市人群就餐体验的共享，团购体现的是与陌生人群折扣优惠的共享，厨师上门做饭体现的是厨师技能的共享，而美食社交共享的内容最为丰富，美食、各种人生经历、知识、技能等等。可以说只要是你需要的，都会成为共享可能。

美食评价

2003年4月，大众点评上线，这是中国餐饮企业O2O的最早形态。大众点评网首创的第三方评论模式已成为互联网的一个新热点。大众点评APP通过移动互联网，结合用户的地理位置以及个性化消费需求，为用户随时随地提供休闲娱乐、生活服务等领域的商户信息、优惠信息以及消费评价。2015年10月大众点评与美团合并，共同致力于城市消费体验的沟通和聚合。

在这个平台上所有的信息都来源于大众并服务于大众。在这里每个人都可以和大家分享自己的消费心得，发表对商家的评论，好则誉之，差则贬之。在平台上公布的用户点评、团购、折扣券等信息，会吸引广大消费群体进入

①《前瞻研究院餐饮外卖》

平台，帮助他们选择出优质实惠的商家，充分满足他们的差异化需求，并高概率将之导流到实体店面去消费。消费过后，还可以通过点评网站进行在线支付，并给出消费评论，形成完美的闭环。

据大众点评网公布的数据显示，2015 年第三季度，月活跃用户数超过 2 亿，点评数量超过 1 亿条，收录商户数量超过 2000 万家，覆盖全国 2500 多个城市及美国、日本、法国、澳大利亚、韩国、新加坡、泰国、越南、马来西亚、印度尼西亚、柬埔寨、马尔代夫、毛里求斯等全球 200 多个国家和地区的 860 座城市。

餐饮团购

2010 年，团购兴起，美团网、百度糯米等相继成立，并很快被很多大小商家采用，为他们带来非常有效的营销效果。据前瞻网数据显示，2011 年到 2014 年，我国餐饮团购成交额逐年递增，且年增长率均在 90% 以上；餐饮团购参团人次逐年递增，且增幅均在 75% 以上。其中 2014 年，我国餐饮团购成交额为 441.7 亿元，同比增长 135.20%；餐饮团购 7.1 亿人次，同比增长 160.01%。餐饮团购的普及，加速了线下餐饮商家的触网速度，也培养了大批量用户使用手机线上支付的习惯。

美团以团购起家，在行业的兴起之处，主要是通过营销推广利用流量优势为线下商铺导流，平台从中可获得交易返点，而商家则可以此拉新并提高“翻台率”，这也是最早团购模式之所以成立的基本逻辑。在经历行业洗牌、“千团大战”之后，美团杀出一条血路，成为团购第一品牌。2015 年时用户使用率高达 81.5%，几乎覆盖了所有的餐饮团购用户。

据 CNNIC 在 2015 年的调查数据显示，在餐饮团购服务的用户中，合计有 29.6% 的用户平均每周团购 1 到 3 次或 4 次及以上，另有 43.9% 平均每月团购 1 到 3 次，据估算每个用户每周团购餐饮约 1.1 次。

随着团购常态化，美团的线下服务逐渐趋于成熟，建立了比较统一的基本服务准则，如“过期退”“未消费，随便退”等。不仅如此，美团对于线下餐饮的互联网化进程的改造给予了帮助，餐饮经营者也正在转变观点，不再视团购为提升短期业绩的一时之计，而更多的将之视为体验式营销推广的有效途径。

美团的运营模式简单易懂。在消费端，通过线上低价等优惠服务吸引消费者并向消费者收费，通过地推圈定商家，并与商家谈定优惠折扣，然后从两端的服务优惠中赚取差价利润。美团对商家的持续导流效应，造成了商家对美团有很强的依赖。但是依赖并不代表商家拥戴美团此类团购平台，只是因为团购已经是众多商家的“价格底线”。在2015年10月美团与大众点评合并之后，新美大为了提高营收，向商家收取数倍于之前的佣金，商家的利润再次被压缩，因此商家对团购“又爱又恨”，无团购无流量，用团购却利润单薄。

在线外卖

随着移动互联网、智能终端的发展，消费者逐渐从以前的电话订餐过渡到使用外卖APP。饿了么是中国最早的在线外卖平台，成立于2009年4月，为用户提供早餐、午餐、下午茶、夜宵全时段的订餐配送服务，并在后期打通了前端供应链，为中小餐厅提供食材，在外卖配送领域长期占据着领先位置。随后到家美食会、美团外卖、淘点点、大众点评外卖、百度外卖等相继上线。用户用餐习惯的改变和餐饮企业的互联网化，外卖消费逐渐成为一种大众需求，强需求促进了外卖市场的发展，资本市场对外卖市场持续看好，开始长期的混战。据艾瑞咨询数据显示，2016年中国在线订餐用户规模达到2.56亿人，相比2015年用户规模增长率为22.5%。在线外卖市场规模达到1662.4亿元，同比增长33%，增长速度逐渐回落，外卖市场从前期的烧钱圈地逐渐进入稳定期，形成了以美团为首，以饿了么、百度外卖相继的三足鼎立之势，三家共占据外卖市场份额94%，其中美团外卖39.3%，饿了么35.2%，百度外卖19.5%。

【饿了么—餐饮外卖市场新突破】[①]

饿了么作为到家服务平台的代表，由张旭豪等上海交通大学的学生于2009年创立于上海。在2014年9月，员工数超过2000人，订餐服务

①《食物有味2016在线外卖消费大数据洞察》. CBNData& 饿了么

覆盖了全国近 200 个城市，用户量达到 1000 万，加盟的餐厅达到近 18 万，日均订单超过 100 万单。饿了么还建立了外卖行业首个即时配送物流平台，包括自营配送团队、第三方加盟团队和社会化众包配送。在 2015 年 11 月，自营配送队伍超过 6000 人，蜂鸟团队及众包配送员超过 50 万人，覆盖全国 300 多个城市。

餐饮共享的发展趋势

定制化精准服务

2015 年 10 月美团与大众点评合并，成为美团点评，一跃成为国内最大的服务业互联网平台。2016 年美团点评总体外卖业务（美团外卖 APP、美团 APP、大众点评 APP 合计）的月活跃度用户数高达 8018 万人。从总体订单量来看，美团点评外卖业务以占比 40.7% 的订单量份额位居第一。庞大的消费流量，获益于美团专送。

美团专送针对实时配送的业务特点研发了“O2O 实时配送智能调度系统”，可实时跟踪配送员行进的方向和当前的位置，结合当前的运单和新运单的服务要求进行计算。同时，依托于大数据平台，采用精准画像建模，运用多目标实时调度、分布式仿真等创新技术手段，按照系统效率最高的方式分派和优化订单。这一整套的创新应用在上线以后，配送员的人均日单量提升了 46%，平均每单配送时长降低至 28 分钟以内，实际送达时间平均误差不超过 7 分钟，超时率降低 5 分钟，配送成本降低 20% 以上。

平台为消费者带来的时间的节约是不容小觑的，以北京为例，若以每个白领每小时创造 200 元的社会价值计，按美团外卖日订单 900 万单来计算，每位用户每天仅因为用餐时间的节省，便可以多创造 8 亿元的外部价值。

厨师上门

类似于滴滴的经营模式，厨师上门等此类平台对接有技能厨师和有需求的顾客，让顾客足不出户就能享受到餐厅厨师的手艺，成为其最核心的模式。任何一个行业都会有个性化的需求存在，同样，顾客对于吃饭也会有个性化的需求。顾客预定厨师亲自上门做菜，与厨师面对面的交流，厨师不仅可以深入了解顾客的独特口味做出合口的饭菜，而且厨师洗菜、做菜的过程完全透明化，顾客吃着也安心不少。如果说送外卖主攻的是上门餐饮的低端市场，那么厨师上门等平台毫无疑问更多的是面向餐饮的高端市场。

【差异化服务——好厨师】[1]

打开APP，选择好心仪的菜系和厨师，预约上门服务的时间、是否代买食材，然后就可以下订单了。等到了约定好的时间，一位戴着厨师帽、身着制服的厨师拎着箱子来到家中，给你做上一顿专属定制的美味菜肴。在离开前，厨师还不忘将家中的锅碗灶台清洁完毕。徐志岩创立的好厨师就是这样一家私厨上门服务平台。

好厨师旨在通过厨师来粘住用户。徐志岩认为最终给用户形成品牌形象的，不是互联网端的产品，而是最终为你上门服务的人。对于好厨师的用人标准，除了厨艺精之外，厨师还需具备良好的社交能力。在成为正式签约厨师之后，还要经过一系列的专业化培训，包括洗手、戴口罩、摆盘及结束后清理厨房的流程、电话礼仪等等。厨师只有在经过严格的身份认证、厨师资格认证、现场考评、专业培训之后才能正式上岗服务。

好厨师的菜价比较亲民，比如四菜一汤、六菜一汤、八菜一汤分别收取99元、139元、229元不等的费用。而这些费用全归厨师所有。另外，这些厨师还成为了一条免费、天然的物流，就是输送食材。平台最直接的盈利点在于生鲜食材。通过和源头供应商合作，食材的综合毛利在20%左右。2015年年底时，好厨师的经营范围主要覆盖上海、北京、杭州、深圳这四座城市，拥有500多名全职厨师及上千名兼职厨师。日订单在1000单左右，其中晚餐占比为65%左右，午餐占比为35%左右。

总之，在点评、团购、外卖发展逐渐成熟之际，正有一群创业者朝着个性化定制、小批量生产、多元化提供等方向创业。人们从未停下异质追求的脚步，当同质化产品遍布消费市场，提供差异化的服务成为平台未来发展的突破口。市场已存在，但规模尚小的好厨师、回家吃饭等，就是从消费者的

---

① 好厨师官网. http://www.chushi007.com

个性化需求着手，它们不仅在生产模式上有别于之前的互联网外卖，而且在味道上更胜一筹，十分具有特色与吸引力。

知识行业的共享

互联网对人类能力的赋能与延展是多方面的，这对于文化的传播有着极大的助益。一个显著的例子就是群体智慧的形成，“每一束光都有其价值”，“众声喧哗”也能奏出理性的乐章。互联网的出现为人类的信息交换和智力活动带来了前所未有的组织模式。在互联网这张没有中心的大网上，每个人既是知识的分享者，也是知识的享用者，集思广益、集腋成裘，人类的个体智慧在这里得以彼此完善，形成群体智慧的同时使得个体智慧也向更高延展。喜马拉雅、知乎、分答，这些知识付费模式都是其中的典型代表。

在线教育

2013 年和 2014 年见证了中国在线教育行业的萌芽与爆发，2015 年成熟的在线教育应用也积极融资并布局。截至 2015 年 12 月，中国在线教育用户规模达 1.1 亿人。

网易在在线教育的多方面得到发展，2016 年 2 月，上线了以就业为导向的微专业，开设的 21 门微专业，半年内销售额超千万。而网易与高等教育出版社合作推出的中国大学 MOOC，在 2015 年顺应移动互联网技术推出手机客户端版本，增设的讨论区等内容提高了用户的互动率。网易公开课还入围了 WISE 教育项目奖，是 2015 年度入围的唯一一款中国产品。

在线教育在中小学教育、职业考试、职业技能培训等领域均展现出市场价值。2015 年百度上线了针对中小学生的题库应用“作业帮”，该细分市场的其他产品还有猿题库、学霸君、一起作业网等。百度还推出了“百度高考”，服务于高考备考学生。2015 年 9 月，淘宝教育推出“乡村云端计划”，向乡村提供城市优质的教育资源。新东方与 Coursera 开启战略合作并发布了“新东方教育云”，与 ATA 合资公司职尚教育旗下在线职业教育网站“直上”

也按期上线。

在线教育是指依托云计算、大数据挖掘、多媒体等信息技术，以互联网为载体进行学习与教学的教育形式。与传统教育相比，在线教育能够突破时空限制，降低教育门槛，为用户提供丰富的学习内容，满足人们不同的学习需求。

在线问诊

2014 年在互联网在线问诊、线上售药、线上挂号取得发展的基础上，互联网医疗健康生态[①] 在 2015 年进一步构建。2015 年底，我国互联网医疗用户规模为 1.52 亿。目前资本主要投向了医患社交平台、医药电商和智能可穿戴设备。百度战略投资“健康之路”、阿里巴巴构建医药电商、腾讯将资金投向了丁香园和挂号网。此外，腾讯利用微信平台，推出了微信挂号就诊服务。而“互联网+医疗健康”的先行者春雨医生等也积累了用户，取得技术的领先优势。医药健康企业如汤臣倍健也在移动健康领域开展多项投资。

【春雨医生——移动医疗开创者】[②]

春雨医生的理念是利用移动互联网帮助人们掌握健康、延缓衰老和治疗病痛，2011 年夏天，张锐、李光辉、曾柏毅等创作了春雨医生 1.0 版本，主打“问诊”服务。早期的春雨医生从众包问诊切入，目标在于满足用户快速问诊的需求，帮助医生利用零碎时间提高收入。后续推出了空中医院的 C2C 付费服务，让医生在春雨平台开店，售卖自己的服务，包括图文咨询、电话咨询、挂号预约、买断医生一定时间的私人医生服务。随着业务开展，发现仅提供线上咨询并不足够，提出了“线上 + 线下”的模式，线上的医生建立用户健康档案、提供咨询，并在需要时转入线下诊所。

①《2015 年中国“互联网+”医疗研究报告》. 艾媒咨询

② 春雨医生官网. http://www.chuyuyisheng.com

【咕咚——互联网运动】[①]

咕咚2010年在成都成立，推出咕咚健身追踪器产品和咕咚网平台。至今走过8年，积累8000万注册用户，在国内体育社交类APP中用户体量处于领先。

在运动数据收集设备并未出现时，咕咚曾推出可穿戴式设备。随着市面上可穿戴设备的更新，咕咚专注于移动互联网的开发和运营，可以用“工具+运动社交+赛事服务+运动电商”概括咕咚模式，如2015年举办了30余场“线上马拉松”。除基本功能外，咕咚还涵盖线上线下的运动社交功能和赛事服务功能，用户通过“运动圈”模块晒出运动状态并定位附近用户的运动记录，社交化的功能有助于提升运动趣味性。作为跑步类APP重要的变现方式，咕咚开始尝试以运动装备为主的电商模式。与咕咚同类的应用还有悦跑圈、悦动圈、益东。

知识＆技能共享

威客是知识技能共享中发展最早、参与者最多、盈利模式相对清晰的领域。威客模式是中国首创，最早定义为将人的知识、智慧、经验、技能通过互联网转换成实际收益，从而达到各取所需的互联网新模式。该概念最先由刘锋在中国科学院研究生院提出。

2005年刘锋开始建立威客网，最初的意图是希望将中国科学院的专家资源、科技成果与企业的科技难题对接起来。在建设网站的过程中，刘锋发现应该给予问题解决者一定的报酬，这样有助于激发其积极性，形成良性的生态圈。因此，便有了最初的“威客”。自此，便陆续出现了一批威客网，比如猪八戒网（2006年）、威客中国（2006年）、一品威客网（2010年）等。到2010年全国已拥有超过100家，威客数量超过了2000万，整体交易额超过3亿元。2011年以后，知识技能共享的领域不断创新拓展、业务内容不断丰富、行业规模扩张、参与主体壮大均呈现欣欣向荣之态势。初步估算，2016年知识技能领域市场交易额约为610亿元，同比增长了205%，使用者人数约达3亿人。

---

① 咕咚官网. http://.codoon.com

【威客模式——猪八戒】[①]

猪八戒网是中国领先的创意服务交易平台，全球最大的威客模式网站，知识技能共享领域的代表性企业。猪八戒网自2015年6月5日完成C轮融资之后，已经成为估值高达110亿元的独角兽企业。自2006年成立以来，立足于服务交易，服务涵盖了品牌创意、产品/制造、软件开发、企业管理、企业营销、个人生活六大类别，共计600余种现代服务，为各种机构、企业组织、社会团体以及个人提供创意服务解决方案。2016年年底的数据显示，猪八戒网拥有平台雇主600万，服务商1300万，总用户规模达到1600万。八戒10年，造就的是1319万成交订单总量，310亿累计成交总额，孵化2万余企业，为9万多人提供就业机会。

10年积累的海量交易数据，帮助猪八戒网实施商业模式的进一步创新。猪八戒以“数据海洋+平台服务”为战略，先后拓展了八戒知识产权、八戒金融、八戒工程、八戒印刷、八戒教育、八戒财税、八戒HR等平台服务，以期为创业者提供更加专业的服务。同时，还汇聚了平台的优质服务商，推出服务中大型及顶尖产业企业的天蓬网，深度布局服务交易平台型生态，取经万亿级产业互联网市场。

猪八戒是威客模式的典型代表。威客模式具体来说，即当个人或企业遇到难题需要求助于专业人士时，就可以在威客网上发布任务和提出悬赏，由威客们选择竞标，并在约定的期限内完成任务，然后借助威客网提供的交易系统进行交易。

比如，2015年6月10日，360掷36000元，在猪八戒网寻找满意的logo设计。大赛发起后一个月的时间就得到了全网22375次的高度关注，收到了来自服务商的475份创意稿件。360从中选择了9件中标作品。其中一等奖1名，二等奖3名，三等奖5名。360最终不仅获得了满意的logo设计，同时还借助猪八戒网为商城全新上线做了前期的预热。6月25日，360商城全新上线，上线3天，总交易额就高达2.55亿元。

---

① http://www.shichangbu.com/yiye_company_3656.html

知识共享的趋势

参与主体趋于专业化

一是越来越多的高学历人才参与共享。威客是在知识共享领域发展相对最为成熟的共享模式。根据艾瑞咨询的数据，威客平台的任务接受者教育程度以大学本科为主，占 63.94%，博士和硕士研究生接近 10%。二是越来越多职业化的共享参与者出现，从兼职威客转为专职威客的年轻人开始增多。三是越来越多的团队参与共享业务，甚至合伙成立公司。

业务向高端化拓展

知识技能共享的业务范围正在从线上、线下的中低端应用逐步向知识技术转移、全产业链服务等高端应用领域加快延伸。第一，线上业务高端化。线上业务细分为网站开发、软件开发、信息安全、语言翻译等 600 多个小类。第二，线下业务高端化。进一步延伸到了出版印刷、广告会展、培训咨询等领域。第三，线上线下不断融合。如一品威客正在各地建立线下的“超级设计中心”，同时也开发了基于位置搜索的“接单助手”APP。

资本市场开始认可

自 2014 年以来，资本市场对知识技能共享平台的投入明显加大。2015 年 6 月，猪八戒网宣布获得 C 轮融资 26 亿人民币，估值超过 110 亿元。2015 年名医主刀获得 6000 万元 A 轮融资，2016 年 4 月获得 1.5 亿元 B 轮 融资。知乎，2014 年 6 月完成 2200 万美元的 B 轮融资，2015 年 11 月完成 5500 万美元的 C 轮融资，2017 年 1 月 12 日完成 1 亿美元的 D 轮融资，估值超过 10 亿美元。等等。2016 年，知识技能共享领域融资规模高达 200 亿元，同比增长 173%。

垂直领域不断涌现

“互联网+”与传统行业的结合在不同领域产生了一批垂直型共享平台：在创意设计领域，猪八戒网一家独大；在语言翻译领域，出现了译言网、做到等；在科学研究方面，出现了易科学；在生产制造领域，出现了凯翼众包、海尔 hope 开放创新平台等；在医疗服务领域，出现了名医主刀等。

双创搭载共享平台

知识技能共享领域的发展推动了传统的单打独斗式创新创业向共享协同式创新演变。截至 2015 年，猪八戒网旗下的虚拟产业园注册公司超过 300 家，已成功孵化入驻企业 1500 余家，同时，还在各地设立众创空间。众创空间是知识共享领域的重要组成部分。创新创业者通过众创空间实现对接线上线下资源，提升了创新创业的效率。截至 2016 年底，科技部认定的国家级众创空间共有三批计 1337 家。初步估计，全国各类众创空间超过 4000 家。

从 2009 年的 5200 万元到 2017 年的 1682 亿元，走过 8 年的“双 11”全球购物狂欢节不断刷新销售记录；从阿里巴巴的独舞到全民消费节，而全国主要零售商关店数持续增加；当余额宝用一年时间就成为中国规模最大的货币基金；当“无现金时代”来临，人们已经习惯使用支付宝和微信支付；当微信的月活跃用户数超过 8 亿，而通信运营商开始告别高增长；当百度超越中央电视台，成为中国最大的广告平台……中国的网民正在形成以网络为核心的生活方式。

第六章

网络时代的表达方式

互联网的发展史也是一段人类文化的变迁史，从一种工具与技术的使用到改变、重塑人类的思维方式、生活方式乃至表达方式。互联网作为人类历史上的传媒变革，在对信息传播的秩序产生巨大冲击的同时，本身也形成了一种文化体系，成为制造文化要素的平台。网络文化深受大众文化的影响，也具备创新能力和影响力，能够广泛地引起显示社会中的行为、语言、思想、规范和道德等方面的深刻变革。网络表达和网络文化，互为表里，形成了一种独特的“网络方言”。

在中国历史上，每一个时代，都有自己的表达方式。先秦时代，流行的是语言结构相对简单的四言诗和百家争鸣时期的哲学性散文；从汉代至唐初，国力更昌盛、文学更成熟，诗文风格走向五言诗的格局，追求骈赋文的华丽；唐代盛世的大气魄与风流，造就了七言绝句、律诗，将诗的成就推向巅峰；而宋代的文化沉淀，使得宋词充满哲思的深邃和铺陈的张力；元明清时期的社会发展，文化不仅仅局限在文人阶层，市井文化蓬勃兴起，于是戏剧、话本、小说都走向繁荣；到了民国，新文化运动开启文化的又一次深刻的革新，将白话文的形态推广开来。而当今的网络时代，以碎片化传播为特点的网络文、表情包、段子、鸡汤、有图有真相…… 所催生出的新表达堪比当年的白话文运动，成为网络时代文化的新推力。

话语权：从精英到草根

1995 年 5 月中国互联网正式向社会全面开放，上网设备配置昂贵，网络结点有限，能玩得起电脑并接入互联网的，基本都是当时国内的高收入人群和精英群体。网络技术的发展降低了上网的硬件成本，实现了专业技术和日常使用的分离，大众无须过多考虑其背后的诸多技术细节。网民队伍急剧扩大，网络表达和网络文化随之改变。

建网时期的精英烙印

科技精英在建立和发展网络的时候除了贡献了自身的科学知识和技术才能，也需要阐释和张扬自我，因此带上了自己的目标、愿望、情感、价值观等文化观念的烙印。他们绝大多数有着较高的素质，也有着雄厚的专业知识能力，这些精英或者更确切地说是科学精英和技术精英在推动网络的发展，对中国互联网的繁荣奠定了最坚实的基础。

精英们的奉献让互联网变得兴盛，并通过不同的方式热心推动互联网普及：帮助其他人，对各种问题给予专业性解答；在榕树下等网站发表高质量文字，推动文学进步和多元化发展；潜心研究互联网技术、业务，并逐渐成为各个领域的“大佬”…… 痞子蔡、安妮宝贝、慕容雪村等人，可以被称作“网红”初祖，其影响力延续至今。

早期的网络文化首先体现科技精英们的文化观念，具有作为精英文化（elite culture）的一些基本特征：知识高深、远离大众、范围窄小、参与者少。这些熟悉计算机、网络基本原理，经验丰富、才能非凡的科技专家通过个人努力和通力合作建立和发展了网络，同时缔造了最初的网络文化形态。从更本质的层次上来看，技术本身亦是一种文化。现代文化本身就是某种物化的结果，技术普及过程就应该是一种文化过程。事实上，在网络的发展过程中，技术已经成为网络精英们的精神文化活动中切切实实的一部分。由于以技术为支撑的文化是一种精英文化，所以门槛比较高，一直游离于大众之外。但是互联网的自由精神，网民之间的互相帮助则作为网络文化的核心沉淀下来，成为网络文化的“底色”。

随着网络应用的多样化，作为精英文化的网络文化必然要向大众文化转变。“把网络看成是电脑间的连接是不对的。相反，网络把使用电脑的人连接了起来。”交流是互联网的目的所在，交流需要更进一步的拓展广度和深度。正是互联网发展的内在要求和技术突破，使得互联网的交流从一种精英式的交流（尽管精英式的交流从未停止过）走向了一种大众化的交流。从这一意义上讲，正是网络文化的技术精英们运用现代科技把网络文化推向大众。精英们深知，只有让大众真正参与进来，网络才有发展前景，他们自身才会有更大的发展前途。网络作为科学知识和技术的结合物，要让大家都认同它、接受它，就不能仅仅存在于科学精英、技术精英这样的少数共同体中，大众的参与才是网络生存和发展的基点。因此，网络的参与主体逐渐跳出了科研机构和大学校园范围，尤其是商业性主体的介入加快了网络的扩散速度，使得网络整体蓬勃发展起来，更多的人也因此得以在网上冲浪、遨游。网络发展的这一路径无论是在中国还是在全球范围内都是相似相通的。

论坛时期的意见领袖

随着网吧等公共上网场所的开放，互联网开始频繁地被社会大众使用，1995 年到 1998 年，是中国网吧发展的第一个高峰，实现互联网产业化是让广大百姓接触和使用互联网的理想而有效的路径。2000 年左右，电脑和互联网已经不再是高高在上、不可触及的新鲜事物。尽管当时网络家庭普及率较低，但遍地开花的网吧还是为大众提供踏入互联网世界的通道。当时最火爆的当属网络聊天室（如碧海银沙、网易）和 BBS（如新浪论坛、天涯、榕树下等），那个时代几乎上网 = 聊天，发帖 = 灌水。在聊天室房间、频道中，人们只是通过文字、字符来进行交流。但就是这样的简单的交流方式，成就了中国最早期的一批意见领袖、段子手，大多是带着“马甲”的 70 后文艺青年。当时流行的一句话就是，“你根本不知道与你聊天的是人还是狗”。网络的匿名性质为网友提供了自由言论的空间，网络红人和意见领袖的真实姓名与样貌皆无人知晓，但他们的网名却无人不晓，“西门吹雪”“轻舞飞扬”等就是那个时期的代表。从2000年左右开始，精英的概念逐渐扩大，不再是纯粹的技术精英，而是包含了论坛上的意见领袖，但仍保持在一定的质量和范围内。网民本身并没有太多话语权，个性化不足。

到了2002年，互联网的使用者发生了重要改变，学生成为第一大上网群体，占比多于1/4（26.2%），专业技术人员、办事员、商业、服务业人员都各占有10%以上比例，教室和党政机关群体上网比例下降，这说明互联网越来越亲民，走向了一条年轻且大众化的发展路径，演变成一种新的具有鲜明时代特征的“信息文化工业”，它使网络具有了文化和经济的双重性质。由于网民需要大量的信息文化产品来消费，信息文化需要具有赤裸裸的“商品性”，这反而成为精英文化到大众文化的过渡阶梯，使网络更容易走入普通大众。

博客时期草根与精英的博弈

1999年Peter Merholz提出缩略词“blog”意为网络日志，中文翻译为博客，沿用至今。博客出现后，逐渐对主流媒体产生冲击，2001年美国911恐怖袭击事件以后，weblog作为重要信息和灾难亲历体验的重要来源，第一次成为主流媒介的新闻来源步入主流社会视野。2002年8月方兴东将博客引入中国，建起了“博客中国”；研究新媒介的孙坚华完成了国内第一篇系统、全面阐述博客带来的变革的文章《博客论》。2003年的木子美事件，让中国民众了解到了博客，并开始使用。2005年，博客热席卷网络，国内各门户网站，如新浪、搜狐，纷纷加入博客阵营，进入博客春秋时代。博客这种日志形式提供给用户在网络上记录、发表内容的平台，也为人们的交流提供了一种更为自由的言论通道。博客长度随意，形式也较灵活，可以添加图片、视频、音乐等，有些博客还开放代码允许用户自定义界面。那是一个追求个性化的时代，人们喜欢多花一些时间，坐在电脑前来装饰美化那个承载自己精神世界的小屋。正如博客“日志”的本意，人们大多将blog用作生活的记录，表达倾诉自己的内心，也可以时常串门儿走进别人的“小窝儿”参观，窥探一番他人的生活和内心世界。

CNNIC《2007年中国博客市场调查报告》中显示，大部分博客为作者个人生活记叙，43%博客内容以博主心灵独白或心情记录为主。“自由”正是博客的精髓所在，任何人都可以在网络上拥有一个空间，写什么、做什么自己做主。它赋予了普通民众表达的权利，也赋予个人前所未有的自由去影响世界。连微软的掌门人鲍尔默都不得不承认，博客的大潮来得铺天盖地，“它将互联网最大的三个趋势——传播、分享和社交，带到一起。”

在表达方式上，图片、视频等开始成为互联网沟通、交流的主角。博客的早期阶段，精英人群的话语权占主流，他们激扬文字、揭露潜规则、指点迷津等。新浪提出名人博客概念，邀请一批像韩寒、李承鹏、徐静蕾这样的作家、演艺明星、公众人物在新浪开博落户。当名人以生活日记、内心独白、即感即发、夹叙夹议的非正式方式表达自我、思想、意见和观点时，立即获得了更多民众的火热关注，“精英效应”推动了全民博客。徐静蕾号称“老徐”，一度高居榜首，点击量过亿，人们传颂着“才女”其人，模仿着她的笔体和文风。日记这种记录和表达形式本身就有着自我净化和洗礼的作用，在博客风行的传播过程中，已然成为一种文化现象，其生命力就在于心灵上的交汇和深度沟通。

因为博客是大家的博客，它给了所有人平等的机会，从精英到草根的普及既符合博客发展的必然，也是草根争取表达权的自由。各种需求相互作用，博客自然的分成了“草根型”和“精英型”，两者相互博弈，争夺话语表达阵地，也随时在发生着相互转变和同化。榕树下的负责人之一，著名作家陈村承认，网络的即时、自由和互动给受惯了约束的作家、专家带来了巨大的吸引力。而通过网络点击率和跟帖的考验，安妮宝贝、慕容雪村等网络写手则纷纷投奔传统媒体成为畅销书作家。博客将一部分草根打造成了精英，也让很多精英降低身份来适应更加大众化的网络。

2006年初，陈凯歌控诉网民胡戈的《一个馒头引发的血案》侵权事件，引起全民围观，民众一边倒支持胡戈。草根人物在与传统大咖的冲突中能够获胜，是网络草根文化从劣势变为强势的典型反转。后来的微博时代，各大主流媒体、机构、主流社会名人都开启官微，并从语言风格和叙事方式都开始拥抱网络语言风格。

【"草根"与"屌丝"的来源与内涵】

"草根"一词进入人们视野。从文字上讲"草"是阳光、雨露、土壤、种子因缘结合共同创造的生命体，尽管不会长成参天大树，却因植根于大地而获得"野火烧不尽、春风吹又生"的永恒生命。草根广泛遍布于网络、社会各个角落，代表非主流、非专业、非正统出身，通常带有励志性质，被隐喻为一种顽强生命力的代表，虽出身卑微，但有着生生不息、不离不弃、绵延不绝的力量，也因为上进、有思想、与时俱进的"网缘"而成为新一代网络文化的生产者、输出者、传播者。草根还暗含着"合群之草才有力量"的团结主义。

2009 年以后，"草根"中演化出"屌丝"。"屌丝"一词最初带有贬义，是中国网络文化兴盛后产生的讽刺用语，开始通常用作称呼"矮矬穷"(与"高富帅"或"白富美"相对）的人，房子、车子对于屌丝来说是遥不可及的梦。但在传播和流行的过程中却被赋予新的身份内涵，成为了当下年轻人幽默自嘲的流行用语，用来化解表达时的"锋头""矛头"，将往往直白诙谐又不失锐智的意想藏于"屌丝"身份之后。

微博时期的草根逆袭

2009 年中国最大的门户网站新浪推出"新浪微博"，允许用户通过手机或 PC 终端发布 140 字以内的文字信息，以及图片。更加便捷的操作方式降低了使用的门槛，这时也出现网民素质走低的现象。微博是 Web2.0 时代的典型服务之一，允许用户及时快速更新简短文本并公开发布。微博凭借其准入门槛低和即时通讯的特点，一经出现便拥有了庞大的用户群。用户可以随时随地、实时搜索，分享交流；以追求个性、表达自我为名，为了争取关注、博得眼球，不惜降低道德和审美底线，恶搞、山寨、炒作层出不穷。小月月、芙蓉姐姐等"重口味"另类网红的出现，集中体现了网络向平民化、屌丝化发展。屌丝文化在长期受到精英文化的压抑之后爆发式的崛起，以有些低俗但充满动能之势跃为主角，实现了草根逆袭。

无论是"精英""草根"，还是"屌丝"，都是网民在网络空间中的一种"身份"认同。当大众成为网络信息文化产品的主要市场时，才意味着网络时代的真正到来，标志着网络文化正式由精英文化转变为大众文化。一位网络文化学者下了这样的论断，我们可以把微博时代的到来当作是对精英文化的最后一击。

自媒体时代的朋友圈

微信是腾讯公司于2011年1月21日推出的免费即时通讯聊天软件。在社交网络平台激烈的竞争中，微信短短两年时间就拥有了超过4亿注册用户，无疑是创举。作为一款以社交为目的的生活类软件，最大优势就在于打通了线上、线下的界限，用户可选择性的为自己划分圈子，与人交流，这是其他终端与手机无法比拟的。用户可以通过智能手机、平板电脑和PC端发送信息。

微信作为社交媒体与即时通信工具与移动互联网相结合被称为第三代互联网系统，或者称之为web 3.0。Web 3.0是以主动性、数字最大化、多维化为特征，应用更丰富的多元化媒体技术如在线视频、直播，发展出了各色各样的网络应用和新媒体平台，公众的话语权更是被极大地释放，也被称为自媒体时代。这个时期实现了“每个个体时刻联网、各取所需、实时互动”的状态，形成了各种以内容和关系相叠加的“朋友圈”。与此同时，城乡的差距也因网络的覆盖而缩小，上网不再是城里人的专利。随着网络的不断普及，互联网逐渐影响和改变了农民的工作、学习和生活方式，给农村注入了新鲜的活力。“朋友圈”以方便沟通、信息转载快、查询方便、更新及时等优势，成为农村地区最方便、快捷的信息获取渠道。

在中国的国情下，主流声音的影响力依然直达、渗透社会发展的各个领域，成为网络传播的主基调。朋友圈文化和主流文化互相补充成为新时代的基本特征。

网络公共话语的表达方式

2010年中国微博用户已经初具规模，达到6311万人，社会化媒体作用突显，普通民众成为新闻事件传播和推动的主力。便捷的信息上传功能提升了用户产生内容的速度，丰富了网络新闻来源；用户之间的互动也提高了舆情信息传播的速度、深度和广度。微博成为网民获取新闻时事、人际交往、自我表达、社会分享的重要媒介；用户从最初的信息接收者，变成信息加工产生者。

张扬个性的屌丝文化

网络中的屌丝文化现象有着非常明显的去中心化、瓦解崇高、恶搞自黑等特征。以“屌丝”身份出现，人们不再“装B”伪装自己，而是尽可能去展现完整、真实、独特的自我，不再隐藏在现实世界中那一部分并不“高大上”的人格，可以不加掩饰的流露。很多人并不会让自己表现得符合主流价值观，而是更倾向于自嘲的方式，甚至表现出一些玩世不恭。而被这一人群所喜爱的并不是阳春白雪的高雅艺术，反而是像《五环之歌》《大王叫我来巡山》《小苹果》《PPAP》这样内容通俗、旋律鲜明又饶有趣味的音乐，歌词曲调简单而重复，却成为病毒式传播的“源代码”。随着新媒体，特别是微博、微信的流行和普遍使用，各种表情包也成为了聊天中必不可少的交流工具。但是这些表情中最为盛行的并非那些乖巧的“小可爱”，而恰恰是那些荒诞、恶搞的流弊之辈，这迎合了屌丝文化中的简单、粗暴和直白。它们甚至比一般的表情更有生动形象的表现力，因为极度的夸张、怪诞和扭曲，反而更加能渲染人们内心的情绪。

微博里的一些搞笑视频博主和段子手大V，比如Papi酱、LOW君、谷阿莫、追风少年刘全有等，以及大行其道的各种表情包，比如金馆长、暴走漫画、兔斯基等，更是将恶搞与无厘头发挥到了极致，甚至以审丑作为了一种乐趣。这些作品看似不美观甚至缺乏内涵，但是正是这种极度夸张甚至有些丑的形象，反而消除了阶层间的心里屏障，拉近了网民间的心理距离，也以另类的幽默形式缓解、释放人们的生活和工作压力，因此备受青睐。

草根文化中的偶像崇拜不再是曾经主流文化中那些形象高大上的实力派，变得更加个性与叛逆，比如吴莫愁、邓紫棋。她们并不符合传统女性的温柔细腻，而是火辣有爆发力。对于男性的审美也并不局限于充满阳刚之气的男明星，反而很多人喜欢比较温和精致的吴亦凡、鹿晗，还有清新秀气、活力四射的 TFBOYS，这些无不反映出当下网络文化中的多元、个性与非主流，打破了从前精英式的典雅与崇高，可以说是更接地气。在微博大 V 里很多形象气质并不符合传统审美的名人却备受粉丝欢迎。比如艾克里里、软软其实不太硬，他们并不走寻常偶像的唯美路线，却能将搞笑、个性的自我发挥到极致，也正是因为当下网络文化的多元，才使得各种个性得到张扬。

网络文化越来越趋于扁平，而不是过去精英式的金字塔结构；当下的网络文化充斥着解构的狂欢，人们并不喜欢英雄式的完美，而是迷恋屌丝的真实与平凡。所以，凤姐的自恋、王思聪的犀利毒舌反而赢得市场，人们热衷于恶搞式的狂欢，并不刻意去追求深刻的意义。草根文化不同于以往精英文化的特点在于，它直面现实人生，而不是故意美化和粉饰生活；他们宁愿暴露生活中的惨淡与落寞，并且给予狂欢式的乐观积极态度，而不是像小清新一般的顾影自怜。这种文化，话儿糙理儿白，看似拙劣但未必不深刻，细体会也能感受到这种文化中自信向上的力量。

综上所述，网络文化中的屌丝文化就是主流文化之外的一种符合当下年轻人社会心理的亚文化。它并不同字面含义般消极，反而带有一种调侃与自嘲式的乐观，解构了精英层的审美标准，却富有真挚的情感与活力。随身携带的手机就可以让更多的专业人士、文化学者利用新的媒体平台去传播他们的观点，影响更多的大众；也能看到更多的普通人、普通用户有机会参与到文化传播当中，化身为“自媒体”，网络上没有主席台，人人都有麦克风，这是属于大众的舞台，主角以“人”为本。草根与精英之间形成了一种前所未有的互相依存关系，共同加入到这场网络文化繁荣的建设中来。我们也能看到越来越多的跨界沟通正在发生，网络文化在大融合的推动下呈现大众化、多元化。

网络流行语

在屌丝文化中，网络流行语成为了一道亮丽的风景线，没有任何刻意雕琢的痕迹，完全是网络交流中自然而然的产物。这些用语通俗易懂、形象贴切、使用便捷，语言的美感被消解，去除了精英式的规范典雅，演化为具象通俗直白给力的网络语，带着娱乐消遣亦彰显个性。例如“洪荒之力”，当游泳运动员傅园慧在里约奥运会赛后接受采访时用夸张的动作、表情和口吻如此形容自己已经用尽全部力气，该词以爆炸式效应变为网络热词流行起来，甚至有网友争相尝试该词的英文翻译。有中文经典储备的人便会联想到《千字文》“天地玄黄、宇宙洪荒”中的“洪荒”出处，在此表示的是宇宙万物之初鸿蒙的样子。用“洪荒”来形容“力量”这样的表达显然不符合中文用语的常规，但是人人一听便能意会这种生动、夸张、形象又幽默的表达，“洪荒之力”究竟是一种怎样的力？激发人们的脑洞大开，这样一个带有典故表意模糊的混搭用词彰显着新生代们的思维活力与独特的创词能力，可以说是一种个性化的语言加工和再创造。法国学者福柯（Michel Foucault）认为，在研究文本时，我们不应认为它是关于另外一件事情的文件，而应认为它是一种话语，其本身就是权力与身份在网络中的一部分，草根力量建立了一整套话语体系来描述共同关注的事件。

【“草根”的话语特征】

网络时代，汉语的句式结构发生了畸变，这些话语结构包括：

（1）“被字句”（被 + 动词或名词）：“被自杀”“被幸福”“被失踪”“被小康”“被就业”“被增长”“被代表”“被消费”等。被字句的结构主要用来描述负面事件与人物，主语被隐去，单纯表达一种现象及背后的非主观意识，多为无奈、不情愿、不如意的心理情绪。是人们民主意识增强和发展的标志，反应了网民作为权利主体要求被关注、被尊重的强烈心声。也有学者认为被字句的普遍使用是受到英文表达方式的影响，汉语的表达通常主被动关系较模糊抽象，一般不会刻意强调，而在英文的语句表达中却非常清晰明确。

（2）“最高级”（史上最牛 + 名词）：“史上最牛钉子户”“史上最牛团长夫人”“史上最牛房产局长”“史上最牛维修工”“史上最牛历史老师”等。这些被称为“最牛”的事、人物、现象等，有的鞭挞了丑恶，有的颂扬了高尚、有的抒发百姓情怀、有的反映群众真实生活……通常“最”字句兼容正面形象，表达上是较为正向积极的，也有一些被用作反语讽刺揭露。“最高级”的使用条件是：必须是得到网络关注的、必须有一定的特殊性不同于常理甚至是荒诞色彩、必须是小概率事件、必须有一定的喜剧色彩。这种语言方式不仅给网络增加了不少生机和活力，也促进了党和政府的工作，帮助改善了民生。大量事实表明，“最牛”不仅已经被人们所接受，而且在人民生活中有了因果交代。“史上最牛钉子户”得到广泛的声援和支持，“最牛房管局长”被免了职，“最牛别墅群”有了处理结果，“最牛小学建筑商”得到普遍赞誉。

(3)“三字经”：“打酱油”“猪坚强”“俯卧撑”，以及“范跑跑”“郭跳跳”“楼倒倒”“躲猫猫”等ABB叠词结构。三字经兼具娱乐与嘲讽性质。

(4)后缀词：“门”（“打错门”）、“死”（“洗脸死”）、“哥”（“犀利哥”）、以及“姐”（“凤姐”）等。这些后缀词的背后都对应着一种类型的社会热点事件或是人物。自“呼吸死”事件经网络传播成为流行词后，衍生出了“洗脸死”“激动死”“喝水死”“谈话死”等一系列非正常死亡案例的网络表达，并引发了全社会对执法与监狱管理的关注。

(5)前缀词：如“房”（“房姐”“房妹”“房婶”“房祖宗”），“股”（“股爷”）等。表达人民的权利诉求、追求平等。

在中国，网络造词浪潮方兴未艾，不少学者认为，大部分网络词汇、文体都是社会现实的投射。草根话语体现出娱乐/注意力诉求与权利诉求的高度混合。草根互动产生的嬉笑怒骂达到一箭双雕的效果。这是一种典型的搭便车现象，追求话语传递的效率与效果。为了使得某事件迅速变得家喻户晓，新发生的事情必须找到易于传播的载体，网民将其融入到已有的耳熟能详的话语中。

【李刚的演变史】

在河北大学校园撞人事件中，草根话语重新编辑制作广告词（“爸爸恒久远，一颗永流传”）、诗歌（“床前明月光，我爸是李刚”）、古文（“李刚者，河北保定人士，现为保定府捕头”）、流行歌曲（“我爸叫李刚，大名鼎鼎的李刚，李是李世民的李呀，刚是金刚的刚”）、外国影视作品（《帝国的毁灭》）、以及地方艺术形式（“闲言碎语不要讲，表一表河北大学出了事一桩”），来植入自己的诉求，塑造了一个个古希腊神话中的“狮身人面兽”或中国文化语境下的“龟身龙头像”。就像杂交出来的一头骡子或一粒稻米，这种传播方式既追逐注意力，又表达政治诉求，因而还被称为“笑与泪齐飞”或“悲情与戏谑”。

草根话语还表现出来媒介内涵与法律内涵的并存，后者经常在前者的冲击下摇摆不定。例如，在2003年哈尔滨宝马车撞人事件中，“宝马”“车牌6666”“四轮拖拉机”“大葱”“领导亲戚”等媒介符号促进了事件的迅速传播，在近乎疯狂的草根话语攻击下，事件作为交通事故本身的法律内涵却变成了上述符号的附属内容，其后发生的大量跟交通事故有关的媒介事件均复制了上述模式。2009年杭州胡斌撞人事件中，扎人耳目的媒介符号包括“三菱轿车”与胡斌朋友漠不关心的照片。2007年重庆“史上最牛钉子户”事件中，一张图片（“一个十米深的大坑中央，孤零零地立着一栋二层小楼”）被广泛传播之后，立即成为公众理解这个事件的快捷方式与主导角度，公众已经不再关注钉子户是否有合法理由抗拒拆迁，法律视角受到媒介视角的冲击。

粗略观之，网络、草根、底层话语呈现各种各样的混合与杂交、分离与脱落、涅磐与重生。这些草根话语或信手拈来、出神入化，或改头换面、张冠李戴，均围绕表情达意、易于公众传播，大都表现为注意力诉求与其他诉求的混合物。它们经常体现出本体与喻体的分离，本体是被比喻的事件或人，喻体是将本体比喻成的物。当某个客体在媒介环境中吸纳了过多的注意力，就上升为一个媒介事件，喻体即可脱离本体单独存在，其中暗含隐喻为众人心照不宣，并不断吸纳之后发生的相似事件，形成高度包容的同一语境表达。网民们在使用这些构词格式时不需要考虑是否合乎语法，也不在乎搭配是否正确，只要彼此意会，交流便成立。相比线性的常规词语表达，网络语在短缩的字词中浓缩了多维度的表达意义，其作用不亚于“用典”，而事实上，每个网络词的流行，背后都有时代与社会的典故。

“晒”文化

自媒体开创了“互动式数字”媒介新时代，它允许使用者积极参与，大众不再是被动的信息接受者，而成为内容的积极生产者。自媒体所具有的平民性、创造性、开放性、交互性、即时性特征对青年一代产生了极大的吸引力。青年群体成为了自媒体的“重度使用者”，他们经常活跃在新浪微博、QQ、微信等自媒体平台上。自媒体为青年人提供了一个自主、随意的表达空间，他们利用自媒体随时随地向他人传递关于自我的信息和动态，包括对重大时事与社会热点的看法，对学习和工作生活的评价，以及自我的生活习惯、兴趣爱好、娱乐方式、交际行为，甚至包括悲伤、难过、愤怒、憎恨、快乐、欣喜之类的个人情绪，等等，可以说事无巨细均在此列。

在全新的媒介环境中，当代青年找到了最适宜于自我展现、自我塑造的利器，它实质上构成了一种全新的文化心理与文化行为——“晒文化”。“晒文化”是新媒体语境下的特定产物，它是指个体以自媒体为中介自愿传达关于自身信息、充分释放“自我表露”本能的文化心理与文化行为，即个体将自己的价值观、态度、爱好、需要、焦虑、欲望、性情等私人事件告知别人，与他人共享自己的生活体验和情绪感受。青年群体在微博等自媒体上活跃程度极高，他们乐于通过一切方式与他人分享自己的生活，“晒文化”已经成为当下一种非常重要的青年亚文化形态。

“晒”的背后有一种自我认同的心里需求，抛出自己，求赞，寻求最大公约数。晒的内容也多种多样，涵盖生活方方面面，也能体现碎片化特性。从穿的用的所属品，吃的喝的美食美酒，游玩的风景，新换的发型、刚做的指甲、最新出炉的马甲线（秀身材），到爱宠、萌宝、另一半，也有晒手艺晒技能晒思想，晒烦恼晒愤怒晒伤疤…… 无所不晒，俨然“我晒故我在”一族。

社交网络可以轻易实现全民皆晒的狂欢。2015 年 11 月 24 日，歌手王心凌在个人微博发出一张绿色背景下吃汉堡的写真照（实为新专辑造型），被网友回复“主要看气质”，短时间内大批网友火速跟风，上线大量晒气质图，并登上热搜第一，而后逐渐演变成微信朋友圈“主要看气质”的接龙游戏（规则就是：发出一张自己的照片，标题为“主要看气质”，点赞或留言的人即中招，要么选择继续发朋友圈，要么发 5.21 元红包给被点赞的人），微博也随后刷屏，话题就此形成，各界名星也纷纷参与开晒，各种搞笑表情、场景，各有各的“气质”，各有各的内涵。互联网的分享特质就是“病毒式传播”的“病原体”。类似的集体主题刷屏晒图行为还有过“A4 腰”“锁骨杯”“时间都去哪儿了”，都是风靡一时，朋友圈盛行。

当网络平台搭建起了一个得天独厚的自我展示平台，这些平台形式的诞生也正是迎合着某种潜在的心理需求。而平台的上的互动，使得原本潜藏在人们内心深处的某种尚未成型的意识具象、显化、释放出来。“晒”的过程便是一种自我编码的过程，是关于内心的意义、欲望和目标的曲折化和隐喻化表达，通过“晒”来自我指涉、自我塑造，呈现自我与他人的差异——个性。因此，“晒”文化具有深刻的社会学意义，其积极的一面就是分享，除了对自我的认同体征之外，作为交流的一种，它也会影响到周边，产生一定范围的社会化效应。它成为身份识别的符号系统，承担着个体将自我与他人区别开来、确证自我存在和特殊性的重大功能。正是基于“晒文化”这一平台，当代青年的自我认同不管在认知理念层面还是在行为实践层面，都展现出与众不同的独特性。

相较“晒”而言另有“窥视”族、“潜水”族，默默看着大家的刷屏，洞悉一切却不置一词、不露存在，形成一种“隐”文化，一种隐性的参与。有人晒就注定有人隐，这是一个相互衬托的平衡世界。

网络圈子交流的表达方式

2012年4月19日微信发布4.0版本，主打功能就是朋友圈，这个功能是现实中的熟人朋友圈在网络媒介上的互动延伸。朋友圈中分享的主要内容可以是图片、文字、链接、小视频、位置……还可以进一步分享个人在网上的其他活动，从诸如qq音乐、唱吧、直播、优酷视频、亚马逊购物等诸多媒体、网站、应用程序中发送分享链接到朋友圈中，微信向第三方开放了这一强大的接口功能。好友之间通过对朋友圈分享的内容发表评论或点“赞”达成一种互动，由此形成了互联网上的“友圈儿文化”。

与微博平台不同的是，微信并不是大众传播模式，也不是彻底全盘开放，只有同为某人好友才能看到其他好友对其发布信息的留言，对单个用户更加注重隐私保护。“朋友圈”中的人都是用户自己添加或通过已知好友推荐的微信好友，途径是手机号码、注册账号搜索、扫二维码、雷达搜索附近的人，因此大多数都是实际生活中的好友、亲人、同事、用户，或是聚会中新结识的人。

朋友圈的功能

腾讯副总裁、微信负责人张小龙说:“微信朋友圈原本是鼓励发图片，文字为辅的，图片是最好最直观的介质，每个人都会发图”。这一开发者定向的设计空前的引发全民参与，图片所包含的信息量与表情达意是人们未曾料想，直到情不自禁的参与其中，才发现它开启了又一个世界、又一种交流方式。九宫格的发图方式（朋友圈最多一次可发 9 张图片），既有传统易理内涵，又充满趣味可以制造多种组合可能。不局限于文字，不流于图片，逾越线性思维模式。2014 年，移动 4G 全面开通,2014 年国庆节前一天，微信发布 6.0 版，增加了“小视频”功能，可以在聊天或朋友圈中即时拍摄一段 10 秒小视频分享给好友。小视频功能让朋友圈开启了动态模式，人们可以随时随地上传亲历场景，让分享体验更加立体全方位。

与 Facebook 等社交平台不同的是，微信并不可以查看别人的好友，也没有默认推荐，一定是在有意识的、相互认可的情况下才能添加。细化的屏蔽功能、分类功能可以确保只有信任的人才能看到自己在朋友圈中的分享。并且在 6.5.6 版本开始微信在隐私设置中增加了只显示 3 天朋友圈内容一项来定义允许朋友查看自己所发布信息的时间范围（最近三天、最近半年、全部）。这些设计着重突出分享的即时性、安全性和可控性，让人们在使用微信朋友圈的时候，更愿意和倾向于发布真实生活中的场景、状态、随感，并且能够更单纯的出于分享而非博人眼球、哗众取宠，这里并不是为网红打造的领地，而是更接近真实生活中的交际圈，更像是个“私人会所”，而不是酒吧、咖啡厅或利伯维尔场。

朋友圈的归属感

从物质的分享升华到情感的分享、精神世界的分享，终极的体现便是“朋友圈”文化。互联网本身就是一个圈儿，国家有国家的朋友圈，人有人的朋友圈。从文化传统角度来看，西方崇尚个体自由与解放的“个人主义（individualism）”，中国强调人伦关系的“集体主义（collectivism）”，中国人往往习惯于把自己归属于某一团体，从而在社会中获得更好的存在感、价值感与安全感。

中国文化也是“礼”“仁”的文化，“礼”是秩序，“仁”是关系。“仁”字拆分即“二人”，孙隆基解释为“二人定义一人”，一个人只有通过和他人的关系和交往才得以成为一个“人”。中国文化特别重视人与人之间的关系。《礼记》里就讲“夫礼者所以定亲疏，决嫌疑，别同异，明是非也。”中国文化传统里看重亲疏、同异，因此有“物以类聚人以群分”的说法，这与西方近现代哲学、心理学领域提及并因近年来一部畅销小说《秘密》而为大众知悉流传的“吸引力法则”有着某种契合。

在传统的媒体传播中，人们选择使用媒体是为了获得信息的满足。而今，在网络体系里人们不仅能够获取信息，人际交往也是其重要的诉求之一。新媒体为人们提供了维系人际关系的工具。人们在互联网上与他人建立信任关系是他们现实生活的延伸。每个人的亲缘关系和地缘关系借助互联网的力量变成无数的同心圆。圈层是人际关系的扩展，人际交往形成无限扩大的圈层结构。微信的关系网络是现实关系的投射，分享对于其社交关系的密切程度影响很大，这种分享行为是人们潜意识里完成自我标签化的需求。这种社交网络所呈现的社会关系是私密的。

社交网站和即时通信工具正因为契合了中国人这种关系情结，所以迅速的普及，被广泛使用，以致代替电话、手机短信、Email 成为如今中国人日常交往首选的通信工具。有网络的地方，就有人，有人的地方，就有朋友，有朋友的地方就有朋友圈。

如今“朋友圈”早已成为手机党们的重要阵地，人们习惯时不时的刷刷屏，看看谁又更新了什么，看看大家都在干什么、有什么动态和新鲜事儿，去了哪儿、分享了什么音乐和文章。与微博相反，建立在强大关系体系中的朋友圈是由关系产生内容，而非内容产生关系，从这个角度来讲，微信在社交意义上更加注重关系。也正是在这样的人脉基础上，“朋友圈”渐渐形成了一道文化。乐于分享、乐于被分享几乎成为新生代网民们最大的爱好。这种分享产生了“空间 × 空间”、“圈子叠圈子”的效果，人们的生存体验被拓宽、增倍。随时随地的关注让许久未曾见面的朋友，却好像每天都在一起从来没有分开过一样。

最重要的是，出现在朋友圈屏幕上的内容，某种意义上讲都是与我们有关的，因为每个人对自己的朋友圈具有完全、自主的可控度，是我们手动为自己选择了自己的朋友圈。这种有选择、可过滤的定向交流与传播方式，也形成朋友圈分享内容更加走心，趋于正能量。网络的虚拟世界被突破，人们由分享而互通，交流生活方式，传播观点理念，并与实际生活密切相关，人们进入彼此生命的细节。由每个个体引发的水波圈彼此影响着，竟能某种程度的形成集体性共振。有时是资源性求助，有时是针对一个颇为震撼或有争议的公众事件，有时是季节与场景，有时是节气与节日……神同步的刷屏时有发生，人们心底潜在的隐藏的共性部分通过分享被印证、连接和映照。这时的“狂欢”已经脱离了庸俗低级，带有更深层的精神向往和更积极的价值取向。

群主的“黏合剂”

微信中的分组功能、建群功能，也都反映了微信的理念和其所代表的“朋友圈”文化的特征。群组是各种各样话题的发源地，每个人都可以创建自己的群聊小组，选“同类”伙伴和特定的话题。大家可以讨论有兴趣的话题，交流经验心得。时不时转转贴子，亦或是发发红包，增进感情活跃气氛。有群自然有“群主”，作为群组的创建者、管理者、维护者，群主需要挖掘整合资源、人脉，并维护规则，适时发起话题、回应话题，活跃气氛，维持群组的热度。组群的功能很适合中国人的特点，根据人群特征，某种类型、属性的人们聚集在一起，产生共同的话题、碰撞同类的观点、引发相关的思考，甚至可以产生实质性的成果。文件传输功能让群成为了工作小组，甚至是跨界互动小组，也因此让工作、生活、学习的边界变得越来越模糊。老师在群里布置作业，老板在群里分配工作，股东在群里讨论公司社稷；沟通互动简单、直接、高效，不见面却又胜似见面。此外微信自带的翻译功能，让跨文化的交流也可以发生在“朋友圈”里。

移动互联技术通过社交媒体打造出来的“朋友圈”中有一个特殊的“圈”不得不提，那便是“家庭圈”“家族群”。网络正在重新定义家庭，家庭成员网上建群，往往可以将一个传统家庭乃至家族联系在一起，这在过去是很难做到的。因为工作、居住地关系，一个大家族里的成员们可能身处天南海北、天各一方。通常只有在春节这样具有团聚仪式意义的节日里才有可能凑在一起，也未必总能齐全圆满。而今，通过朋友圈，可以随时直观的看到家庭成员的生活点滴。出差时发张照片，带娃时录段视频，早上起来发个表情包问安，看到养生的文章转到群里 @ 老人，见到调侃的段子贴上来调剂气氛，聚会时把各自手机抓拍的靓照上传共享，逢谁的生日就群发大红包儿打赏，获得了奖励第一时间通报家人求赞；不用等到见面时再家长里短，点开群聊就心照不宣。“我们在不同的地点和时间，奔忙着各自的生活。但现在，我们能看到彼此，更重要的是感受到彼此的生活状态、心路历程，这一切发生的又那么自然而不刻意，这正是构建亲密关系的关键所在。”有网友这样说。当家庭亲密关系从物理空间转移到网络空间，它填补了时空的距离。日常生活中，移动科技在很大程度上起到了凝聚家庭关系的作用，便捷的操作让我们不再“吝啬”与彼此分享，也不再“抱怨”时间太少。通过碎片化的信息传递，让家庭交往之间更加亲近，让这种“心里有你”变成随时随地的表达，因为家人要的并不多，知道你平安就够了。

网络“方言”的背后

语言的形式和构成方法都呈现多样化特点，网络语言也是如此。网络除了运用符号、缩写、造词，还会借助语义转换方式创新传统语言。语义转换主要指原词不变而词义变化，使原词被赋予新的意思，或者某些词语的词性发生变化，如名词动用、形容词动用等，因此形成了新的语言。任何一种语言的发展都离不开社会的发展，网络语言是社会新生事物和观念变化的直接反应，其产生和发展不仅受到了网络技术进步的影响，也受到了社会环境、文化生活的影响。

网络流行语映射时代变迁

网络方言（流行语）是观察人们在网络交往中如何生成符号的一个窗口。大量网民在网络上通过身体的虚拟集合创造了一种新的集体精神活动形式，网络分享中生成的符号记载了人们在一定历史社会时期独特的集体精神面貌。对近20年来网络流行语的来源、内容进行梳理，可以看出网络流行语发展的大致脉络，以及与社会的互动影响。

（1）1996—2005：以网络“方言”为主，“网络群居”特征初显。

包括“GG”“MM”“7456”等词汇缩写，以及“顶”“沙发”“潜水”“恐龙”等特殊称谓。此外还有1997年后借互联网走红的电影《大话西游》的台词“曾经有一份真诚的爱情放在我面前……”“我靠”“I服了You”等。无论是群体内部的网络“方言”，还是对传统文艺作品的网络化挖掘，都显示这一时期互联网作为独特“文化圈”和“生存部落”的特征初显。

（2）2005—2007：文艺作品催生大量网络流行语，社会文化强势渗入网络文化。

与电影有关的有“做人要厚道”(《手机》)，“出来混，迟早都是要还的”(《无间道》)，“×× 很生气、后果很严重”(《天下无贼》)，“你侮辱我的人格、还侮辱我的智商”(《疯狂的石头》)；与电视节目有关的有“额滴神啊”（电视剧《武林外传》)，“海选”“玉米”（选秀节目《超级女声》)，“农妇、山泉、有点田”（农夫山泉广告），“你不是一个人……”（世界杯黄健翔激情解说）；与书籍有关的有“痛并快乐着”(《白岩松自传》) 等。而央视春晚舞台上赵本山、范伟等表演的小品，更是几乎年年催生网络流行语，如“忽悠”“伤自尊”“太有才了”“不差钱”“这个可以有”“这个真没有”。这一时期网络文化进入快速成长期，大量从传统媒体、社会文化产品中汲取元素，再筛选、加工、传播，成为自己的特色文化符号。

（3）2008—2010：社会热点类流行语暴增，网民自创词句明显增多。

正如有学者所说的，网络流行语经历了“从文字游戏到个个有故事的发展过程”，2008年开始特别明显。如“躲猫猫”“俯卧撑”“打酱油”“欺世马（70码)”“范跑跑”“被自杀”“西毕生”“楼脆脆”“小白菜”“开胸验肺”“跨省抓捕”“我爸是李刚”“3Q”“一个非常艰难的决定”“豆你玩”“姜你军”等。互联网反映和影响舆情热点的时政功能在这一时期集中爆发，究其原因，或与社会矛盾多发、网民参与意愿增强、微博等社交媒体活跃等有关。同时，自2008年开始，网民自创词明显增多，其中既有老字词被赋予新含义，如“囧”“槑”“雷人”“山寨”“杯具（悲剧）”“围脖”“亚历（压力）山大”“浮云”“给力”，也有基于热点事件或社会现象的再创作，如“做人不要太CNN”的名词动用，如“正龙拍虎”“秋雨含泪”“兆山羡鬼”等“新成语”，还有“凡客体”“梨花体”“艰难体”“羊羔体”“让××飞”等各种模仿创作，显示网络空间的语言创造能力明显提升。

（4）2011—2015，社会热点类减少，表情达意类井喷，网络语言加速影响“反哺”社会语言。

进入2011年以后，网络流行语中与社会热点事件密切相关的骤然减少，而网民自创的“表情达意”流行语出现井喷。如“给力”“坑爹”“伤不起”“hold不住”“悲催”“心塞”“随时受不了”“萌萌哒”“现在整个人都不好了”“喜大普奔”等，大多产生于这一时期。这些情况显示，这一时期互联网的时政功能有所弱化，情感表达宣泄功能明显强化。还有分析认为，曾在网络上流行的“愤青心态”正渐趋隐退，取而代之的是调侃和吐槽。如“仇富”已部分转型为“涮富”，“有钱就是任性”“买买买”“国民岳父”，多了许多轻松诙谐的调侃意味。再比如“土豪”，最初指“花钱不过脑子”“有钱没文化”的人，后来词义中增加了“高端”“有钱”“霸气”等意味。近20年来，不少网络流行语成为社会语言。2010年以后，网络流行语进入社会语言的速度、数量、传播面均明显增强。“给力”“屌丝心态”“APEC蓝”“悲催”“坑爹”“伤不起”“女汉纸”“暖男”“小鲜肉”“土豪”“大V”等一大批网络流行语，不仅变成社会常用语，有的还出现在《人民日报》等主流媒体上、国家领导人口中。说明网络流行语正在从网络空间融入到现实社会，从口头语言融入到媒体用语，由“社会方言”变成“社会共同语”。这种融入和渗透将越来越快，对社会的渗入面也将更广。

语言符号是集体情感最好的标记物。网络流行语记载了一个社会的集体精神状态。这种集体精神状态和黑格尔所指出的“时代精神”（Zeitgeist）相关，它沉淀着人们关于某一个时代的社会物质和精神、文化、心理等方面的集体记忆。在语言出现之前，人们之间的交流只能寄托于心灵的感应，如果不能将情感附加在一个具体的符号对象上，任何一个个体都无法将他的感觉从自己的意识中分离出来，并传送到他人的意识中去。任何情感都是与一个人的肌体和人格紧密联系在了一起，无法分隔，除非人们之间能够面对同样的符号对象，否则就无法进行概念的交换。

与传统流行语的生成和传播机制不同，网络流行语通常都是自下而上产生的大众文化符号，经过瞬时传播和网状扩散，有着广泛的用户基础，往往代表了社会普通民众对于一个特定时期社会的集体情感记忆。与书面传播中沉默的读者相比，网络交往为每一个人提供了个体发声进而促进公共舆论形成的平台空间。这种公共舆论源自每一个网民的参与和共同构建，公共生活在人们内心中所激发出来的力量，最后表现为符号所凝结的一个完整的观念和情感世界。人们在网络交往中纷纷援引这样的符号，实际上是社会借助于人表达的文字符号在发声。倾听这些声音时会发现，仿佛来自同一个口吻，我们在网络环境中被训练或是潜移默化出了这样一种敏感。网络上形成的公共舆论借助于符号将全社会成员激发的“尊崇”扩展到每一个个体身上，使人们感受到任何一种个人精神状态都无法享有的权威和尊严。

从近年来流行的“俯卧撑”“躲猫猫”“打酱油”“我爸是李刚”等网络流行语中可以发现，网络流行语反映了人们在网络交往中对于特定人物和社会事件的关注，这些符号中标记的关注流强度和激发出来的感情流最后都凝结为代表了一个极其广大范围内群体成员的集体记忆符号。除了承载一定社会时期的集体精神状态外，网络流行语也是标记参与者新群体成员的身份符号。符号标记是区分不同群体成员的重要方式，就像图腾将不同的事物赋予唯一的本质，符号在其对应的社会成员中激发出来的情感，得以被固定在标记及其标记所反映的事物上。“囧”“被就业”“杯具”“P民”“屌丝”“高大上”“白富美”等许多网络流行语就是网友以一种口语化、自卑化风格，进行的身份标记。通过一种不平常的、充满个性和自我解嘲风格的语言符号运用，它标记了网民这一个独特的社会群体与其他群体之间的边界。

以2016年为例，媒体评选出了该年度十大热词。这些词语记录了由全体网民共同参与、与时事共进的一年，它们所涵盖的一个个温馨又风趣的片段映射了2016年中国在物质生活、道德情操、文化时尚的变迁历程，也清晰的绘出了人民心路与心态成长的画卷，留下真实、质朴、具象，又让人莫名感动的集体记忆。

1.“供给侧”

2015年11月，中央财经领导小组第十一次会议提出了“供给侧结构性改革”。此后，“供给侧”成为高频词。推进供给侧结构性改革，是适应和引领经济发展新常态的重大创新，是适应国际金融危机发生后综合国力竞争新形势的主动选择，是适应我国经济发展新常态的必然要求。供给侧结构性改革指明了全面深化改革的方向，前景令人期待。

2.“工匠精神”

“工匠精神”本指手艺工人对产品精雕细琢、追求极致的理念，即对生产的每道工序，对产品的每个细节都精益求精，力求完美。2016年《政府工作报告》提出，鼓励企业开展个性化定制、柔性化生产，培育精益求精的“工匠精神”。“工匠精神”一词迅速流行开来，成为制造行业的热词。不仅制造行业，各行各业都提倡“工匠精神”。于是，使用范围扩展，任何行业、任何人“精益求精，力求完美”的精神，都可称“工匠精神”。

3.“小目标”

万达集团董事长王健林在接受电视专访时表示：“想做世界首富，这个奋斗的方向是对的，但是最好先定一个能达到的小目标，比如我先挣它1个亿。”深受震动的网民纷纷转发视频图片。“小目标”这个词语的走红，意思正好与本义相反，指的是普通人难以达到的“大目标”，甚至是一辈子无法企及的目标，其中满含网民的娱乐、自嘲精神。

4. “洪荒之力”

2016年8月，中国选手傅园慧在里约奥运会女子100米仰泳半决赛中“杀出重围”、晋级决赛。赛后接受媒体采访时，她以一句“我已经用尽洪荒之力啦”红遍神州。语言学者指出，“洪荒”本指混沌、蒙昧的状态，借指远古时代。如今，“洪荒之力”被频频使用，多用来形容超乎想象的巨大能量，也显示国人在过去一年中“状态很拼”。

5. “吃瓜群众”

现实生活中，人们常一边嗑着瓜子，一边听人闲聊。在网络论坛中，人们发帖讨论问题，后面往往有一堆人排队跟帖，或发表意见，或不着边际地闲扯。2016年，有人将“不发言只围观”的普通网民称为“吃瓜群众”。人们频频以“吃瓜群众”自嘲或互嘲，用来表示一种不发表意见仅围观的状态，也常常用作“不明真相的吃瓜群众”，来表示看不到真相只能围观的状态。

6. “友谊的小船，说翻就翻”

2016年3月，一个叫“喃东尼”的画师在其微博上贴出了一组名为《友谊的小船说翻就翻》的漫画：两个生动可爱的小企鹅是对好朋友，坐在同一条小船上，因为一个小原因（如一方变瘦），小船立马弄翻。这组漫画很快受到追捧，网民纷纷配上新的文字，掀起了一场“翻船体”造句大赛。语言学者考证称，“友谊的小船”可能源自风靡中国的经典美剧《老友记》台词中的一记幽默：“什么船是永不沉没的？友谊的船。”

7. “葛优躺”

2016年7月，一组“葛优躺”表情包开始出现在网络上。其图片源自曾热播的大型家庭情景剧《我爱我家》，葛优饰演的“二混子”去别人家蹭吃蹭喝，像一摊烂泥瘫坐在沙发上，神态“妙趣横生”。随着表情包走红，网民们便把极其懒散的瘫坐姿势称作“葛优躺”。有人说，如今生活节奏越来越快，生活压力越来越大，内心累积了越来越多的“负面情绪”，“葛优躺”式的“颓废”迎合了人们放空一切、降低焦虑、释放压力的心理需求。这正是“葛优躺”一词流行的心理背景。

8. “套路”

汉语中本有“套路”一词，指编制成套的武术动作，如少林拳套路；

也指成系统的技术、方式、方法等，如改革新套路。2016年网络流行语中的“套路”翻出新意，泛指经过精心编制的、用来迷惑人的说法或做法，甚至诡计、陷阱。

9.“一言不合就……”

“一言不合”本义为一句话说得不投机。这一流行语如今使用已经泛化，更多地表示“任性”“动不动”的意思，如“老师一言不合就表扬学生”“单位一言不合就发奖金”“股市一言不合就下跌”等等。

10.“蓝瘦，香菇”

2016年一度风行的“蓝瘦，香菇”，其实是“难受，想哭”的谐音。2016年10月，广西南宁一小哥失恋后录了一视频：“难受，想哭，本来今天高高兴兴，你为什么要说这种话？难受，想哭……”一口浓郁的广西话听上去像“蓝瘦，香菇”。语言学者指出，“蓝瘦，香菇”的流行，迎合了年轻人在表达上的游戏化心理，即词语要有意思，又要视觉化。

有才的网友将这一年的网络流行语与时事背景结合串联起来，甚有具象写意、抽象写实的效果，字里行间反映出了一种“小人物”也与时代相连、国运相连的主体参与感，而这正代表了大部分网民在自嘲、调侃背后的希望与正能量：“这一年，十八届六中全会不断开启全面从严治党的新征程。党员要讲规矩，不然‘友谊的小船说翻就翻’，传播着党员之间的风清气正、克己复礼。2016年‘供给侧改革’去产能超额完成。在奥运赛场上，女排姑娘们‘一言不合就打败东道主巴西’，一路逆袭夺取奥运赛场上最重金牌，让女排精神再次闪耀在世界奥林匹克赛场。出征太空的航天英雄、临危决断的英雄机长，这是一个英雄辈出的时代，‘吃瓜群众’手指如飞地‘点赞’，欣赏与喝彩，一个温暖、和谐的交往氛围正在网络形成，一条崭新的起跑线正在眼前……这一年，我们既有对自己用尽了“洪荒之力”也无法实现‘小目标’的调侃与包容，也有很多一线劳动者在凝聚“工匠精神”的辛勤工作之余，晒个‘葛优躺’表达一下自己拼尽‘洪荒之力’之后的辛苦与汗水。这是一个‘套路’越来越少，创新越来越多的时代，平凡的生活有了更多的共鸣，人们面对困难与挫折，偶尔也会‘蓝瘦、香菇’一下，但奋进的中国脚步依然坚定，有‘洪荒之力’底气与志气，‘吃瓜群众’的‘微’能量不输‘大V’，通过点滴的‘微’努力，改变自己、改变环境，进而改变社会。”

网络方言的升级过程

很多网络语言是对网络世界事件的反映。网络的即时性和快速传播性使得它比传统媒体在信息发布和传递方面都更加迅速。无论是网络事件还是现实中的新闻都可以最快速地传播、发酵，因此网络热点可以短时间内传遍全网，当它恰巧契合了网民们的某种关注，与之相关的事件名称、人物名、或标志性用语都有可能形成新的网红热词。

网络语言语句模仿呈现多样化，有网民自创语句，有流行话改编，有名人名言改编等。网民不仅自创语句，甚至会集体自发对语句不断完善，形成所谓 1.0、2.0、3.0 版本，比如“杯具”这一网络热词就衍生出了多达十几个版本段子。

1.0 版：人生是杯具

2.0 版：我的人生就像茶几，上面摆满了杯具。

3.0 版：人生像茶几，上面摆满了杯具；人生又像茶杯，本身就是个杯具；人生更像茶叶，终究要被浸泡在杯具之中。

4.0 版：人生就像牙缸，你可以把它看成杯具，也可以看成洗具（喜剧）。

5.0 版：人生就像茶几，上面摆满杯具。当你努力跳出一个杯具时，却发现自己跳进了一个餐具（惨剧）。

6.0 版：人生就像是一个茶几，上面摆满了杯具。当我们认为自己跳出了一个杯具时，却已经掉进了另外一个杯具。而若你发现你没有跳进另一个杯具……那恭喜你……你掉下茶几了。

7.0 版：人生就像一个透明的杯具，我们自知身在其中，偶尔和另一个杯具一见钟情，却出不去。

8.0 版：我跟上帝说我渴了，于是上帝给了我一大堆杯具。

9.0 版：女人是水做的，为了迎合她们，男人注定成为一个个杯具。

10.0 版：人生要泡在杯具里才能入味。

11.0 版：人参要泡在杯具里才能入味。

终极版：人生是一只茶几，上面摆满了杯具。而本身就是杯具的我们还非加上茶叶自以为与别人没有茶具（差距），结果人人都说咱现在要用就用餐具（惨剧）。我们在沉默中灭亡，成了文具；在沉默中爆发，成了火炬。我们想明哲保身，都成了面具。我们想一鸣惊人，都成了京剧。不能再次相聚，执手相看泪眼，成了默剧。生活是自己的杯具，别人眼里的洗具（喜剧）。

这种登楼、跟帖、模仿、再创造，在中国古时就有着文化渊源。古代文人喜欢跟诗、和诗。比如鹳雀楼，因其特殊的地理位置和景致，引得登临作赋者不绝，以王之涣的《登鹳雀楼》最为经典，后来的诗人也都要跟诗一首、有感而吟，欲与王之涣一决高下。于是鹳雀楼成了古代诗人们的赛诗楼，也因这些佳句的流传而成为千古名景。

诗作见仁见智，背后留的是态度，拼的是“境界”。网民们似乎也延续了这样一种传统，通过跟帖转帖与再创造，局部认同大体编改，体现自己艺高一筹，这样的全民参与的造词运动形成了共性并个性化的语言风格，增强了网络语言的生命力和活力。网民们共同加入的创作还衍生出了一系列“段子文化”。

网络方言的跨国界传播

网络流行语还表现出强大的文化渗透力量。跻身 2013 年微博十大网络流行语之一的“no zuo no die”（不作死就不会死），被录入美国在线俚语词典 Urban Dictionary。该词典收录了很多常规词典里面查不到的流行英文俚语俗语，同被收入的还有“you can you up”（你行你上啊）和“no can no BB”（不行就别乱喷）。中式英语新景观：拼音混搭英文，老外也埋单。像“long time no see”（好久不见）、“galivable”（给力）、“zhuangbility”（装逼），“people mountain people sea”（人山人海），这些首先在北美华人圈儿内流行的词语早已升级为世界级的网络流行语，并被沿用到了生活中。华裔、海漂、海龟们在中国网络流行文化向世界的传播与渗透方面有着密不可分的贡献。

> 例如“白左”，本是个中国社交网络语表达，特指一些天真的西方人，他们受过良好的教育，却只为了满足自己的道德优越感而提倡和平与平等。白左只关注诸如移民、少数族裔、LGBT和环境等问题。他们非常迷恋政治正确，为了文化的多元性，甚至引进一些较为落后的价值观。中国网民认为西方白左们无知且自大，同情全世界，觉得自己是救世主。这词一出现，却在美国红了起来。推特上也出现了#Baizuo的标签，大家纷纷科普吐槽。
>
> 这个新词甚至惊动了美国主流媒体，福克斯新闻主持人卡尔森（Tucker Carlson）就在节目里用视频给美国人科普了这个新词。

除了流行语，在中外网络文化的交流中，另一种重要的网络文形式——网络小说也受到了外国读者的热捧。在十大外国人最爱读的网文中，“重生”“穿越”“种马”“炼丹”“开金手指”等情节出现率极高；在十大热书中50%出现了血统、族系（Bloodlines、Clan Politics）内容，50%的主角要修真（Cultivation），50%的主人公在炼体（Body Tempering），50%的主角会穿越异界（Transported to Another World），60%的主角有储物空间（Interspatial Storage）；80%的故事里出现过怪物、兽类（Monsters、Beast）；60%的故事有多个界域（Multiple Realms）；90%说的是男主角由弱变强的故事（Weak to Strong）。《盘龙》的作者“我吃西红柿”说：“我的作品传播到海外，不过没想到是读者自发翻译在论坛上传播，我挺喜欢这样的事的。”尽管故事的背景中外有所不同，但感情都是共通的，因而可以跨越语言语境隔空引起共鸣。

语言的发展是一个动态的变化过程，作为网络文化载体的网络语言现阶段还是新生事物，但它早已跳跃出了网络世界，进入到人们的生活中去。网络语言是一个“大熔炉”，各式各样的网络词语都在这个大熔炉里历练、陶冶，生与灭除了受制于语言本身的变化规律外，还有外部人为干预、治理的因素，即语言的规范化。网络语言独特的生成机制和传播模式使得网络语言的规范与立法变得尤为重要。就如同万事万物都有成住坏空，而网络语言的发展也必然会遵循着这样一个规律，经历“新生—规范—沉淀—净化—推广—升华”的发展历程。低级的被自然淘汰，过时的自然淡出，沉淀下来的注定是精华与经典，成为一个时代的标记和下一个时代的引申。

二次元网民的态度表达

二次元是当下社会存在的一个亚文化族群，指人类幻想出来的以二维图像构成的虚拟、唯美世界，以动画、漫画、游戏、小说等作品为代表，也泛指虚拟偶像、特摄片、部分影视剧及其衍生同人创作及周边产品等。动漫人物及虚拟人物都可以称为二次元人物。经历了20世纪80年代的起步、90年代的培养、21世纪以来的快速发展，二次元文化才形成了今天的规模和影响力。

2016年，国内核心二次元用户规模已达7000万人，泛二次元用户规模达2亿人，日活跃用户在千万级别，75%的用户都在24岁以内，并且男女比例平衡。95后和00后的二次元属性表现明显，这也为二次元发展提供了生存的土壤。90后、00后几乎都是独生子女一代，相对孤独的成长环境让他们更容易对二次元世界的“温暖”充满向往。同时也更倾向在有着共同语言的二次元群体中寻求认同感。很多二次元爱好者抱着这样的心态：“一想到在世界其他地方也有和我一样的人存在，彼此之间可以无障碍的用属于我们的话语体系沟通，那么我的某种看似狂热的行为，即使父母不理解，主流社会另眼相看，又有什么关系？”看似二次元群体是叛逆、另类的一代，实则是三次元与二次元之间语言体系的隔阂所致。二次元受众通过共同的爱好，获得了在现实世界难遇的知音。他们不仅在微博、朋友圈、视频网站等线上虚拟平台上饶有兴味地沟通交流，还走到线下，穿上扮演角色的服装，参与二次元音乐会、动漫展之类的狂欢活动。

几年前，二次元还是亚文化，但今天已经越来越不容忽视地进入青年人的主流文化之中，也被看作是新兴的商业契机和经济增长点。预计未来5年至8年，随着这批受二次元文化感染的年轻人的成长，中国二次元文化发展也将被带入爆发期。

哔哩哔哩：视频表达的二次元创作与交流互动

年轻人不会乖乖坐在电视机前看节目，也不再满足于静静的观看普通网络视频，他们无法忍受单向观看的枯燥，而一定要有交流和互动。因此哔哩哔哩（Bilibili）作为一个带有浓厚“二次元”标签的弹幕视频网站，可以从三个维度满足年轻人的互动心理。“首先一个 UP 主选择把视频上传到 B 站而不是传统的视频网站，本身就是觉得他的观众在 B 站，这里有和他口味相同的人；而观众在看到这个视频内容之后，会把自己的感想、体会以弹幕的形式抒发出来；最后另外一群用户又会在看到这段加载弹幕的视频时，做第三重抒发，这个过程营造了一种错时感。”陈汉泽说：“这种用户在互动过程中大开脑洞所产生的创造力是 Bilibili 网站最值得骄傲的部分。与其他视频网站相比最大的不同是 Bilibili 网站从来不考核内容的播放量，而是更关注互动，比如一个视频有多少条弹幕和评论。因此 B 站用户的互动率和贡献率要远远高于其他平台。”

近几年无论是媒体的传播形式，还是年轻人的表达、沟通方式都在发生变革，而当 B 站出现时，恰好把两者整合在了一起。高度的互动性使得 Bilibili 网站发展成为大部分年轻人的聚集地，网络中的大量流行语也是从这里产生的，这些年轻人以同一种方式沟通，具有最大程度的相互认同感，再通过核心用户扩散到微博、豆瓣等各大社区、平台。虽然该网站用户群数量不是绝对大，但辐射影响力却惊人。因此当越来越多的品牌想要向年轻人靠拢时，他们一定会选择去接近并了解二次元文化，并投放 Bilibili。

这里产生过蓝翔挖掘机、Duang 等一系列鬼畜爆款神曲。鬼畜一词指以高度同步、快速重复的素材准确配合背景音乐的节奏，达到喜感与洗脑效果的恶搞视频。鬼畜视频作为二次元文化的一部分，因带有恶搞、颠覆性的、“黑”文化属性而受到年轻人的热烈追捧。2015 年，雷军在印度小米 4i 发布会上的英文演讲视频，其浓重的湖北仙桃口音碰到了网友们的笑感神经，也激发了一些网友的创作欲望，有网友将发布会视频重新剪辑，编制出鬼畜作品“Are you OK？”网友们一批又一批的被此作品戳中笑点，前仰后合、乐不可及，让人根本停不下来。几日内，视频在各大网络社交媒体中迅速走红，就连小米公司的官方微博也转发该视频，广告效应颇佳。之后，Bilibili 网站上又衍生出了 2000 多个与之相关的再生作品，用户有着令人吃惊的高黏性和创造力，相比于用二次元来定义，更可以把它视为一个年轻人的潮流文化社区。

一段耳熟能详或者是节奏感极强的背景音乐，一句翻来覆去、被各种各样的角色、人物和声音重复的梗，鬼畜作品高度展现“混搭就是笑点”“重复就是力量”的洗脑功效，“魔性”四溢。从尔康到容嬷嬷，从唐僧到悟空，取之不尽用之不竭的“古今中外虚实”素材在互联网上争奇斗艳。通过对原始音频、视频素材进行二次创作、剪辑、处理，鬼畜爱好者们创造出极具个性的视频作品。

明星符号的挪用是鬼畜作品的一大特点，创作素材主角多为明星人物，对素材人物进行夸张化处理也是惯用手法，无论是“雪姨敲门”中的王琳，“我的洗发水”的成龙，还是“Are you OK? ”中的雷军，都是中国家喻户晓的行业精英。在许多主流或流行文化中，明星往往是平民崇拜的对象，大众主动将明星置于优越地位。然而，鬼畜偏偏毁星不厌、黑星不断，对名人进行戏谑、搞怪化处理的方式，解构了长期形成的优越在上的明星形象，将他们重塑为可以随意编排改造的娱乐“玩物”，人们不再迷恋以往光鲜亮丽的明星形象，而是娱乐于二次创作后的个性化演绎，这种巨大的反差使爱好者们在收获创作乐趣的同时也加深了对自我主导权、主导地位的认同，获得一种生产者式的体验和满足感，不仅满足了大众对个性化娱乐产品的需求，也触发网民的猎奇心理和自觉传播。主流人群虽然不能完全 get 到这种鬼畜式诙谐和二次元人类的世界，但也大多难以抵御神曲的魔性和好奇心理，难逃一笑。

二次元文化的背后是新生代网民对平等、自由、互动、自主的追求和渴望。他们不再局限于传统意义上的虚拟空间和现实空间，而是将现实及虚拟空间中的常规概念、形态、形式、逻辑全部肢解，就好像还原回了“乐高基础块”，再用他们自身的创造力，搭建对世界、事物的认知和理解，自主地个性化表达，重新构造，生生不息。这种个性的彰显丰富了网络多元文化形式，也以一种“有毒”但无害的方式传递着新生代“草根”们的价值观和生命态度。

表情包：以图像符号为中心的舆论情绪表达

表情包可以算作最早期的二次元文化的一种，逐渐演变成被人们广泛使用的特殊网络语言，即符号语言。德国哲学家恩斯特·卡希尔说：“人是符号的动物，动物只对信号做出条件反应，而人却把信号变成了有意义的符号，并用符号去创造文化。”从中国语言文字的进化来看，象形文字原本就起源自图画，人们将事物用图形记录表示，又在漫长的文字演化中抽象成了汉字。如今在网络时代，网上的交流逐渐催生出了可视化的图案，大众的认知途径由概念转向形象，思维由抽象回归具体。网络表情是人们在网络交流时用以传递信息，尤其是思想感情信息的一种视觉语言，作为一种符号语言，已成为人们网上社交、互动必不可少的工具。最早起源于 1982 年，美国卡内基梅隆大学的 Scott E.Fahlman 教授在 BBS 上首次使用 ASCII 码“：-”表示微笑，此后，模拟人类表情体态的各类符号逐渐成为网络交流的热宠。网络表情的发展经历了从静态到动态、从抽象到形象的进化演变过程。从早期的字符表情，由标点符号、字母、数字组合而成，如“：)”“：P”“^o^”类，需要人们根据生活经验联想释意（1997 年互联网进入中国人的日常生活中，人们多用字符表情），到纯图形的图片表情 Emoji（2003 年出现腾讯 QQ 默认表情，包括面部表情、物品、身体姿态等多种图形，历经多次修订升级，成为至今仍然在普遍使用的经典网络表情），之后出现文字图形相结合的以人物、事件、卡通为主题的表情包（如兔斯基、阿狸、悠嘻猴题材和暴走漫画风格如姚明版、兵库北版、金馆长版都红极一时），文字部分通常带有网络流行文化口语化、娱乐化的烙印；到现在发展出了更加生动具象的动图。在虚拟世界，网络表情包作为一种多模态话语模拟了现场交流的场景，可以说是人们真实表情的延伸。在日常网络交流中，表情包既是对于文字的形象化、趣味化替代，也是一种用意会代替言传的婉转表达，还是一种诙谐幽默又直观的情绪呈现。既弥补了屏幕两端见字不见人的视觉屏障，缓和了使用单一语言带来的苍白语气，又将实际情绪退隐在了符号语言之后避免了实目所视的直接，化解有些时候面对面的尴尬。

表情包的流行有其内在机理，人际互动中，体态语言在信息交流和感情表达上占据重要位置。表情符合适应互联网时代碎片化阅读，满足了互动即视感的交流需要，同时，强大的表现力和便捷的使用又进一步推动其广泛传播。网民的自发创作丰富了表情包的题材和内涵，让表情包“取之于民，用之于民”。

在中国，表情包的创作素材很大程度来源于网络热点事件或热门人物。

不少表情包流行后又衍生出新的热点，产生几何式传播效应。2012 年，中国首艘航母“辽宁舰”成功起降歼 –15 舰载机后，指挥员“允许起飞”的手势引发网友的强烈反响，迅速“网红”，成为“走你”一词的“原图”。网民们纷纷模仿、发挥，制作出各类动态表情包，在论坛、微博、微信等平台广泛传播。直到今天，如果你在搜狗拼音输入法中拼写“zouni”也会直接出现“┏（゜ω゜）=☞”的默认图标。

除了日常的交流，你来我往的表情包“斗图”也成为年轻人的潮流和表达方式。通过互掷表情包，就某个问题、话题进行争论、辩论、交流，被俗称为“表情包大战”。最著名的就是 2016 年年初的“FB 表情包大战”，可谓一场表情符号与时事热点交织的网络群体事件。表情包折射网民心态，传达着文字语言背后的情绪态度，成为两岸网民互相表达立场的特殊“语言”——一种以图像为中心的舆论表达方式。严肃的政治问题就这样在生活化的交流中被娱乐化，图文之间带来的某种喜感，消解了其中的对抗性。丰富、热闹的内容吸引了大量“围观群众”，俨然一场网络亚文化群体的狂欢。讲道理好过指责，打趣胜过打骂，在表情包的背后其实是年轻一代的一种“和解心态”，看似是对垒，但表达的内容与方式却透露着幽默委婉的和解意愿。

便利的媒介技术和庞大的用户规模所产生的赋权效应，为网络粉丝社群提供了公共舆论场的入场券，也将网民们推上了时代的舞台。虽然应时而生的表达策略、日益成型的组织架构、以及身份认同所凝聚的强大动力，使得网民们在网络平台上大放异彩，以至博得惊呼阵阵。但究竟能否赢得历史的掌声，还要看这些刚刚登台的年轻群体能否适应时代的聚焦，用更有创意、更有活力、同时也更有深度的演绎，在打破台上台下界限的阵地中，蜕变成为成熟的历史主体。

第七章

网络围观与网络舆情

武汉科技学院的大学生孙志刚2003年2月受聘于广州某公司，3月17日晚10时许，他像往常一样出门上网，因未携带任何证件在天河区被当地派出所民警带回询问，随后被误作为“三无”人员送至天河区公安分局收容待遣所转送广州市收容遣送中转站。18日晚，孙志刚称病被送往广州市收容人员救治站诊治，20日凌晨，遭同病房8名被收治人员两度轮番殴打至死。

“孙志刚事件”一爆出便遭到广大网民热议，并引发全国性、跨层次的媒体舆论监督，网民、大V纷纷发声，网络上汇集了各方面消息和民众的发帖发声并持续发酵。针对此事件的网络舆论最终得到社会各界关注，引发政府对收容制度的反思。6月20日，国务院颁布《城市生活无着的流浪乞讨人员救助管理办法》，8月1日，沿用了21年的《城市流浪乞讨人员收容遣送办法》宣布废止，救助管理办法正式施行。

自“孙志刚事件”伊始，中国互联网“围观时代”的大潮滚滚而来：网络用户创造信息的能力显著提升，网民间发生更多互动；网络社会的影响力持续增强；网络媒体的即时性在重大事件、突发事件中发挥重要作用，跻身主流媒体之列；网络的舆论监督功能更是效力明显。

从沉默到围观

1996年，正是中国互联网商业化点燃星星之火的时候，中国知名作家王小波写了一篇名为《沉默的大多数》的杂文。文中认为保持沉默是中国人容易犯的“通病”，但是在“话语即权力”的时代，保持沉默即意味着“放弃了权力”，如果大多数人都保持沉默，他们就会不自觉地成为了“弱势群体”。他呼吁，每个人都要违背多年以来的“积习”，奋力挤入“话语圈”，不再做“沉默的大多数”。但让他始料未及的是，在未来的20年，互联网将中国人原本沉默的“积习”送进了历史的垃圾桶……

人人都有麦克风

互联网所带来的便捷的信息传播和自由开放的表达，使之成为大众舆论的集中地，网络媒体成为重要的信息传播途径。正所谓“网上没有主席台，人人都有麦克风”，大众通过网络深度参与公众话题讨论，声音与声音之间形成碰撞和共鸣，一方面加深了网民们的公共参与意识、社会责任意识，另一方面也倒逼了社会的法制化、民主化发展，更考验着政府对舆情的控制与治理能力。正所谓“水能载舟，亦能覆舟”，当民心与民意、理性与非理性、诉求与利益等因素交织在一起，网络舆论成为了网络时代一个重要的阵地。目前中国已经进入“传媒聚光灯”和“大众麦克风”时代。网民成为网络舆论的主要推动者。

【温州7.23事件：大型公共突发事件考验政府】①

2011年7月23日20时34分，北京至福州D301次列车行驶至浙江温州市双屿路段时，与杭州开往福州的D3115次列车追尾，导致车体侧翻。事故造成40人死亡，200多人受伤。当晚，铁路部门和浙江当地共

① 新浪新闻. http://news.sina.com.cn/z/hzdccg2011/index.shtml

3000余人冒雨展开现场救援和疏散安置，当地民众、志愿者纷纷自发参加献血等活动。24日19时，事故路段抢通完毕。同日，时铁道部党组对上海铁路局相关领导作出免职、调查等处理。

温州7.23事件不仅造成了重大的人员伤亡，更引发了对于中国高铁安全性能的担忧。官方对于本次事件定性为特别重大的铁路交通事故。事发后，互联网上相关报道如潮水一般。网民自发的网上悼念、公益募捐、志愿救援等活动更是层出不穷。温州，中国高铁，一时间成为公众每日的焦点议题，并引发了一场对现场应急处置、事故真相、遇难者名单乃至中国高铁安全性能等诸多问题的质疑与批评。

灾难，尤其是公共突发事件，总能在短时间内引发公众最高关注，因为它直接威胁到人的生命与财产安全，当这种威胁存在并真实发生在我们身边不远处时，会引发人们群体性的焦虑，产生更多难以预测和应对的新的风险。

和西方人想象中的不同，中国人对时事问题同样有浓厚的兴趣。在中国政治学界，有这样一句话在政治学专业学生中流传，“政治学知识渊博的中国人有三种，一类是政治学教授，第二类是出租车司机，第三类，就是网上的喷子。”这句话虽然有自嘲的意味，但可以一窥中国人关注时事的意识。从“杞人忧天”到“温州7·23事件”，从道家思想到吸收辩证法的“联系观”，感同身受——这种特殊的情感体验能力，成就了中国人不同于西方“公民意识”的一种“时事意识”。

互联网的出现加快了“时事意识”的传播速度，其保质日期和信息价值也得到了相应的增加。当以版为单位的报纸资讯转化为以G为单位的网络资讯时，中国网民困扰于信息爆炸的海量，焦虑于信息观点的分异，也陶醉于自制信息的分享。由于互联网用户之间的交流方式为匿名交流，人们更愿意表达自己更刺激、更新奇、更大胆的观点，即使他本身并非如此。

当“时事意识”遭遇到政府有失职责任的公共突发事件时，网民各自的态度便立刻显现出来。以“温州7·23事件”为例，网民大致分化为两类群体。一类是以祈福、志愿、帮扶、解困为主的支援派。在其他大灾大难面前，他们也会打出“今夜我们都是XX人”的常用口号，他们被部分中国网民称为“小粉红”。另一类人是以拷问、批评、抨击、咒骂为主的质疑派。虽然这种口味有广泛的市场，但他们很多言论缺乏科学依据与理性思维，同样难以站得住脚。他们的称呼繁多，彼此也分成了许多流派。在这类群体中，创造网络热词，编纂雷人语录，精制事件表情的网民往往能够在事件中起到关键性的传播作用。

围观中的“吃瓜群众”

在互联网时代，中国人的“时事意识”有了新的内涵。人们从原本街坊邻里的东家长西家短，逐渐向新鲜的奇闻异事、名人八卦不断接近。在互联网上，他们摇身一变成为网民，把视野放得更远，用街坊邻里的逻辑开始关注更多更新奇的事物。

当互联网把话语权转变到草根以后，网民们的参与度空前提高，把“沉默”变成了“围观”。尽管“围观”一词在人们传统的认知里多意味着国民的麻木与忽视，然而实际上，网络围观则正是网民自由使用自身权力的体现，“围观”行为本身在网络时代就是一种无形的舆论力量，以群体化、整体性的形式释放网民的权力——知道真相的权力。

“关注就是力量，围观改变中国。”2010年初，南方周末评论员笑蜀这样说道。互联网时代赋予围观新的存在方式和存在意义，这是围观在互联网时代进化的结果。围观的含义由最初的事不关己、瞧瞧看看，变成了践行公民监督权的重要方式和行为。新闻跟帖、博客转帖、微信转发，网民每一次简单地按下按钮，都相当于一次理性的民主投票，聚沙成塔、集腋成裘，舆论的力量可以经由“网聚”而产生。正是这种“网聚”的力量造就了“围观政治”。围观的行为也让网民们越来越理性和清醒，当面对一些有意歪曲事实的、虚假的意识形态宣传时，全体的网络围观者会通过网络围观揭穿被网络围观对象及其被掩盖的真相。

公民政治娱乐化的趋势渐趋明显。越来越多的中国网民表现出了娱乐化、隐喻化的网络政治文化表达方式，把自己从“路见不平一声吼”的侠客形象，逐渐过渡为“吼完我就转身走”的快乐角色，更戏称自己为“吃瓜群众”——吃西瓜，吐瓜子，围观就在谈笑间。中国网民不断改进自己的交流方式来适应中国互联网商业化的发展境况，同时也在用类似于吃瓜群众的荒诞方式表达自己的情感。

随着“围观范围”逐渐扩大，网络“参政”成为时尚。自2006年以来，很多人大代表、政协委员都开通了博客，央视也在专题报道中采用博客与观众互动，极大地调动了人民群众参政议政的热情。一个话题经过“意见领袖”的转发可能引起微博上的激烈讨论，一个用户也可能因为寥寥数语引发极大关注。用户不仅在微博上晒心情，更积极加入热点话题、社会问题的讨论，俨然成为社交网络“舆论场”。

网络围观的正面效应

用国际的眼光看，中国网民围观的做法，可以追溯为“掏粪运动”(美国新闻界在19世纪末20世纪初以杂志为主体掀起的一场揭露丑闻、谴责腐败、呼唤正义与良心的运动。)而在大数据时代，“掏粪运动”呈现出愈演愈烈的态势。获取信息和数据的便利程度大大方便了网民“掏粪”。网民并不为杂乱无序的信息所困，他们对“掏粪”具有极大的热情。

围观中的反腐

【天价表：网络反腐的民主热潮】①

2012年8月26日，陕西省包茂高速安塞段发生特大交通事故。一张新闻图片拍摄到陕西省安监局原局长杨达才满面微笑出现在事故现场，引发网民围观、愤怒声讨，网友又进一步“人肉搜索”出杨达才佩戴名表的各类图片。随后这位“微笑局长”在不同场合佩戴多块名牌手表的图片在互联网上被广泛转载。一名被人称作“鉴表达人”的网友随后爆料杨达才所佩戴手表的高昂价格，引发公众强烈质疑，杨达才随后被调查。2013年9月5日，陕西省西安市中级人民法院对其作出宣判，杨达才因犯受贿罪、巨额财产来源不明罪，两罪并罚，被一审判处有期徒刑14年。

① 中国广播网. http://china.cnr.cn/ygxw/201308/t20130828_513435262.shtml

随着中国民主政治的不断健全与互联网的社会化进程加快，网络反腐逐渐成为中国公民参与反腐败的重要方式。公民不断拷问真相，也在质疑政府官员的腐败问题。2008 年是中国网络监督标志性的一年，以其骄人的网络反腐业绩被称为“中国网络反腐年”。网络反腐呈现井喷状态，“2008 年猛增到 12 起，是 2007 年的 4 倍”；2009 年持续上升，为 15 件。进入 2010 年以来，网络反腐已然进入了高发期，这其中既有因社会事件引起的“顺藤摸瓜”，也有因为一段刺激的视频引发的网民“人肉搜索”。从“我爸是李刚”事件（2010 年）到浙江钱云会案（2010 年），从西安药家鑫案（2010 年）到陕西“表哥”事件（2012 年），从重庆“不雅视频门”（2012—2013 年）到反复发酵的郭美美事件（2013 年），都是中国网民在反腐道路上立下的里程碑式的标记，很多涉事的官员“应声落马”。

中国公民对于网络反腐的方式越来越娴熟。一方面，在网络口诛笔伐的战场之上，当事人将“证据”贴在网上，不出几天，便有数位官员遭到审查。另一方面，在网络上公开资料寻找蛛丝马迹，大浪淘沙后圈出可疑点，引发强烈的网络共鸣，最终引发组织审查。十八大以来，网络秒杀贪官的威力大大提升，网络反腐也得到了中国政府高层的肯定，在宣传领域给予积极回应。

互联网具有海量的数据规模。大数据网络反腐即网民通过网络技术和数据信息对官员的腐败行为进行检举，利用社会的舆论效应引起相关部门加强对官员的行为的监察和惩处，形成对执政行为的有力监督和对权力的约束，进而使得反腐败工作能够更有效、更透明，达到有效地预防、遏制、惩戒腐败行为的目的。

但网络反腐和大数据反腐也给社会稳定提出了新的挑战。在全民搜索的过程中，网民很有可能已经侵犯了包括官员家人在内的隐私权，严重触犯法律。同时，网民与部分媒体出于猎奇心理而采集的资料多为私生活相关的“花边新闻”，政府官员的“污名化”现象十分堪忧。

由天价表引发的全民缉贪运动在专家学者的质疑声中逐渐趋于沉寂。网民的政治反腐诉求通过网络得到了展示。经历了轰轰烈烈，人们渴望更精准的反腐方式。挖出杨达才贪腐案的网民，是一个网名为“花总丢了金箍棒”的鉴表师。这位网民也认为，鉴表一事本来简单，但他很担心网民要求鉴表系列继续下去，让他挖掘更多“猛料”，可能会伤及无辜，“我不认为自己的微博扛得起反腐倡廉的大旗，我更希望用制度让公务员的收入更加阳光。”

2015 年，制度反腐开始被政府提出并广泛采用。中国互联网的社会化进程也许就是在网民的一波波浪潮中不断翻滚，深化改革、制度构建的共识也在这股浪潮中不断形成。

围观中的爱心

如果说公益也有进化论，那么在 1.0 时代，是由机构搭台、百姓旁观的公益；2.0 时代是百姓通过相关机构参与其中；在 3.0 时代，百姓通过互联网技自主推动和发展公益事业。正如习近平总书记 4·19 讲话中说的“我国有 7 亿网民，这是个了不起的数字，也是一个了不起的成就。7 亿网民，每人献出一点爱心，无论公益领域还是我们所处的大千世界，都将会被温暖包围。”当公益插上互联网这样一双有力的翅膀，一个由信任到关怀连接的公益 3.0 时代必将到来。

【微博打拐】[①]

2008 年，湖北人彭高峰 3 岁半的儿子被一男子拐走，给其家庭带来了巨大悲痛和煎熬。2010 年 9 月，《凤凰周刊》记者邓飞在微博上发布了被拐儿童彭文乐的照片，并且每年春节邓飞都会重发这条微博，截至 2011 年春节这条微博的转发量达到 6000 次。2011 年 2 月初，一位回乡探亲的大学生发现村里一个小男孩像极了那张在网上被疯传两年多的寻人启事，他迅速通过寻亲网站传递消息。2 月 8 日，公安机关在此线索的帮助下，找到了彭高峰被拐走的儿子。2012 年 5 月 25 日，邓飞等人发起建立了“微博打拐公益基金”，积极推动全社会对反拐打拐的关注。

2011 年 1 月 25 日，中国社会科学院农村发展研究所于建嵘教授发起了“随手拍照解救乞讨儿童”微博行动，期望借助博友的力量，拍摄街头乞讨儿童，为寻找被拐儿童提供线索。一时间，“微博打拐”成为春节期间的重要关键词，仅仅开博 10 余天，就吸引 57 万多名网民的关注。这场

①《京华时报》. 新浪网. http://news.sina.com.cn/s/2011-02-10/013521929452.shtml

行动迅速产生了连锁反应，公安、社会组织与机构、媒体、明星纷纷加入这项行动。

自2014年以来，国家高度重视网络公益事业的发展，2016年被认为是中国互联网公益元年。这一年，网络公益被写入国家正式文件；这一年，《慈善法》正式实施；这一年，民政部评审通过了首批13家互联网募捐信息平台；这一年，中国互联网公益正式具备了明确的资格认定，运营模式得到了有效规范，影响范围和公众参与度也随之显著提升。

公益的兴起和公益价值理念的传播，对于重新唤起公众的公共意识和公共责任感、缓解经济社会转型时期潜在的社会矛盾，具有重要作用。随着互联网技术的不断创新和社交媒体的兴起，公益事业在“互联网+”时代得到了新的发展机遇。公益参与门槛逐步降低，公益捐款越来越透明化，公益组织操作日趋规范化，通过互联网参与公益正在成为公众的一种普通生活方式。

腾讯、微博、蚂蚁金服等依托社交工具的公益平台凭借自身强大的流量节点所储备的庞大用户群，在宣传推广方面有着天然优势及可信度，被公众认为是最守信的公益平台。腾讯公益利用微信平台号召用户通过捐赠步数来献爱心、打造具有广泛影响力和话题性的“99公益日”品牌。蚂蚁金服通过影响用户支付习惯植入公益概念等行为，2016年8月，蚂蚁金服宣布对旗下支付宝平台用户全面上线“碳账户”，蚂蚁森林公益行动正式开始，用户的步行、地铁出行、在线缴纳水电煤气费、网上缴交通罚单、网络挂号、网络购票等行为都会对应着相应碳减排数，可以用来在支付宝里养一棵虚拟的小树，当数字树长成大树后，公益组织、环保企业等合作方将“买走”用户的“树”，在现实的地区阿拉善地域种下一棵真实的树。生活中的一些事情与公益发生了美妙的关联，让公益变得更酷、更自由、更自然，成为了一种生活方式与价值选择。

【利己利人——健身变慈善】[①]

一位杭州白领每天徒步上下班，往返时间一小时，一天下来手机计步器记录步数一万多步，转换成支付宝的“行走捐”，30天里她一共捐出

①新浪网，半月谈网. http://www.xinhuanet.com/gongyi/2016-12/05/c_129390745.htm

53万步，兑换善款53元。“只需要走路就能做公益，何乐而不为！”她拿出手机得意地感慨。互联网让我们在随时随地的公益中遇见更好的自己，带给每个普通人不经意又不可思议的改变。

当直播日渐成为人们喜爱热衷的网络互动方式，直播与公益也可以探索性结合。2016年，多家慈善机构联合发起“爱心一碗饭”公益直播活动，由挑战者直播做饭或吃饭，并@微博好友进行爱心接力，参与公益直播所产生的打赏收益将全部用来为贫困地区的学生改善午餐营养，截止2016年12月，该活动筹得137万元。新浪微公益总监杨光说“通过社群互动，爱心在关系链中滚雪球一样倍增，最大限度地发挥了公益的杠杆效应。”

互联网公益平台对传统公益事业带来颠覆性影响。从技术角度来看，一方面，互联网尤其是各类移动互联网入口，其连接效应正在逐渐增强，拥有庞大的社交关系链平台，公益组织所发起的公益活动有可能依靠公众自发的转发分享，实现多层级的传播，更便于扩大公益的影响力，吸引到越来越多的公众关注，最后达成一定的社会效应。网络技术的便捷还让许多原先不便被传统公益组织收集的小额捐款也能汇聚起来。另一方面，透明、信任始终是公益的灵魂。当善款纷至沓来，其用途的透明程度考验着“互联网+”模式下整个公益生态圈，透明度也决定着中国公益事业的发展速度。2016年，中华社会救助基金会与蚂蚁金服合作的线上筹款项目“听障儿童重获新声”中，首次运用了区块链技术，从技术上保障了公益数据的真实性。

南都公益基金会理事长徐永光说，“互联网是用公益的手段做商业，社会是用商业的手段做公益，互联网是免费的商业，社会是收费的公益，这就叫颠覆性的社会创新。”不同于传统公益的“黑匣子”，互联网在技术的保障和自身平台特点的支撑下，公益组织公开获捐款项的来源与去向，让网民拥有了更强的参与感和信任感。在人民论坛人民智库发起的中国公众互联网公益观调查中显示，超过六成的受访者认为互联网公益的快速发展让公益行业更加透明规范，让公益组织更好地接受公众监督；一半以上的受访者认为互联网平台让公益不再遥远，人人都能轻松参与公益，真正的举手之劳；将近一半的受访者表示，互联网平台尤其是技术的革新，使公益组织向更加良性、更加专业化的方向发展。人们普遍觉得，参与公益的门槛不断降低，互联网公益让人感觉到更多温暖，碎片化的参与方式让参与者感到自己更有价值，互联网公益的理念能够与人们的价值观更好地契合，人人公益的理念通过潜移默化的方式逐渐深入人心，也激发了全社会更多“善能量”。

网络围观引起的裂痕

近年来，在网络舆情领域，“无限制的自由的危险”与“限制自由的危险”一直困扰着政府。网络水军已经成为世界级的网络公害。在我国，“网络水军”已经逐渐规模化、专业化、产业化。经公安机关查明的诸多案例显示，“网络水军”的蓄意抹黑、恶意炒作，形成舆论暴力，侵犯个人隐私，误导公众，伪造民意，甚至干预司法，不仅是极大的政治风险，还造成严重的商业隐患，这是市场失灵的典型体现。面对突发舆情的网络诉求爆发点，中国政府正在逐渐探索“灭火”的治理方法……

公众因互联网的“赋权”而迅速具有了强烈的权利意识和参与意识，使舆论主体更加多元。由于互联网兴起带来的媒介生态变化，目前网络已经成为不容忽视的公共喉舌和中国社会转型中的倒逼力量。特别是近几年来，移动互联网的发展，不仅丰富了互联网信息内容，也改变了信息的传播格局，使得传播主体更加多元，传播内容更加丰富，传播速度更加及时，由此悄然改变着政府、媒体以及公众的互动机制，促使舆情对社会的能动作用更加突出。

热搜、霸屏……种种网络宣传方法将网络诉求推向高潮，网络诉求在得到快速释放。网络诉求的爆发点集中在代入感、邻避效应、利益纠纷、观念冲突的四大方面。

“舆情风波”、“上网闹事”成为网络社会的常见套路，很多现实中未能解决的矛盾、不满诉诸网络就会成为网络诉求冲突点。网络诉求的复杂源于现实利益的交织。只有形成线上舆论疏导，线下解决矛盾的良性机制，才能破解网络诉求冲突困局。

强烈的代入感

近年来，以警务舆情为代表的公共部门公关问题成为焦点。互联网融入社会各个方面，传统的社会管理方式已不再适应新的需要。这在基层警务中体现尤其明显。通过对2016年上半年热点事件进行统计，公安司法领域排名第一，执法类事件在短时间内集中爆发。在“公安执法规范化”这一大议题之下，还延伸出“居民身份证查验问题”“群众对警察执法的拍摄权”“警察枪支使用”等多项“子议题”。

被卷入“舆情风口”的单一个案，容易获得较之往常呈倍数增长的传播力。家住天津市河北区的赵春华在街头摆的射击气球摊位被巡查的公安人员当场抓获，经天津市公安局物证鉴定中心鉴定，涉案9支枪形物中的6支为能正常发射、以压缩气体为动力的枪支。此事上网引发网友热议。原始的鉴枪规定遭到网民集体吐槽，中国警察的处置遭到舆论场的质疑。

【追问真相——庆安枪击事件】①

2015年5月2日，黑龙江省绥化市庆安县农民徐纯合带着母亲和三个未成年的孩子出行，在庆安火车站与警察发生冲突，将自己女儿扔向警察，并抢夺警械枪支，暴力袭警，被警察击毙。事发后，随着事件的发酵、查证与信息披露，引起了社会各界在网发声，并引发关于民警用枪的合理性的争议。在证据确凿的情况下，当地官方迟迟不肯向公众说明，“等待统一口径”，多级宣传部“失声”。新华网事后发文，“认真负责的调查，及时主动的公开，是对突发事件最好的应对。掌握了更多传播主动权的公众，需要更多真相。

监测显示，多起热点涉警舆情的共同之处在于警察规范执法以及案件信息透明。热点涉警舆情事件中，“标签化传播”在其中发挥着至关重要的作用。媒体及网民先入为主的“标签化”操作刺激网络热度，将舆情扩大化；个别涉事机关舆情处置依然有着陈旧思维，如“重办案、轻释疑”“不肯说、

①《南方都市报》. 观察者网. http://www.guancha.cn/society/2015_05_11_319102.shtml

不快说”等方式，刺激舆论逆反情绪；网民对涉警舆情“推人及己”的焦虑，导致强烈代入感。互联网时代，传统的管理思维与民主开放的需求拷问政府的治理能力，稍有不慎，就会爆发群体性事件。

2016 年上半年社会治理舆情事件领域分布【图 7-1】①

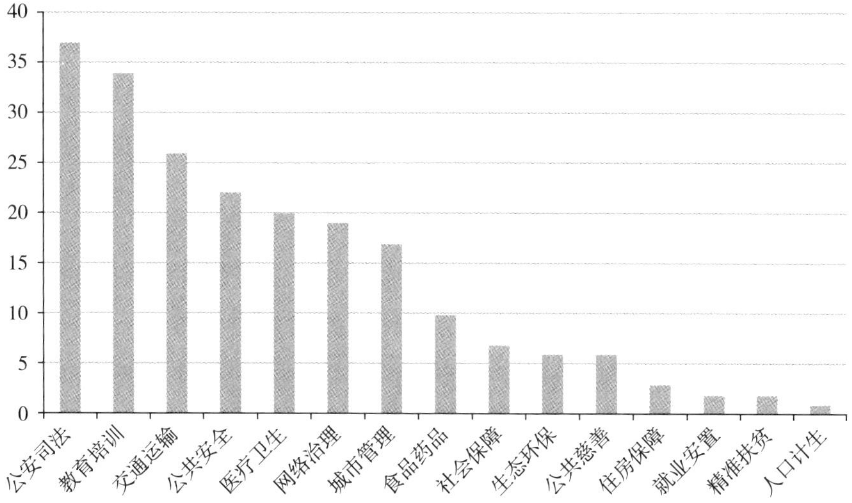

邻避效应

【PX 系列事件】②

PX，即二甲苯，用于生产对苯二甲酸，进而生产对苯二甲酸乙二醇酯、丁二醇酯等聚酯树脂。聚酯树脂是生产涤纶纤维、聚酯薄片、聚酯中空容器的原料。实测研究，世界各国 PX 项目在正常生产运行情况下，对所在城市空气污染影响非常小。迄今为止，世界各国的 PX 装置均未发生过造成重大环境影响的安全事故。目前我国一半以上 PX 靠进口，对外依存度已经上升至 55%。

至今，PX 项目争议持续不断。每次争论，都伴随着一次次选址和群体事件。9 年间，共有过 8 次较大的群体事件与 PX 项目有关。

2007 年福建省厦门市计划建设年产 80 万吨对二甲苯（PX）的化工

① 《2016 上半年社会治理舆情报告》. 人民网. http://yuqing.people.com.cn/n1/2016/0725/c209043-28583299.html

② 中国环保在线. http://www.hbzhan.com/news/Detail/96388.html

厂。由于担心民众健康，该项目遭到百名政协委员联名反对。6月1日至2日，“PX风波”不期而至。为抵制PX项目落户厦门海沧区，部分厦门市民以“散步”的形式，集体在厦门市政府门前表达反对意见。12月16日，福建省政府决定将该项目最终落户漳州漳浦的古雷港开发区。

PX建设项目每每在中国引起重大的环保风波，经济发展与生活安全的双重要求引发强烈的“邻避效应”。此舶来词的对象多为核电站、化工厂等能源资源类公共设施，垃圾焚烧厂等废弃物类公共设施，以及养老院、精神病院等社会类公共设施。这些设施，代表公共利益，确有建设之必要，不过无论建在哪里，都可能影响、损害公民的个人利益，故激起了“邻避效应”。

近年来，引发“邻避效应”的群体性事件呈现高发态势。四川、湖南、湖北、江苏等地，都曾先后出现市民因争议性项目而提出抗议的事件。据不完全统计，仅2016年一季度全国各地就有50多个垃圾焚烧项目拟投建和在建，但许多项目信息甫一公开，便遭到群众的集体抵制。中国社会科学院发布的《2016年中国社会群体性事件分析报告》数据显示，2016年上半年，规模较大的环保类群体性事件至少有52起，其中千人以上规模的就有12起。事件诉因中，涉垃圾类的有19起，涉工业污染的19起，涉变电站的6起，涉污水处理的1起。

公共决策若只考虑到目的正当性，而在过程中缺乏对公众意见的尊重和询问，那么项目遭受抵制在所难免。出于自身利益的考虑，公众心中自然有很多疑惑。比如为什么不建在彼处而是建在此处？造成的损失与影响如何补偿？这些问题解决的过程，就是一种上下沟通与交流的过程，通过交流才能够最终消除分歧形成共识。

事实上，随着经济社会的发展和权利意识的提升，邻避效应只会越来越严重。这其中是利益博弈和风险分担的问题，也是现代化进程不断发展的“磨合”过程。破解邻避效应没有特殊途径，决策透明化和民主化才是唯一出路。化解之道就是要保障过程的透明公开，利益分配的公平与平等。未雨绸缪开展大量的民意听取和意见交换工作，才能避免贸然实施过程中，因为公众抵制而带来更大的成本风险。

相关工程项目的建设要摆脱“一闹就停”的命运，化“邻避效应”为“迎臂效应”，就要在建设过程中妥善征集民众意见，建立合理的风险补偿机制。让当地居民共享项目建设带来的政策红利，“变废为宝”，百姓也会“迎臂”欢迎相关项目的落地。从现有的公共事件来看，当重大项目遭遇集体抵制之后，坚持过程透明、决策民主的程序正义，事件最终方能得到圆满的解决。

邻避效应下爆发的网络群体性事件是中国互联网各方所必经的阵痛，也是中国政府重新认识网络社会，强化网络理政的重大节点。它体现出中国网民热衷于口诛笔伐产生的强大破坏力，也让政府认识到面对互联网需要作出更深层次的改革。舆论引导、舆情监管已经成为互联网时代下中国各级政府的必备技能。

利益纠纷

【高考减招】①

2016 年高考在即，江苏、湖北两省的考生及家长们却被“高考减招数万”这样的消息，点燃了内心的怒火。

江苏高考减招时间轴【图 7-2】

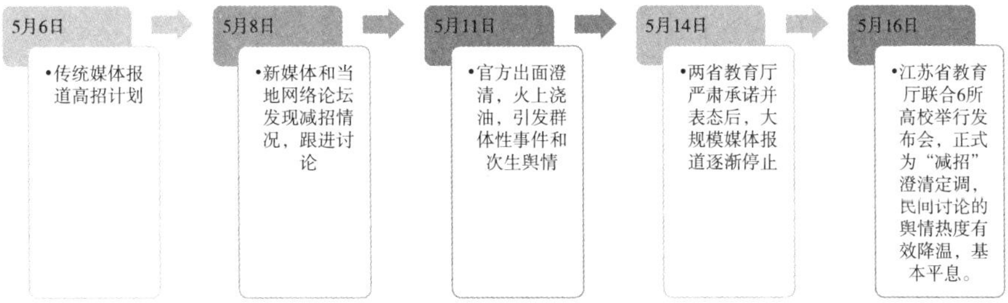

4 月 22 日，教育部、国家发改委发布《关于做好 2016 年普通高等教育招生计划编制和管理工作的通知》。根据这一通知的精神，11 日，江苏省教育厅发布了《关于 2016 年江苏高等学校跨省招生计划说明》，其主要内容是从江苏省内高校中调出 3.8 万个招生计划，去中西部地区以及录取率较低的人口大省。而自身作为中部省份的湖北也将调出 4 万招生指标，调向山西、江西、河南等地，占全国调出总数的四分之一。

5 月 11 日，江苏省教育厅新闻处副主任薄其芳接受记者采访，并表

① 央视新闻. 深圳新闻网. http://news.sznews.com/content/2016-05/14/content_13357301.htm

示“江苏省教育厅作为东部的发达省份，也该为全国做贡献的时候了，不能江苏省教育具备了这样的能力，国家要求你做贡献，你不去做，这肯定是不行的”。此话引发轩然大波，当日起，江苏、湖北两省的一些高考学生家长就分别在两省的教育厅门口大规模聚集，随后在各社交媒体上引发激烈的讨论，且事态持续发酵。14日，静站、示威、呐喊，这些关键词让那天的江苏省政府门口成为众矢之的。在百度指数的“舆情洞察”（新闻监测）一项中，以“高考减招”、“江苏高考”、“教育公平”、“地域歧视”为关键词分析，媒体报道的关注程度普遍在5月13日左右爆发，在5月14日达到顶峰，5月15日之后逐渐平息。

针对这番网上网下舆情汹涌之势，5月13日晚，湖北省教育厅厅长接受采访，表示省属高校2016年在湖北的本科招生总计划不低于去年，“@江苏教育发布”置顶回应：“经请示教育部，江苏在完成国家专项计划的同时，确保2016年普通高校本专科招生计划中招收江苏学生的总规模不低于去年，确保本科各批次招收江苏学生的计划规模均不低于去年。”这个仅12.5万粉丝的江苏省教育厅官微，平时一条微博转发、评论数几十条而已，此条“半夜鸡叫”的微博转评却近万条。

教育学者熊丙奇发表《促进高考公平的调整为何引发家长恐慌？》评论文章，在他看来，引发家长对国家政策不满的原因是，政务公开数据不细致，发达地区行动不统一。北大教授张千帆认为，高考指标行政性分配，这是一种“拆东墙补西墙”的办法，不是长久之计；凤凰评论则指出，从全国的大棋盘看，扶贫是为了削峰填谷。但简单的数字平等主义，很难说服已经觉醒的人们，何况还有北京、上海这样的特例存在。

“触动利益比触动灵魂还难。”利益冲突是关键因素，尤其是在教改公平、医疗救助、警民关系、物价上涨的公共话题中，利益冲突是舆情事件之所以敏感、复杂、纠结的症结所在。人民不仅渴望形式上的“被尊重”，还需要实质上的“被尊重”；他们不仅期待有关部门和有关企业在情感上的“回应”，更期待实质问题的解决——公平公正地解决问题。网民对政府的批评声音、对社会的牢骚不满，其中大量的是民众合理的利益诉求，是在一个健康的市场经济和法制社会环境下，各利益群体正常的利益博弈。

公平是一个敏感而艰难的问题，呼唤公共资源配置公平的实质是国内各阶层间的利益冲突。在资源有限、各阶层错纵交织、而信息检索与传播能力又异常强大的今天，“透明”几乎成为了“公平”的代名词。绝对的公平并不存在，百姓们更渴望的是信息的透明，对暗箱与被动无法接受。这正是考验着政府的职能与信息化的管理水平的时候。只有政府对于舆情回应、对于日常政务的公开都足够地关注与重视，才能第一时间抚平民心、化解矛盾、赢得信任。李克强总理三番五次强调政务公开，他认为：“舆情回应也好，新闻发言制度也好，政府信息公开条例的落实也好，都要做到政府信息的公开透明。”

观念冲突

【《王者荣耀》之辩】[①]

《王者荣耀》是中国目前最火的手机游戏之一。这款现象级的游戏已经成为网民的巨大消费载体。《王者荣耀》已经成为全民狂欢的“通用语言”，除了白领、民工、投资人、娱乐明星组成的用户群之外，还有庞大的“小学生”玩家。小学生创作的板报是《王者荣耀》的界面风格，小学生作文里频频出现“BUFF”、“超神”等游戏用语。

在《王者荣耀》的贴吧里流行着这样一句调侃——中国历史，毁于王者荣耀。当这款人气游戏在取得辉煌成绩的同时，因其对历史的不严谨戏说，也开始成为媒体热议甚至痛批的重点。人民网三评《王者荣耀》，当历史被毁容，“只见耻辱，不见荣耀”，将《王者荣耀》推上舆论的风口浪尖。《王者荣耀》涉及的60多个中国人熟悉的历史人物无一不被颠覆：荆轲是女的，诗仙李白是刺客，名医扁鹊是用毒高手……游戏虽然通过“时空穿越”的设定给了这群角色一个“关公战秦琼”的舞台，但也因为游戏仅仅使用了人物的名字，却并没有对人物经历与历史背景进行相关严谨、正确的介绍，导致游戏的内容与角色精神被架空，有名无实。

在这一风波中，舆论对待《王者荣耀》新兴事物的态度并不一致。在人民日报发表《当历史被毁容》的评论后，中青网则发表评论，称游戏被称为“第九艺术”，与文学、音乐、电影这些艺术形态一样，都是对文化演绎和传播的一种媒体形态。用游戏的方式反而能唤起小学生对传统文

①《中国日报》. 中国网. http://cn.chinadaily.com.cn/2017-03/29/content_28726245.htm

化的兴趣。随着《王者荣耀》游戏的火爆，游戏中角色的台词成为了学生玩家中的“流行语”。现在小学生们追逐打闹时喊的不是“天马流星拳”，而是李白的诗歌“十步杀一人，千里不留行”、“今朝有酒今朝醉”，借助游戏，李白、关羽、庄周等历史上传统文化人物，成为中小学生新一代偶像。“我喜欢李白，因为他不仅是个诗人，还会了不起的剑术”，“我喜欢关羽，他骑着马挥舞青铜偃月刀的样子真得很帅”，甚至很多学生“现在都比着谁能背更多李白的诗”。

专家的观点也直接分成了两派。一派认为，“一代人有一代人的美”，可以对历史进行艺术演绎，倡导文化多样性；另一派认为，无论怎样重新解读历史，都不能改变历史已经留存下来的真面貌，都不能改变历史发展已经作出来的结论，都不能改变已经由历史凝集的民族情感，不能让价值发生倾斜以至于崩坏。《王者荣耀》引发的社会热议与观点冲突，其实折射出网络时代思想文化、游戏娱乐的多元特点，既有利也有弊，但绝不是非黑即白。它需要社会更加包容，也需要人们理智客观地思考和对待，让生活更加丰富多彩的同时，也能扶正克邪、趋利避害。

因观念不同引发的论战是中国网络诉求的重要冲突点。除去《王者荣耀》这类有理有节的争论外，中国网民讨论还会时常表现出非理性的状态，站队、争论……这些在当下的舆论生态中已经不新鲜。从铁路春运到公路免费，从交通拥堵到PM2.5……互联网为公民表达提供了一个便利的平台，也极大地激发了我国近6亿网民参与社会管理的热情。

为什么围观会变成舆情焦点？

2016年以来，微博、微信、知乎、果壳等网络社群和知识问答平台崛起，形成多平台协同影响网络舆论走势的新业态；年轻的“90后”、“00后”作为互联网时代的“原著民”开始发声发力，建构中国互联网环境新生态；资本和商业的逻辑加速影响着中国的舆论场，资本成为影响舆论场变化不可小觑的“操盘者”，蕴含新取向。此外，网络热点从“反腐”转移到了“安全”上，折射出网民对切身利益的关注，网络表达也渐趋理性。

随着中国网络社会的不断发展，网络诉求出现新的趋势。中国传统的七情论将情绪划分为七种：喜、怒、忧、思、悲、恐、惊。舆情也反映着人们的情绪指向，如欢喜、愤怒、忧虑、思考、悲哀、恐惧、震惊。据新华网舆情监测系统显示，中国网民的主要情绪表达多为焦虑情绪，以“焦虑”为关键词搜索，2016年前半年，新闻的相关网页高达21.9万篇。论坛中，出现“焦虑”词组的文章达21.6万篇、博客文章6.8万篇。新浪微博中“焦虑”词频高达200万条，微信平台相关文章有近2万篇，知乎相关话题超过3千个。无论是传统纸媒，还是论坛博客等传统互联网社区，亦或是微博微信等新媒体社交平台，乃至知乎、分答、果壳这种新型社群，吐槽“焦虑”似乎都成为了网民不约而同的自发行为。

通过网络表达观点诉求已成为我国公民参与政治生活的重要部分。虚拟与现实相互交融，固然存在的现实矛盾形成网民矛盾的重要部分，转化为网络诉求冲突点；自强不吸的环保疾呼、网络隐私裸奔引发的徐玉玉案、警务舆情激起口诛笔伐热潮……网络舆论热浪席卷众多公共行业，成为网络诉求的关键引爆点；中产阶层在中国互联网的焦虑情绪、网络时代新闻泛滥引发的舆情反转、网络新生代爱国主义的“出征”行为……“互联网+中国网民”以其独有的特点，催生出网络时代新趋势。

焦虑降低安全感

互联网的快速发展为社会生产与人类生活带来了极大的便利。随着中国互联网用户的不断增长，数以亿计的网民共同构建起全新的网络群落，网民在创造并传播着庞大的信息量的同时，网民也在接受海量的文字与图片。在雪片般的信息中，中国网民越来越表现出焦虑的特征。

中国网民感到焦虑的原因是多方面的。当前，国内经济社会发展处于经济增长速度换挡期、结构调整阵痛期、前期刺激政策消化期的“三期叠加”特殊阶段，大量涉及公众利益的基础设施亟待建设，大量涉及公众利益的公共政策亟待改革，经济社会发展将面临越来越多的矛盾、问题和不同利益间的冲突；其次，随着教育程度和生活水平的不断提升，社会公众对自身权利、环境保护、生态文明建设的要求也越来越高。再次，一言兴邦，一言丧邦。

对言论影响力的重视程度提升、信息传播技术加快的背景下，部分有关部门及政府应对危机事件经验仍然不足等原因，危机事件的舆论引导工作还有许多不尽人意之处。

近年来，互联网舆情热点中，劳资纠纷、出租车网约车、金融维权类的事件居多。民生领域的群体性事件中，事关教育和医疗的事件舆论影响力最大，城市中等收入群体的参与程度较高。而事实上，中国网民的焦虑还有更深层次的原因。中国当前的社会发展，是将西方各国在几百年间进行的现代化压缩在短短几十年的时空中进行的“压缩式超越性现代化”，即中产化、后工业化、网络化同构的社会发展。进入网络社会的中国，需要兼顾现实社会的治理与虚拟社会的治理。现实社会的分层结构同样会影响网络空间的社会结构。如果将中产阶层分为新、老两个阶层，则新中产阶层使用互联网的频率远高于老中产阶层；如果再将新中产阶层的供职机构分为国有与非国有，则非国有部门的新中产阶层使用互联网的频率更高。有学者认为，与现实社会的中产阶层化程度相比，虚拟社会的中产阶层化程度更高。

莫言认为，“人一上网，马上就会变得厚颜无耻，马上就会变得胆大包天。”在信息过载的年代里，大量同质化、低质化的信息充斥网页、霸占网络。由于信息过载令人对信息的反应趋于疲劳，发声的网民更偏向于用耸人的话语、犀利的观点去博取大众的眼球。部分媒体以牺牲社会信任与职业声誉的方式换取阅读量的增长。而互联网与算法新闻的出现则助长了这种文章的增加。

纷繁复杂的信息经过网络传播后，极有可能形成失控的强大力量。部分极端言论观点经过网络放大器的蓄能，最终演化为关乎政治认同危机的风险。权利意识空前强化的民众横向交流开始频繁，巨大的社会能量被激活。“公民记者”凭借新媒体激发舆论场的强大共鸣，最终使政府陷入被动局面。

舆情反转

据澎湃新闻2016年2月12日消息，一名生于1988年的上海女子陪江西籍男友回农村过年，因无法忍受男友家中一顿晚餐而分手并连夜返沪。此事在网上发酵，有网友指出，整个故事漏洞颇多，涉嫌编造。但因涉及“凤凰男”与“孔雀女”、婚恋与家境、阶层固化与社会流动、城乡差距等社会话题，因而备受热议。

2016年2月14日，在百度搜索风云榜中，“回农村过年想分手”这一话题以313978次的搜索排名第13位。《人民日报》发表评论文章《农村，说声爱你太沉重》，光明网发表评论《私域的爱情，公域的乡愁》。

事后，舆情开始出现反转。2月20日，中国江西网记者从网络部门获悉，“上海女孩逃离江西农村”事件从头至尾均为虚假内容。根据网络部门的信息梳理，发帖者“想说又说不出口”并非上海人，而是上海周边某省的一位有夫之妇徐某某，春节前夕与丈夫吵架，不愿去丈夫老家过年而独自留守家中，于是发帖宣泄情绪。而之后在网上自称“江西男友”回应的网友“风的世界伊不懂”，和徐某某素不相识。①

舆情反转现象频现网络。舆情反转前期的热度发酵，既是网民个体焦虑的结果，又反过来强化了网民的焦虑。网络社会正在经历网络情绪躁动无常，网络舆论场复杂多变的阵痛时期。

舆情反转的高发地区和网民诉求息息相关。网络的公共性和直接性为公民提供表达利益、诉求的渠道，也为官民提供直接互动的平台，可以用来化解矛盾，也可能将矛盾扩散与放大，加大社会风险，在不断反转中引发新的舆情。当前中国社会的网民舆情集中表现在6个方面：1. 城市拆迁问题；2. 农村征地问题；3. 涉法问题；4. 干部作风及腐败问题；5. 企业改制引发的问题；6. 公共服务问题。

公共议题在网络舆论上不断开花，正极大地改变着中国人对社会的旧有感知。但“唇枪舌剑”之间，汹涌的网络意愿并非代表全部网民的愿望。部分新媒体夸大、捏造公共事件，强化对读者的刺激，以实现点击率的上涨。基于算法的新闻采集方式严重地拉低了人们的信息底线，也增加了互联网舆情治理的社会风险。

“事不知真伪，先扩散出去”。互联网时代，碎片化的阅读氛围和网民的

① 澎湃新闻. http://www.thepaper.cn/newsDetail_forward_1431143

脸谱化认知构成了舆情反转的两个不可或缺的外部因素。一个舆情话题的走热，在很大程度上是“迎合”网络情绪的结果，舆情反转事件也不例外。一个舆情话题被打造得越是具有公共属性，其当事人的个人诉求与群体诉求越是接近或一致，其网络吸睛能力也就越高。

网民未必在乎事件真伪，他们讨论的是自己。舆情不仅表现在一个个具体事件中，还会通过这些事件汇成一个抽象的、超越具体事件的“主流意见”。换言之，即便一则报道存在瑕疵甚至失真的情况，但这一话题仍然可以成为网民吐槽的载体。2017 春节期间，“上海女逃离江西”、“城里媳妇掀桌子”等话题，后来虽被有关部门证实为假新闻，但该话题指向的城乡差距等问题，却击中社会的心弦，进而引发广泛讨论。

在信息时代，人们对于信息接收和处理速度的渴求犹如狂风骤雨一般。人们越来越缺乏耐心去等待中国工业社会累积的问题逐渐改善。中国网民更渴望的是立竿见影的“奇效”。而立竿见影的政策必然需要行政力量去强制主导，这又会爆发出更多的社会矛盾，进一步激化矛盾。

信任，已经成为中国政府处理社会问题最重要价值尺度。然而，习惯了筑堤建坝、围堵黄河的传统管理思维，面对万千溪流却“束手无策”。身处塔西佗陷阱的边缘，中国政府需要谋求更多的努力去改变现状。政府引导舆情热点，解决现实问题既是难点，也是关键点。既需要政策、制度方面的改革，也需要建立网络沟通渠道，遇到突发舆情及时进行澄清解释，让影响趋于良性。

舆情反转现象频发是舆论场复杂多变的体现。舆情反转事件本身具有释放网络情绪的一面，但这种反转的结局也对网络民意构成了伤害，不利于良性的网络舆论生态建设。治理舆情反转，应该多管齐下、协同发力。信息的开放是治理舆情反转的关键所在。舆情反转本质上是信息不对称。消除信息不对称，有赖于培养开放、理性的信息对冲机制。

在焦虑中引导，在反转中治理

中国网络用户经过 20 年的洗练，已经从网民时期进化到“网众”时代，“网众”数量与力量均呈上升态势。不同于以往呈原子状态的个体分散网民，一个由“网络化用户”构成的“网众”群体已悄然崛起，当数以亿计的庞大人群构成了一个“压力集团”时，它可以引爆舆论，影响政策与制度。而当网众群体走向成熟、责任担当的时候，它也可以点燃社会的积极与友爱，促进和谐与稳定。

人人都有发言机会的自媒体时代，网民的言论表达的质量难免参差不齐。“中国经济的高速增长和急剧的社会转型，带来了一些独特的社会问题，主流舆论或传统媒体过去对这些问题涉及较少，引发了一定的信任危机。”清华大学新闻与传播学院副院长陈昌凤教授认为。哗众取宠的新闻标题，随处可见的泄愤帖子，丧失底线的网络暴力……这些现象在不断拷问网民底线的同时，也给互联网的管理者和使用者提出了新的问题：社会的良治离不开公民的广泛参与，在网络时代，社会管理需要怎样的网络讨论，网络需要怎样的议事规则，网民应该如何规范自己的言行？

真相不能总靠“倒逼”。“两微一端”（微博、微信、移动客户端）成为了解新闻时事的第一信息源，特别是拥有月活跃用户 6.5 亿的微信，成为社会舆论的新引擎。而智能手机以及其他智能设备的兴起，促使 50 后、60 后等在经济以及社会资源上占优势地位的“前网络一代”快速介入到互联网的浪潮中。

自媒体成为治理网络舆情的焦点。自媒体几乎没有准入门槛，同时又具有匿名性，使用者的媒介素养良莠不齐，很容易产生各种失范现象；自媒体也不像传统媒体那样容易监督，对于失范现象难以追溯源头，同时给各方主体带来影响舆论、把控舆论走向的机会，使得网络舆情处于更加复杂的环境中。自媒体的网状结构又决定了网络舆情可以快速发酵，甚至在短时间内多次转向，因此更加难以监控和把握。

网络已成舆论发声的重要阵地、信息传播的重要平台、联系群众的新纽带、维护稳定的新战场，事关国家安全和社会稳定。当前推进网络治理能力现代化已成为政府治理能力现代化的重要挑战、重点内容和关键支点。中国政府从网络自律、媒体行业规范、法律治理、舆情研究、智库建设多个角度建设，保证网络舆论环境的天朗气清。

网络自律已经初显雏形。2012 年 5 月，新浪微博发布《微博社区公约（试行）》《微博社区管理规定》等一系列网络新规，对微博用户权利、行为规范及社区管理机制进行了明确的规范，并针对有争议的微博引入了类似“陪审团”制度的“微博社区委员会”，通过公开投票来决定“争议微博”的去留。在很多人看来，这些公约的实施标志着我国互联网已经开始尝试步入“网络自律”阶段。以自律的形式维护互联网环境的健康、和谐、法治是网络公司和网民的创新，具有示范意义。

媒体的责任和专业，是建设良性的网络舆论生态的重要力量。“这是一场自媒体和传统媒体之间的公信力比拼”。面对躁动的网络情绪，媒体应该有良好的职业操守和专业素养。中山大学传播与设计学院教授张志安认为，破解舆情反转，媒体需要行业共识和制度性约束，建立和严格履行行业内规范。2016 年 7 月，来自 46 个新媒体（自媒体）的 55 名学员，参加了上海市委统战部举办的新媒体（自媒体）培训班。2016 年 10 月，上海召开自媒体联盟成立大会，共有 91 家自媒体代表签署了自律公约。

互联网立法进程稳中求进。2012 年 12 月 28 日，第十一届全国人民代表大会常务委员会第三十次会议通过了《关于加强网络信息保护的决定》。“微信十条”、“微博十条”的签订，为网民的线上活动提供了规范标准。

面对互联网上的海量信息，如何有效地发现和分析互联网舆情，是当前各类互联网信息系统必须面对的事实。而在整个大数据产业之中，互联网舆情监测行业作为先发者也正在迎来巨大的机遇。有分析数据显示，在中国舆情监测软件的市场规模将很快达到 10 亿以上，而在未来几年之中，舆情监测服务产业将会进一步迎来爆发式的增长，整个市场规模将达到 100 亿左右。

【人民网舆情监测室】①

2016 年 12 月 22 日至 23 日，首届中国互联网智库峰会暨第四届网络舆情论坛在海南海口成功举办。国内顶级专家、知名学者智囊、政务新媒体代表、官方媒体双微、网络名人等 200 余人出席了峰会，就“‘十三五’供给侧改革背景下舆论新格局”这一主题，深入探讨互联网内容建设与供给、政务舆情回应和引导的新理念、新思路、新格局。

在会议中，承办单位人民网舆情监测室（人民在线）的表现尤其瞩目。人民在线客户范围已遍布中央及地方政府机关，为 200 多家政府部

① 人民网. http://hi.people.com.cn/GB/n2/2016/1223/c231190-29506822.html

门、大中型企业和NGO提供舆情服务。

通过舆情监测系统，舆情监测部门在舆情危机发生的第一时间，及时发出危机预警信号后，会对舆论走向和社会心理定势的预测分析，提出专业、科学的舆论应对建议，从专业角度进行危机应对，包括网络舆情危机应对策略建议、负面新闻的缓解、稀释、公关传播处理建议，以及如何发挥“舆论领袖”的引导作用等。

中国的舆情公司已经可以满足舆情监测平台、舆情报告、网络舆情内参、舆情数据库、微博监测展示平台、微博运营、人民舆情终端、课题研究、咨询顾问和舆情培训等多达十类服务。这其中，人民网舆情监测室更是形成网络技术公司、咨询服务公司、公关公司、中央级媒体优势于一身的舆情综合服务机构，并对构建舆情处置应对行业标准做出示范效应，成为行业的标杆。

中国正在逐渐探索自己的网络舆情治理道路。“新的时代的群众”和“新的群众的时代”已然出现，网络版的新群众路线也必然提上日程；政府从管理到治理的转变，使得舆情作为互联网内容的重要产业快速发展，各类网络舆情公关、智库相继成立；中国政府联合多方，破解舆情，化解诉求，将“邻避”化为“迎臂”，营造和谐社会。

新群众路线

“网民来自老百姓，老百姓上了网，民意也就上了网。群众在哪儿，我们的领导干部就要到哪儿去。各级党政机关和领导干部要学会通过网络走群众路线，经常上网看看，了解群众所思所愿。”

——习近平

美国著名未来学家阿尔温·托夫勒与他的夫人海蒂·托夫勒一起创作了三部曲——1970年《未来的冲击》，1980年《第三次浪潮》，1990年《大未来》。他曾断言：“谁掌握了信息，控制了网络，谁就拥有了世界。”

互联网的时代，极端群体如果通过互联网“抱团取暖”，结果只能是，保守的更保守，激进的更激进。传播学者詹姆斯·斯托纳认为，互联网的匿名环境、海量帖文的气氛渲染，观点相近人群的频繁沟通，更容易产生“群体极化”，并可能发展为人身攻击，甚至引发政府网络舆论危机。

新媒体境况下的社会问题，已不仅仅是人民生活和“牢骚”问题，更是关乎政府社会治理综合能力与承受社会进阶冲击的双重考验。政府网络舆论危机的实质是公关危机，挑战的是政府公信力与执政地位。在信息以光速传播的网络社会里，政府的任何一点失误，都可能引发出巨大的负面舆论，将政府置于公众舆论的风口浪尖，严重损害政府形象，削弱政府公信力，必须政务公开。

政务公开需要建设“两微一端”。截至 2015 年末，中国政务微博账号接近 28 万个，政务微信公众号超过 10 万个，而在其他网站开设的政务客户端超过 3700 个，总阅读量超过 10 亿人次。数十万官方“两微”平台已从最初的信息发布和查询窗口，逐渐演变为综合办事大厅。中国政法大学传播法研究中心副主任朱巍表示，“中国政务体系和治理结构已经初步完成了以便民、高效和低成本为标志的信息化改革”。

《2016 政务指数·微博影响力报告》显示，截至 2016 年底，我国已开通认证的政务微博 164522 个。2016 年政务微博共发博 7469 万多条，总阅读量超过 2605 亿次，阅读量超过 100 万的有 1.2 万多条。微博依然是国内规模最大的移动政务平台。中国政府正在将单向的宣传意识转型为双向的沟通意识。“政务微博”的粉墨登场，将政务毕现于舆论与民意的最前沿，这是传统政务流程的重大革新。

互联网已经成为民意与中南海互动的直通车。为了应对瞬息万变的网络资讯，中国政府早在几年前就在中央以及省市一级宣传部设立舆情部门，负责收集和分析网上舆情，给领导人提供最新的舆情信息。现在，越来越多的地方官员养成了上网的习惯，通过网络问政于民、问计于民、问需于民，已逐渐成为各级党政领导了解民意、汇聚民智、排解民忧的一种新方式、新途径。从在线与网友“会面拍砖”，到网上征集“民间智慧”；从省委书记“上网交心，下网服务”，到两会代表和委员网上“晒议案”；从领导干部述职网络视频直播，到法律法规出台通过网络征求意见，互联网已经成为政府治国理政、了解社情民意的新平台。与此同时，网民的意见和建议也得到了越来越多的各级领导人的重视和肯定，网民反映的一些实际问题得到了解决。

从回避、无视，甚至“惧怕”网络舆论，到直面和回应网络舆论，再到合理有效地把网络建设成了解民意、征询民策、疏导民怨的途径，可以说从中央到地方各级党政机关和团体对互联网舆情的理解和驾驭能力都有了很明显的进步，不少地方积极落实保障人民的“知情权、参与权、表达权、监督权”的精神，高度重视互联网舆情，政府的执政艺术有了很大提高，社情民意渠道进一步拓宽。

在互联网时代，群众路线体现出新的特性。新时期，政府要主动“触网”。互联网是智慧宝库，高手在民间，政府可以利用网民的智慧解决问题、为社会服务。互联网是民意的海洋。从传统的下基层到如今的上网络，政府正在逐渐转变思路，创新沟通方式。

2016 年 4 月 19 日上午，中共中央总书记、国家主席、中央军委主席、中央网络安全和信息化领导小组组长习近平在京主持召开网络安全和信息化工作座谈会并发表重要讲话，要求各级党政机关和领导干部学会通过走网络群众路线，经常上网看看，了解群众所思所愿，收集好想法好建议，积极回应网民关切、解疑释惑。网络约车立法体现出人民性，正是网络群众路线的写照。

【深圳的网约车听证会】①

2016 年 10 月 8 日，深圳市就《深圳市网络预约出租汽车经营服务管理暂行办法（征求意见稿）》向社会各界公开征求意见，为了进一步提高本次立法的科学性、民主性，深圳市法制办于 11 月 4 日下午就该《管理暂行办法》通过微信平台召开立法听证会，再次听取市民代表、企业代表等各界的意见。

据此次微信听证会的主持人张洁波介绍，市民代表报名非常踊跃，远远超过法制办在立法听证会通告中规定的 80 名市民代表的上限。为此，从所有报名参加听证会的市民代表中，首先按照报名时间先后顺序选取，

① 央广网. http://news.cnr.cn/native/city/20170612/t20170612_523797325.shtml

同时考虑到听证代表的广泛性，对同一单位多名代表报名的，原则上选取其中1名代表。听证会上，不但出租车企业，网约车平台均有代表发言，普通市民也在听证会上发声。

完善网民利益诉求回应机制。建设绩效考核机制，设立“回复率”、“满意度”等考核指标，及时在网络上晒出回复意见和考评结果，确保群众利益诉求能够及时得到受理、解决，在网上良性互动中重塑干群之间的信任与理解。

建立网上舆论引导和利益调控机制。主动应对、及时疏导非理性心态；对倾向性、苗头性问题快速反应、防患于未然；引导突发事件，及时准确、公开透明、开放有序、管理有效，及时占领舆论制高点和道义制高点。

建立健全网络问政监督机制。中国政府不断完善网络党务政务信息公开制度、公仆信箱制度、领导干部留言板制度、网络实名举报制度、网络信访制度、限期办结回复制度等，健全网络懒政、网上责任事故问责制，确保网民反映的问题件件有回声、事事有着落。

创建网上网下联动对接机制。政府建立“网上察民意、网下解民忧”的网上网下联动对接机制。领导干部带头走好“网上群众路线”，以身作则，率先垂范，自觉以网上群众意见为镜，对照检查现实工作当中的不足，带着网上群众意见，深入基层一线。

互联网是公共服务的重要平台和公民参与的有效渠道。国家统计局《2015中国网购用户调查报告》显示，中国96%的政务网站提供网上在线办事服务，基本实现了个人和企业用户需求的全覆盖，政务事项网上全程办事率达73.3%。互联网也成为广大网民表达思想观点和利益诉求的重要渠道，各级政府部门制定出台关系国计民生、社会关注度高的重大政策、法律法规和重大措施前，十分注重通过互联网征求意见建议，汇民意、聚民智，调动广大人民群众积极参与国家和社会治理。

善为治者，贵在求民之稳，达民之情。中国共产党从群众路线中不断创新，正在探索如何走网络时代的网络群众路线。

第八章

数字鸿沟和数字扶贫

中国大陆自改革开放以来，城市建设飞速发展，城市建设急需劳动力，很多农民进城打工。对于在外打工的人来说，一年里最重要的事情就是回家过年，他们或多或少都面临着买不到火车票的难题。“我可以抱着被子去排队。”生长于重庆农村，务工在浙江温州的黄庆红就遭受到了这样的窘境。黄庆红说，往年买票他靠的是拼体力。但实行网络购票后，票都在网上卖光了，黄庆红不会上网，有劲无处使了。“我们连买票的资格都没了。”黄庆红所说的即是被技术浪潮狠狠抛下的人们的心声。

虽然中国的互联网网民已经突破 7 亿人次大关，但仍然有一半的中国民众处于“不懂网络”的盲态，他们时时刻刻感受着来自网络对生活的压力。越来越多的人慨叹跟不上时代，产生了所谓的数字鸿沟。与此同时，互联网又将原本存在的社会差距置于放大镜之下，由此带来新的社会风险。

数字鸿沟

“数字鸿沟”又称为“信息鸿沟”，即“信息富有者和信息贫困者之间的鸿沟”。在英文里面，数字鸿沟大多数时间统称“Digital Divide”，也有时候叫做“Digital Gap”或者“Digital Division”，本意是数字差距或者数字分裂。最先由美国国家远程通信和信息管理局（NTIA）于1999年在名为《在网络中落伍：定义数字鸿沟》的报告中定义：数字鸿沟（Digital Divide）指的是一个在那些拥有信息时代的工具的人以及那些未曾拥有者之间存在的鸿沟。数字鸿沟体现了当代信息技术领域中存在的差距现象。互联网的使用能力的差距，从一定程度上反映着不同国家、地区、人群在数字化经济时代发展的差距。

40年来，改革开放带给了中国翻天覆地的变化。除去人民生活水平与国家现代化水平的提升，也存在着各种各样的问题。人们开始感受到来自贫富差距与城乡、代际的压力。效率与公平，一直是发展过程中永恒的探索。与改革开放的进程相似，中国互联网的发展同样面临着差异化、不平衡的问题。数字鸿沟成为中国在致力世界和平与发展、国家经济持续发展过程中不得不面对的严峻事实。

改革开放初期的偏远中国农村，迫于生计压力的中国农民在探索着生存的新道路。从家庭联产承包责任制的小岗村，到以乡镇企业发家的华西村，中国农民的智慧同样贯穿改革开放发展的脉络。由于信息鸿沟的存在，受过良好教育和拥有先进计算机设备的人，可以在网上更多、更方便地参与政治，享受民主权利；但没有能力上网的信息贫穷者，将失去很多参与的机会，这种挫折感和无力感，甚至导致丧失对未来的信心。对于中国农民来说，数字鸿沟又是一场重大挑战。

国家间的数字鸿沟

从国际范围来看，中国信息化水平低于发达国家。在信息资源已经成为国家经济实力和国际竞争力的核心战略资源的今天，国家或地区之间由于因特网基础设施建设和操作技术普及水平差异，造成信息资源获取能力的巨大差距，进而影响弱势国家的经济实力与国际竞争力；这条“信息鸿沟”中夹杂着世界最大发展中国家的众多的社会差异。2017 年 1 月，CNNIC 在京发布第 39 次《中国互联网网络发展状况统计报告》。报告显示，截至 2016 年 12 月，我国网民规模达 7.31 亿，普及率达到 53.2%，超过全球平均水平 3.1 个百分点，超过亚洲平均水平 7.6 个百分点。全年共计新增网民 4299 万人，增长率为 6.2%。中国网民规模已经相当于欧洲人口总量。在蓬勃发展的互联网背后，仍有大量的中国公民尚未“触网”。而随着互联网社会化进程的推进，他们愈发被社会边缘化。

李晓东在《信息化与经济发展》一书中提到，中美在国民经济信息化投入上相差 45 倍，1965 年美国社会信息化系数就达到 242.9。中国 2002 年才达到 145.3，落后美国 40 年以上。整个信息技术应用水平只相当于欧美发达国家 20 世纪 70 年代后期水平。近年来，中国不断加大研发投入力度，创新能力持续增强，新技术、新模式、新业态不断涌现，电子商务、移动支付、社交媒体等互联网产业在全球扮演了举足轻重的角色，在线政府建设进展迅速。虽然中国信息社会发展水平有所提高，但是整体上信息技术应用水平和层次仍很低，不仅与欧美发达国家相去甚远，也低于全球平均水平。

【中外数字鸿沟】①

2004 年，根据国际电信联盟（ITU）数据显示，美国每千人个人计算机数量为 740.06 台，几乎是中国的 18 倍，互联网用户的普及率达到了 62.3%，是中国普及水平的 9 倍。2004 年，美国每万人的互联网主机数量为 6569 台，世界平均水平也达到 759.7 台，中国却只有 1.24 台。

2015 年，根据中国国家信息中心发布的《全球信息社会测评报告 2015》，中国信息社会指数（ISI）为 0.4351，比全球排名第一的卢森堡低 0.4638，比亚洲排名第一的新加坡低 0.4501，比金砖国家排名第一的俄罗斯低 0.2857，比全球平均水平 0.5494 落后 25.23%。中国信息社会指数全

① 张卫宁. 试论信息鸿沟及其消除对策［J］. 河南社会科学，2009，17（2）：175-177

球排名第88位，人均GDP排名第80位，信息社会指数排名落后经济水平排名8位；在亚洲各国中，中国信息社会指数排名第21位，人均GDP排名第15位，信息社会指数排名落后6位；在40个中高收入国家中，中国信息社会指数排名第34位，人均GDP排名第32位，信息社会指数排名落后2位。

中国和部分国家信息社会指数比较【图8-1】①

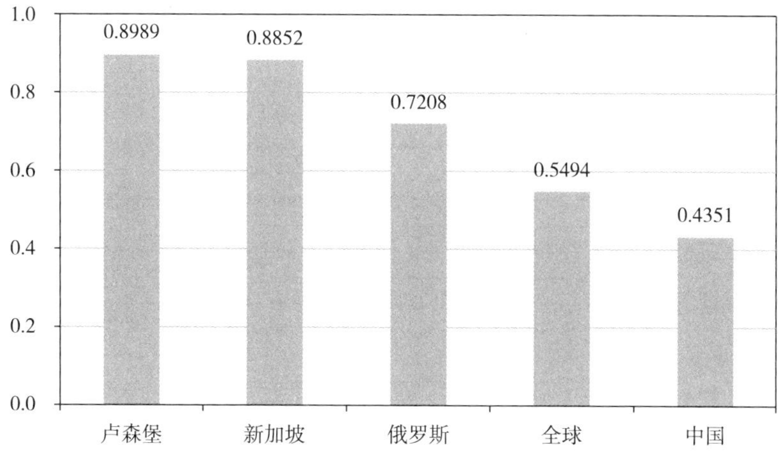

【国内外农业信息化差异对比】②

与发达国家相比，中国农业信息化处于落后的状态。美国每年拨15亿美元用于改善农业信息网络、每年提供10多亿美元用于农业信息技术研发，每年投入农业信息系统经费约占农业行政事业经费的10%；法国2006年农村家庭拥有计算机的比例已经达到55.1%，50%以上的农场使用电脑进行自动经营管理；日本1994年就建立农业网站400余个，电脑在农作物种植与生产企业中的应用率达到93%。而中国农业投入总体不足，2013年财政农林水事务支出为13349.6亿元，仅占国家财政总支出的9.52%。截至2015年，中国的农业物联网等信息技术应用比例仅为10.2%。

①《全球信息社会发展报告》. 国家信息中心信息化研究部. 2015. http://www.sic.gov.cn/News/250/4619.htm

② 孔繁涛，朱孟帅，韩书庆等. 国内外农业信息化比较研究 [J]. 世界农业，2016(10):10-18

地区间的数字鸿沟

从国内来看，地区间的发展也很不平衡，数字鸿沟早已存在并有不断扩大的趋势。以网站建设为例，中国东部地区网站占比69.28%，中部地区占比18.01%，西部地区占比仅为12.71%。由国家信息中心发布的《中国信息社会发展报告2015》显示，东、中、西部地区信息社会指数分别为0.5489、0.3880、0.3729。近年来，中西部地区尽管信息社会发展较快，但由于起点较低，与东部地区的绝对差距仍然在扩大。

中国东中西地区信息社会指数发展趋势【图8-2】[①]

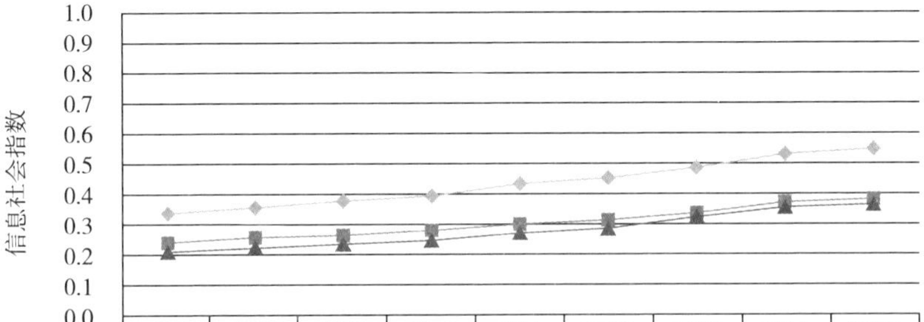

	2007	2008	2009	2010	2011	2012	2013	2014	2015
东部	0.3406	0.3625	0.3856	0.3989	0.4333	0.4574	0.4917	0.5299	0.5489
中部	0.2357	0.2556	0.2615	0.2674	0.2965	0.3070	0.3358	0.3731	0.3880
西部	0.2158	0.2254	0.2375	0.2515	0.2766	0.2929	0.3259	0.3597	0.3729

信息与通信技术与经济发展水平有着高度的相关性。经济的快速发展对互联网基础设施的建设具有极强的拉动作用。由中国宽带发展联盟发布的《中国宽带速率状况报告》（2016年第二季度）显示，上海的平均下载速率已率先突破13M，达到13.21Mbit/s，持续位列全国首位。同时，上海市民免费上网场所首次突破千处，总数达到1063处。而根据《全国31个省市忙闲时加权平均可用下载速率》可以看到，全国平均速率为5.12Mbps，只有10个省份达到了平均值。分别是上海、北京、天津、四川、江苏、山东、福建、浙江、安徽、辽宁。因为网速分配极不平衡，排名最后的西藏与上海之间，速度差距近70%。

中国不同区域、不同省份及城乡之间互联网的数字鸿沟实质上反映的是中国的贫富差距。中国互联网普及率高的东部地区，其人均可支配收入也高，

---

①《中国信息社会发展报告》. 国家信息中心信息化研究部. 2015. http://www.sic.gov.cn/News/250/4620.htm

反映出东部地区的经济水平高于中西部地区。互联网普及率高的这些地区（省份），其人均可支配收入无一例外都高于普及率低的地区，尤其反映出北京和上海的经济发展水平远高于其他地区。尽管人均可支配收入与互联网普及率之间不是严格的一一对应关系，但它们之间呈现的高度相关性是不容置疑的。中国城镇互联网普及率高于农村 34 个百分点，与此同时，中国城镇居民人均可支配收入远远高于农村居民，是农村居民的近 3 倍，反映出中国城镇地区的经济发展水平远远高于农村地区，表现出明显的城乡二元结构特征。经过以上分析，针对目前中国区域内的数字鸿沟现状，东中西部、省份和城乡之间存在着互联网普及和使用的差距。

中国中西部地区和农村地区无论从网络基础设施还是网民对互联网的使用程度来讲远远不及东部地区和城镇地区。经济鸿沟和技术鸿沟的双重叠加严重拉大了地区之间的差异。提高区域经济发展水平，加快技术人才流通速度，是当前缩小和消除中国数字鸿沟的迫切需求。对于中国这样经济文化发展不平衡、城乡二元分割明显的国家来说，信息鸿沟导致的政治参与不平等情况更为严重。中国互联网络信息中心（CNNIC）于 2010 年 1 月发布的第 25 次《中国互联网络发展状况统计报告》就显示，中国东部地区的互联网发展水平高于中西部地区，网络普及率最高的地区是北京，达到 65.1%；普及率最低的贵州省仅为 15.1%。

同中国的地形梯级分布相似，中国不同地区使用数字技术的程度也呈梯级分布，只不过方向刚好相反，表现为东部沿海城市数字化程度相对来说比较高，而中西部地区数字化程度较低。无论是实际上网人数，还是上网人数所占人口比例，东部省区都大大超过中西部地区。

【中国区域数字鸿沟】①

中国互联网用户的地域分布很不平衡，据中国互联网络信息中心（CNNIC）2002 年 1 月发布的《中国互联网络发展状况统计报告》，其分

①《中国互联网络发展状况统计报告》.《中国互联网络信息中心》. http://www.cnnic.net.cn/hlwfzyj/hlwxzbg/,《中国信息社会发展报告》. 国家信息中心信息化研究部. 2016. http://www.sic.gov.cn/News/250/6362.htm

布是华东（36.0%）、华南（24.3%）、华北（17.7%）、西南（9.0%）、东北（8.4%）、西北（4.6%）。排在最前五位的省（直辖市）分别是：广东（10.40%）、北京（9.80%）、上海（9.20%）、江苏（8.00%）、浙江（6.60%），最后五位是：贵州（0.60%）、海南（0.50%）、宁夏（0.30%）、青海（0.20%）、西藏（0.10%）。

2016年，东、中、西部地区信息社会指数分别为0.5644、0.4018、0.3852。从发展速度上看，2007—2016年，东中西地区信息社会指数年均增长率分别为7.30%、7.83%、8.72%，尽管西部地区信息社会发展速度快于东部地区，但其与东部地区的绝对差距仍在扩大，2007—2016年，东西部地区信息社会指数差值从0.1248增加到0.1792，差距扩大了43.5%。

当前中国经济社会的发展存在明显的“二元结构”问题，这种二元结构表现在中国城乡之间、东西部之间等多个方面。城乡之间的二元结构不仅存在于传统的社会经济领域，也存在于互联网发展领域。中国数字鸿沟主要体现在城乡之间和地区之间。根据国家信息中心发布的《中国数字鸿沟报告2013》，2012年城乡数字鸿沟指数为0.44（即表明农村信息技术应用水平比城市落后44%），地区数字鸿沟指数为0.32（即表明最落后地区的信息技术应用水平比全国平均水平落后32%）。

【中国城乡数字鸿沟】①

2005年，中国城市网民大约有9168.6万人，城市网民普及率为16.9%。而同期乡村网民数量为1931.4万人，网民普及率仅为2.6%。其中乡村网民数量只是城市网民数量的1/5。普及率仅是城市网民普及率的1/6，这一水平相当于世界上网民普及率最低的非洲网民普及率。

2014年，中国城镇居民电脑普及率为33.56%，比2006年增加了18.67个百分点。而同期农村居民电脑普及率为9.54%，比2006年增加了8.69个百分点。农村地区的增速均高于城市地区，城乡差距在逐步缩小。

①《中国互联网络发展状况统计报告》. 中国互联网络信息中心. http://www.cnnic.net.cn/hlwfzyj/hlwxzbg/

2006—2014 年城乡居民电脑普及率及增速的比较【图 8-3】①

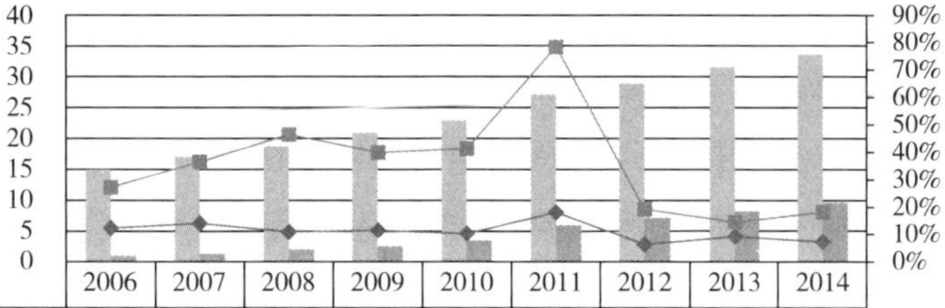

	2006	2007	2008	2009	2010	2011	2012	2013	2014
城镇居民电脑普及率	14.89	16.96	18.75	20.87	22.95	27.11	28.82	31.39	33.56
农村居民电脑普及率	0.85	1.16	1.70	2.37	3.35	5.95	7.07	8.09	9.54
城镇增速	12.25%	13.92%	10.56%	11.29%	9.99%	18.11%	6.29%	8.91%	6.93%
农村增速	26.95%	36.30%	46.05%	39.68%	41.27%	77.78%	18.93%	14.40%	17.90%

2017 年 1 月，中国互联网络信息中心（CNNIC）发布的第 39 次《中国互联网络发展状况统计报告》显示：截至 2017 年 12 月，我国农村网民占比为 27.0%，规模为 2.09 亿，较 2016 年底增加 793 万人，增幅为 4.0%；城镇网民占比 73.0%，规模为 5.63 亿，较 2016 年底增加 3281 万人，增幅为 6.2%。截至 2017 年 12 月，我国城镇地区互联网普及率为 71.0%，农村地区互联网普及率为 35.4%。与此同时，不同地区互联网应用的使用率也存在明显差异，这种差异主要由应用类型和区域特点决定：一方面，由于使用门槛相对较高，农村地区网民在商务金融类应用方面与城镇地区相比差异较大，网络购物、旅行预订、网上支付及互联网理财等应用的差距在 20%~25% 之间；另一方面，外卖、网约车、共享单车等具有明显区域化特点的应用，城镇地区使用率更为突出，各种应用使用率均超过农村地区 20 个百分点以上。而对于即时通信、网络音乐、网络视频等发展较早的基础类应用，城乡网民使用差异并不明显，差异率均在 10% 左右。

中国网民城乡结构对比【图 8-4】②

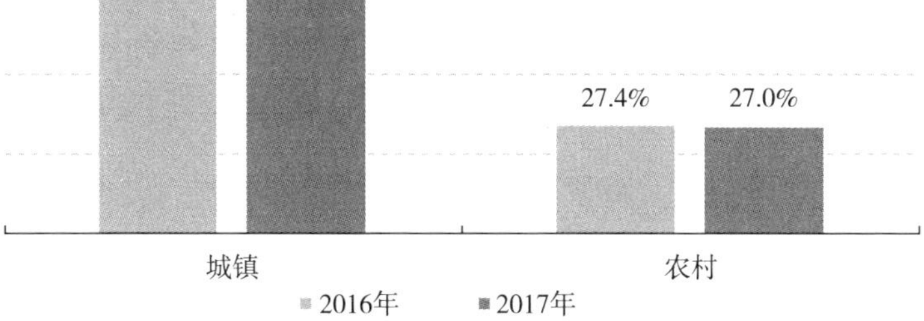

①《中国互联网络发展状况统计报告》. 中国互联网络信息中心

②《中国互联网络发展状况统计报告》. 中国互联网络信息中心

人群间的数字鸿沟

除了区域以外，性别、年龄、学历、职业和收入等因素也是形成信息鸿沟的原因，也就是说，不同人群之间也存在巨大的数字鸿沟。

截至 2017 年 12 月，我国非网民规模为 6.11 亿，其中城镇非网民占比为 37.6%，农村非网民占比为 62.4%。上网技能缺失以及文化水平限制仍是阻碍非网民上网的重要原因。调查显示，因不懂电脑和网络、不懂拼音等知识水平限制而不上网的非网民占比分别为 53.5% 和 38.2%；由于不需要或不感兴趣而不上网的非网民占比为 9.6%；受没有电脑、当地无法连接互联网等上网设施限制而无法上网的非网民占比为 14.8%。提升非网民上网技能，降低上网成本以及提升非网民对互联网的需求依然是带动非网民上网的主要因素。调查显示，非网民中愿意因为免费的上网培训而选择上网的人群占比为 31.9%；由于上网费用降低及提供免费无障碍上网设备而愿意上网的非网民占比分别为 28.9% 和 25.4%；出于沟通、增加收入和方便购买商品等需求因素而愿意上网的非网民占比分别为 32.0%、26.4% 和 17.5%。农村人口是非网民的主要组成部分。

非网民不上网原因【图 8–5】①

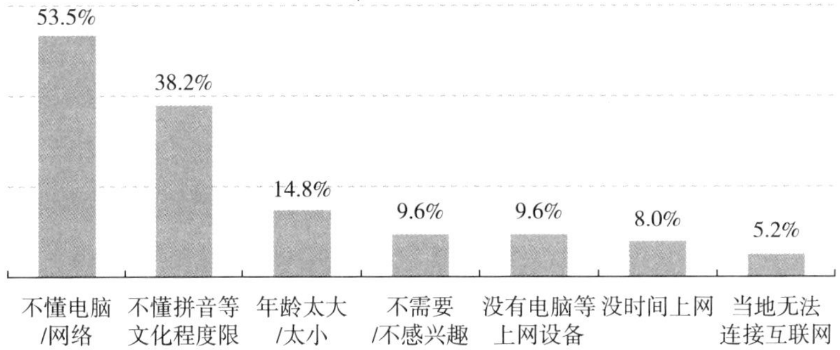

数字鸿沟引发社会问题

数字鸿沟不仅是“社会状态”，而且是“社会后果”和“社会问题”。

不同人群之间因为收入、受教育水平、所处地域及种族等方面的差异而造成对互联网技术掌握和运用的差异，进而导致了不同群体在社会中面临的

①《中国互联网络发展状况统计报告》，中国互联网络信息中心

机遇、待遇不等，出现“信息落差”、“知识分隔”和“贫富分化”等问题。数字鸿沟造成的差别正在成为我国继城乡差别、工农差别、脑体差别“三大差别”之后的“第四大差别”。信息化和网络化加剧了旧有的阶层、种族、性别和代沟问题，产生了新的结构性失业，使社会的内在矛盾更为复杂化。

随着信息技术发展的日新月异，数字鸿沟也呈现出愈来愈复杂的特征。随着互联网等信息技术在社会生活的不断扩散，数字鸿沟的含义也在不断延伸。数字鸿沟已经从“有无”信息技术与工具转变为技术与工具使用差异性所出现的鸿沟，即在数字素养层面，被称为第二道数字鸿沟。从简单的由信息技术设施、资源短缺所造成的第一道数字鸿沟，拓展到因信息技术使用、技能差异所造成的第二道数字鸿沟，即从“物”的差异，转移到“人”的差异。

除了技能差异外，信任的缺失也已然形成了一个新的网络鸿沟，阻碍了互联网商业价值的进一步发挥，阻碍了互联网一些全新应用的深入开展。由于互联网与社会的密不可分性，现实生活中的一些不良现象与道德风险在网上仍会发生，犯罪行为同样不可避免。移动互联网上，相应的欺诈行为同样存在。以徐玉玉案为典型的电信诈骗屡禁不止。而在线下，互联网终端与配套设施的破坏行为也比比皆是。2016 年引发共享经济热潮的摩拜单车就遭遇了这种互信的道德难题。大量的共享单车被毁坏、偷窃，损坏率居高不下。在广州，这一比例已经达到 10%，引发人们对共享单车在中国存活的质疑。互联网商业化与社会化的进程正因信任问题而放缓。

信息鸿沟带给中国网民的是更深的社会裂痕。上海女逃离江西村事件报道事后被证伪，谣言类的信息也得到遏制。但庞大的转发阅读量表明，中国网民对于区域和城乡的偏见已经非常严重，而开放包容的互联网并没有为网民提供去伪存真的足够空间。奇葩的网络新闻、偏激的网络观点、虚假的网络谣言在中国的互联网中似乎有广阔的扩散空间。

信息鸿沟导致的网络表达机会的不平等，损害了弱势群体的利益。平等是现代民主社会的最基本要求。但信息鸿沟的出现，使部分人的参与权被剥夺，这很大程度上就导致了人们获取和利用信息能力的不平等。信息鸿沟有可能加剧政治参与的无序性。那些掌握高水平网络技术或具有较大网络发言权的意见领袖，他们比一般人具有更强的网络参与能力和操纵能力，由此网络参与可能会沦为某些人攫取个人私欲与权力的工具。一些信息贫困者的利益和愿望不能通过网络得到正常表达，他们进而诉诸体制外的参与，构成国家政治稳定的潜在威胁。

作为中国改革开放浪潮中一抹绚丽的风景，中国的互联网的发展史本身就带有改革开放的色彩。稳定、发展、特色、开放……三四十年前人们讨论改革开放的关键词，在今天谈论中国互联网时并没有褪色。当互联网穿越彼岸，走下神坛，历经社会化进程而跃入中国百姓人家时，它就已经与中国改革开放的浪潮融为一体，呈现出新的姿态。

在互联网内容生产领域，百度、阿里巴巴、腾讯等众多知名互联网公司均位于北京、上海、深圳、杭州等特大城市，与欠发达的小城镇、特别是西部地区的偏远城乡、互联网欠发达城乡之间产生了严重的隔阂。在寒风凛冽的黑龙江伊春，滴滴打车依然没能敲开林城之门；而在温暖怡人的杭州，西子湖畔早已列满各式各样的共享单车。当厦门 PX 事件爆发，网民和政府能够通过网络使该事件积极妥善得到解决时，无数的东北退休离职工依然通过堵路、骂街的方式表达对生活的不满。城乡、行业、年龄……无数的“门槛”阻隔着中国互联网进一步普及发展。从地域分布看，中国网站发展情况与经济发达程度密切相关，总体呈现东部地区多、中西部地区少的发展格局，区域发展不协调、不平衡的问题较为突出。截至 2017 年底，东部地区网站占 68.91%，主要分布在广东、北京、江苏、上海、浙江、山东等东部沿海省市；中西部地区占比分别为 18.49% 和 12.61%，主要分布在河南、湖北、安徽等中部省份和四川、陕西、重庆等西部省市。

数字扶贫战略

信息革命时代的到来与国家信息化战略的提出，给中国在工业时代原本经济落后的一些地区，尤其给农村经济发展带来了新的机遇。在贵州，大数据和云计算快速发展，“云上贵州”成为当地的新名片。2015 年 4 月 14 日，贵阳大数据交易所正式挂牌运营并完成首批大数据交易，该交易所也成为中国第一个大数据交易所。在银川，首个智慧互联网医院拔地而起。该平台拥有来自全国6800家医院的13万名顶级医疗专家资源，是国内首家真正意义上的互联网医院，可实现医疗专家在线问诊、转诊、疑难重症会诊手术等服务。中国的西部省份争相将自身的发展需求和国家的发展方向相结合，通过发展信息与通信技术，发展网络经济，从而实现地区经济的跨越式发展。

宽带中国

在过去10多年间，中国移动、中国电信、中国联通三大电信运营商累计共投入了900多亿元，解决了约21万个行政村和自然村通电话的问题，以及约15万个乡镇和行政村通宽带的问题。但截至2015年，仍有5万多个行政村未通宽带，15万个村虽已通了宽带但亟需升级提速。这些地区的经济基础相对比较薄弱，地理环境非常复杂，人口居住又比较分散，因此宽带建设和运营成本非常高，但收益却比较低，因此电信运营商对建设这一部分农村的宽带以及对它们进行宽带升级改造明显动力不足。

中国政府始终坚持推行“宽带中国”战略，积极建设互联网基础设施。中国政府希望通过电信普遍服务补偿机制，重点解决这些高成本地区的宽带建设和升级工作。2015年10月14日，国务院总理李克强于主持召开国务院常务会议，决定完善农村及偏远地区宽带电信普遍服务补偿机制，缩小城乡“数字鸿沟”。2016年，工业和信息化部联合财政部启动实施电信普遍服务两批试点工作，中央财政安排专项资金加大支持力度，基础电信企业发挥企业主体责任，总投资超过317亿元，支持全国27个省（区、市）的10万个行政村开展网络光纤到村建设和升级改造，将解决3.1万个建档立卡贫困村网络覆盖建设问题。电信普遍服务试点的实施，为网络扶贫、缩小城乡“数字鸿沟”提供了重要手段，为网络强国建设提供了有力支撑。

【“宽带中国”战略】①

国务院于2015年8月17日发布《国务院关于印发“宽带中国”战略及

①《国务院关于印发“宽带中国”战略及实施方案的通知》. 中华人民共和国中央人民政府网站 . http://www.gov.cn/zwgk/2013-08/17/content_2468348.htm

实施方案的通知》，以加强战略引导和系统部署，推动中国宽带基础设施快速健康发展。通知强调，要围绕加快转变经济发展方式和全面建成小康社会的总体要求，将宽带网络作为国家战略性公共基础设施，加强顶层设计和规划引导，综合利用有线、无线技术推动电信网、广播电视网和互联网融合发展，加快构建宽带、融合、安全、泛在的下一代国家信息基础设施，全面支撑经济发展和服务社会民生。针对无法通过市场机制实现宽带网络覆盖、存在一定程度市场失灵的高成本地区，国家对这些地区的宽带网络建设和运营给予一定的财政补贴，鼓励企业为当地民众提供宽带网络服务。

通知提出了两个阶段性发展目标，即：到2015年，基本实现城市光纤到楼入户、农村宽带进乡入村，固定宽带家庭普及率达到50%，第三代移动通信及其长期演进技术（3G/LTE）用户普及率达到32.5%，行政村通宽带比例达到95%，学校、图书馆、医院等公益机构基本实现宽带接入；城市和农村家庭宽带接入能力基本达到20兆比特每秒（Mbps）和4Mbps，部分发达城市达到100Mbps；宽带应用水平大幅提升，移动互联网广泛渗透；网络与信息安全保障能力明显增强。到2020年，宽带网络全面覆盖城乡，固定宽带家庭普及率达到70%，3G/LTE用户普及率达到85%，行政村通宽带比例超过98%；城市和农村家庭宽带接入能力分别达到50Mbps和12Mbps，发达城市部分家庭用户可达1吉比特每秒（Gbps）；宽带应用深度融入生产生活，移动互联网全面普及；技术创新和产业竞争力达到国际先进水平，形成较为健全的网络与信息安全保障体系。

农民触网潮流

近几年互联网尤其是移动互联网的广泛应用正在大大加速中国农村信息化建设进程，农村电子商务与互联网金融等的兴起为有效破除城乡二元结构、推动农村经济社会发展带来新的希望和契机。随着中国政府对农村地区重视程度的提高，中国的农业、农村、农民问题在互联网的推动下，正在发生积极的变化。

非网民上网促进因素【图 8-6】①

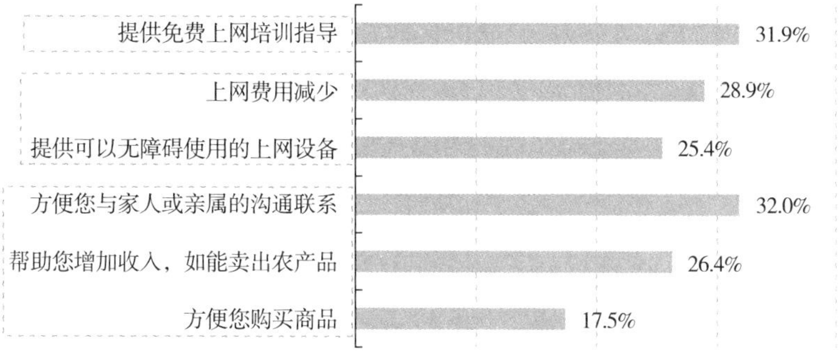

【中国农村居民的触网潮流】②

根据中国互联网络信息中心（CNNIC）历年发布的《农村互联网发展状况研究报告》，截至 2015 年 12 月，中国农村网民规模达 1.95 亿，年增长率为 9.5%。网民中农村网民占比 28.4%，较 2006 年上升了 11.5 个百分点。2015 年农村地区互联网普及率达到 31.6%，相比 2007 年提升 24.5 个百分点，互联网普及度仍存在发展空间。农村网民中使用手机上网的用户达到 1.70 亿，相比 2007 年的 1210 万人提高了 14 倍；手机网民占农村总体网民的 87.1%，相比 2007 年提升了 64.1 个百分点。

农村网民构成进一步优化。性别结构方面，2015 年农村男性网民占比为 55.2%，女性网民占比为 44.8%，女性网民占比比 2007 年提高 7.5 个百分点，男女比例差异呈缩小趋势。年龄结构方面，与 2014 年相比，农村网民 30 岁以上各年龄段的比例均有提高，2015 年的比例为 47.5%，比 2007 年高 24.3 个百分点，农村网民在年龄结构上正在向更为均衡的方向发展。学历结构方面，初中及以下学历占比 72.7%，比 2007 年提高 26.5 个百分点。职业结构方面，农村网民中学生群体占比最高，比例为 24.2%；其次为自由职业者，比例达到 23.6%；接着为农林牧渔劳动者和无业 / 下岗 / 失业，比例分别为 15.8% 和 9.0%。收入结构方面，与 2007 年相比，农村网民整体收入水平有一定改善，2000 元以上收入者占比上升了 28.3 个百分点，达到了 46%。

①《中国互联网络发展状况统计报告》. 中国互联网络信息中心

②《2015 年农村互联网发展状况研究报告》. 中国互联网络信息中心

中国城乡网民规模对比【图 8-7】①

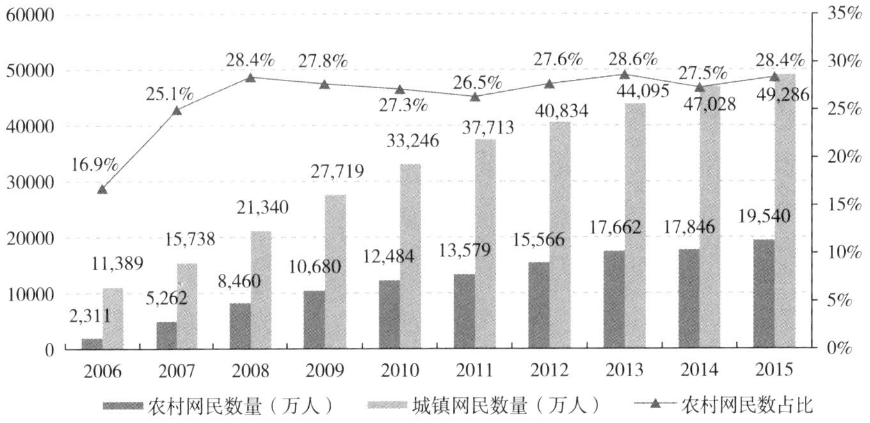

农村网民年龄结构变化【图 8-8】②

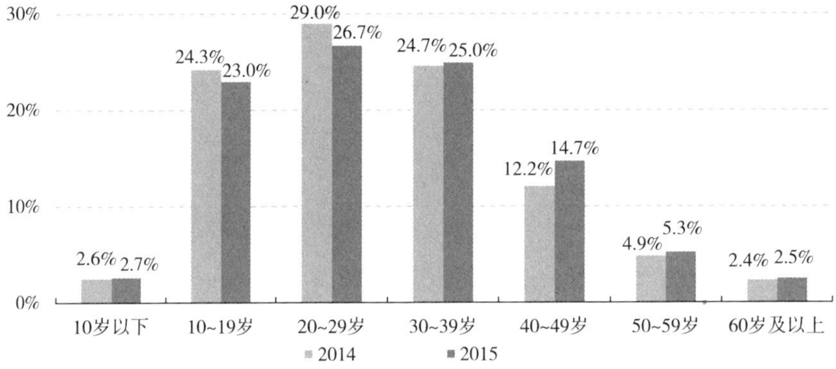

“互联网+”改造农业产业链

互联网诞生的数十年来，互联网企业以“互联网+”的方式改造了一个又一个的行业，唯独在农业上的改造不大，原因在于中国农村的生态系统更为复杂，单纯的电商模式很难改造农村经济。近几年，随着中国农村基础设施建设投入力度不断加大，在互联网企业的催动下，中国的农业生产方式、农村生活方式和农民创业途径都开始发生了可喜的变化，“互联网+”正在改造这个数千年来变化不大的地区。

①《中国互联网络发展状况统计报告》，中国互联网络信息中心

②《中国互联网络发展状况统计报告》，中国互联网络信息中心

改变靠天吃饭的传统

长期以来，由于中国人多地少，人均耕地面积少，农业机械化程度低，农业科技推广体系不健全，农业集约化经营程度低，导致农业发展水平落后于发达国家。中国的农业生产成本也远远高于发达国家，以粮食市场为例，中国粮食生产总成本高，2014 年，中国小麦种植总成本为每亩 965.13 元，是美国的 3.03 倍；玉米种植总成本为每亩 1063.89 元，比美国高 53%；大豆种植总成本为 667.34 元，比美国高 39%。

国内外农业集约化经营程度对比【表 8–1】[①]

（单位：hm^2，台，吨）

国家	平均每个农业经济活动人口耕地面积（2011 年）	平均每千公顷耕地上拖拉机使用量（2009 年）	平均每千公顷耕地上收割机使用量（2009 年）	平均每千公顷耕地上化肥使用量（2011 年）
中国	0.2	27.72	5.78	536.6
美国	65.0	27.12	2.14	124.3
法国	33.5	61.57	4.15	140.6
德国	18.6	64.60	7.20	191.5
荷兰	5.0	135.87	5.28	238.2
英国	12.9	72.80	6.57	238.7
日本	3.2	433.89	221.22	268.3
韩国	1.2	162.00	54.53	334.0

由于中国地域广阔、农户居住分散、政府投入少、农民无力投资等原因，中国的农业信息化程度远远低于工业的信息化水平。中国农业信息化投入不足引发的问题表现在：农村信息化基础设施还不健全，“最后一公里”问题仍然突出；信息技术在支持农业发展方面还没有满足需要，农业物联网技术、农业云计算技术、农业大数据技术、农业自动控制技术、网络计算机辅助决策技术、仿真模拟技术、模型技术、遥感技术、精确农业技术、管理自动化技术等均处于起步阶段，距离大规模应用还有很长的路要走。

一批有实力的互联网企业也大力布局农业，比如网易、联想等等，看到了在农村的机会。它们把物联网、大数据等先进信息技术引入传统农业，给中国农业转型带来契机，让农产品全产业链产生化学效应。互联网技术让农

① 布瑞克农业数据

产品实现从“田间”到“餐桌”的全程透明化。

【联想佳沃蓝莓】[1]

联想控股于2010年开始涉足现代农业投资领域，并于2010年7月正式成立农业投资事业部，2012年8月9日佳沃集团正式成立。目前，佳沃已经成为中国最大的蓝莓全产业链企业和最大的猕猴桃种植企业。

基地建设：佳沃蓝莓基地位于青岛市黄岛区，此地有很好的蓝莓种植基础，其中“胶南蓝莓”为农业部认定的地理标志产品。

品种培育：佳沃位于黄岛的品种繁育中心，通过组培中心、玻璃育苗温室、钵苗培育基地，该中心年育苗能力为3000万株。佳沃现自有蓝莓基地1万5千亩，每亩种苗300株，一共为450万株蓝莓苗。剩余的2500多万株苗可以出售，一颗可植入大田的蓝莓苗价10元左右，大约可获得两亿多元的销售额。

技术服务：2014年，青岛市蓝莓工程技术中心成立，是中国首家省级蓝莓工程技术中心，代表中国目前最高的蓝莓专业工程技术研究机构，汇集了来自世界一流的农业科学家和专业技术人员。这个中心，一方面承担与国际蓝莓研究机构的联合研究工作，一方面承担了产业技术人员的培训，以及将一些重要信息反馈给政府用于决策依据，有利于佳沃协调提高产业效率。

人才孵化：从2014年4月开始，佳沃与中国农业大学、山东农业大学、青岛农业大学达成深度校企合作，制定“佳年华”新农人培养计划，把基地开放出来为未来的新农人提供深入基地学习的机会。

联想控股的佳沃公司当前聚焦于水果、茶叶等细分领域进行投资，其种植的“佳沃”蓝莓每公斤定价超过500元。联想目前采取的方式在未来肯定是很多互联网公司的道路，通过资本注入和品牌塑造，互联网企业与农产品结合起来，走上农业产业化的新道路。

在移动互联网O2O的发展中，类似于北京出现的农夫市集等从农户到餐

---

①《联想佳沃：深度布局农业产业链，需要多少个点?》.网易科技. http://tech.163.com/14/0607/20/9U5QTB8400094ODU.html

桌的农产品销售模式日渐兴起。在 2014 年获得“全国移动互联网创新创业大赛总决赛银奖”的青年菜君，以半成品生鲜电商为发展方向。用户可以通过线上预订、线下地铁口自提的方式来购买半成品生鲜。

互联网金融也会对中国农业的发展起到极大的推动作用。2015 年 4 月 23 日，苏宁众筹频道正式开卖汉源樱桃，上线 145 分钟就越过 5 万元的门槛，当天认筹超过 11 万元，相当于帮助果农卖出至少 500 棵树的樱桃。而蚂蚁金服发布的数据也显示，2014 年新增的农村余额宝用户超过 2000 万，增收 7 亿元。

大数据不仅有利于农业生产中的选种、种植、收割等环节，还能用于农产品加工过程中的信息记录和追踪，便于食品安全监督。相关研究显示，90% 的作物损伤可归咎于天气。通过基于大数据的气象预测和精细农业技术，可以减少 25% 因天气造成的作物损伤。比如，一些农业大棚通过物联网实时监测，应用大数据进行分析和预测，就能够实现精准农业，能够降低单位成本，提高单位产量。农业部科教司正在建立基于大数据和云计算的国家农业科技服务云平台。该平台将首批上线 10 万名农技人员，计划为 1000 万农民提供农业信息咨询服务。

农村物流的“最后一公里”

2015 年 11 月 12 日，在品牌方开始举行“双 11”庆功会时，恰是茆小灰最忙的时候。他是一名农村快递员，负责甘肃某县的 34 个村点的配送工作，而这次他们负责派送的有 4000 多单。小灰和弟弟盘算了一下，一天送三四百单，也要持续超过一周才能送完。想象一下美国电影《玩命速递》中的“惊险”情节，这对于小灰来说简直就是家常便饭，每送 10 单，就有 3、4 单的买家藏在沿途没有人烟的深山老林里。

从 2014 年开始，菜鸟在农村搭建了一张覆盖 1000 个县、10 万个村庄的配送网络，解决了从县城到农村的物流难题。这使得货品一般只需要花费 1~2 天从发货地配到县级运营中心，再用 24 小时从县级运营中心配到村点。尽管技术超前如此，也有小灰犯难的时候，为了给某村配送一台玉米脱粒机，小灰从县城驱车 50 公里，整整走了两天时间，中途车子还陷进了泥沟里，耗了一夜时间才将货物按时送到村民手里。据相关的负责人讲，除去“双 11”等特殊情况，县域到农村的全国平均时长控制在 13.4 个小时内。

菜鸟网络的布局极大地降低了物流成本，假设每个村点平均日包裹数达到 10 单左右，全国平均物流成本是 4 元左右；达到 15 单左右，全国平均物流成本是 3.5 左右；达到 20 单左右，全国平均物流成本将降到 3 元左右。而截至目前，从县域到农村，农村淘宝的下行成本基本做到了 3.5 元左右，上行成本只要 1.75 元。只不过为了支撑这个强大的工程体系，阿里巴巴每天要为农村物流投入 50 万元的补贴费用，此外，有的地方政府免费提供县域仓储，有的地方政府给予村级服务站每月 500 元的补贴。①

茆小灰只是近千人的村淘配送员中的一员，他们承接了县级运营中心到村点的最后一段物流。在中国，大约有 7 亿长期居住在农村的农民，通常认为他们是距离互联网最远的一个群体。对于他们而言，在“物流不下村”的日子里，只能驱车到县城的大超市、大卖场购买大件商品。而一旦物流进村成为可能，他们的消费力是非常夸张的。据搜狐网报道，2015 年全年新增农村地区快递服务营业网点 4.5 万个，乡镇快递服务营业网点覆盖率由 2014 年的 50% 提升至 70%；全国农村地区收投快件量超过 50 亿件，是 2014 年的 2.5 倍，占快递总业务量的 24%。2015 年“双 11”时期，在“双 11”开始后仅 8 分钟，村淘销售便已千万有余，截至 12 日 0 时，农村淘宝消费数据突破 2 亿元。农村电子商务市场的发展速度已经连续 3 年超过了城市。在城市电商和城市快递发展已进入饱和的情况下，且看各大电商与快递企业的物流配送如何“进村”。

在过去，农民收寄快递只能使用国家邮政局，而现在，国内各大快递企业与电商巨头已经开始布局农村市场。2014—2015 年：圆通开始推进“通乡镇、通村组”的两通工程；韵达实施“开通乡镇拓展计划”；开始尝试农村网点布局，鼓励员工内部农村网点创业；申通启动千县万镇工程；阿里巴巴

---

①《快递止于乡镇？阿里的“两元”农村物流账本》.《经济观察报》

正式推出“千县万村”计划，预计在未来的3~5年斥资100亿元建立1000个县级运营中心和10万个村级服务站；京东开始在全国建立自营的县级服务中心，同时又以加盟形式开设京东帮服务店；苏宁推广“易购服务站”，现在重点快递企业乡镇覆盖率超过80%，上海市、江苏省等8个省市实现了乡镇全覆盖，中西部地区整体提升超过12个百分点。电商下乡和快递下乡成为电商物流的新增长点，它们将快递普惠真正实施落地，这不仅已经成为国家战略，得到国家政策的支持，更是农产品流通需求和农民网购需求的快速膨胀所驱使。

农村生活方式的变革

这几年，伴随着互联网和移动互联技术的发展，中国农村生活方式和文化也随之悄然改变。农村互联网的发展普及在推动农村经济大发展的同时，也对农村精神文明建设、科教文卫事业发展、农村社会治理产生深远影响。

过去几十年，中国农村文化生活总体而言比较贫乏，农民闲暇时间无非是在家里看看电视、在村里打打麻将等。互联网的发展使农民有了更多文化娱乐选择。通过互联网，农民可以和城市居民同时观看网络新闻、在线电影、电视剧等，农村居民的精神文化需求得到了更好满足。网络在线教育、在线课堂等为农村居民提供了与城市居民同等的学习机会，各种在线书城可以在较短时间通过物流将教材等书籍送到农民手中，从而在精神文化生活方面缩小了城乡差距。

随着医疗行业与互联网的结合越来越密切，基于互联网的远程诊断、远程治疗以及在线体检等现代医疗方式，将逐渐改变病人集中涌向大城市大医院的状况。患者在普通县级医疗中心就可以得到与大城市医院接近的医疗服务，这样生活在乡镇和农村就更加健康和方便。

互联网将较封闭的农村熟人社会推向更广阔的由互联网连接的开放型社会。由于互联网社交的作用，这样的封闭转向开放不但不会引起道德水平、信任关系的下降，而且会通过互联网将熟人社会的信任关系进一步延伸扩大，促使更大范围良好社会自治的实现。这与传统市场经济条件下，农村熟人关系社会被打破后，陌生人社会信任关系下降、道德下滑、交易成本高企的情况形成鲜明对比。此外，互联网将社会每一个角落的细节都随时放在大众聚焦之下，以前无人关注的各种问题随时可能引发社会关注。这样，不论管理者还是生活在农村的普通居民，都会更加注意自己行动的影响，这对农村社会治理的影响也非常大。

新农人的返乡创业

源于难以割舍的乡土情结，或倦怠于城市的喧哗浮躁，或找寻新的事业起点，一些早已跳出“农门”的知识青年以及在城市谋生多年的农民工，正带着新的见识、资金和梦想踏上返乡路，成为中国的“新农人”。他们建造生态农场，开设农产品网店，成立农村合作社。在实现自我价值的同时，那些回乡创业并取得成功的“新农人”不仅给落后的农村带去新风，也帮助部分乡亲摆脱贫困。

【杜千里——山村小学里的硕士教师】[①]

杜千里出生在河南辉县太行山区一个很贫困的农民家庭，家里弟兄四个，杜千里是老大。2008年，杜千里从郑州大学工商管理学专业硕士毕业，没有像绝大多数毕业生一样去大城市工作，而是选择回到了农村，在辉县一个山村小学担任教师，业余时间开始通过淘宝网销售太行山土特产，开始了他的电子商务创业。

杜千里的生意越做越大，2010年初为了发货方便，他把网店搬到了辉县县城，当年销售额突破100万，2011年销售额突破200万，2011年9月他被阿里巴巴评为全球百佳网商，同时还获得了郑州大学授予的“最佳创业奖”。

如今在杜千里的带领和影响下，辉县网店如雨后春笋一般发展到几百家，同时带动了无数失业大学生和农民在山区创业。以杜千里为代表的新农人，不仅把本地的土特产销售一空，也把辉县周边县市山区的土特产收购上来放到网上销售，大大促进了当地农业经济的发展，提高了农民的人均收入。

---

①《互联网+：从IT到DT》，阿里研究院

农产品销售是多数返乡青年创业的主要途径。像杜千里这样的返乡知识青年还只是散落各地，但也不乏已成规模并在农村扎根的青年创业团队。在山西省永济市的蒲韩乡村社区，日臻完善的经济及社会服务吸引了越来越多青年人返乡。2012 年，该社区已有 53 名专职人员，其中多半是受过中高等教育的 80 后、90 后，让更多有意返乡的人看到农村发展的希望和美好。

随着互联网向三农领域的渗透，涌现出了一个新的群体——新农人。根据阿里研究院研究发现，新农人的定义有狭义和广义之分。狭义的新农人指的是以互联网为工具，从事农业生产、流通、服务的人，其核心是“农业 + 互联网”。广义的新农人指的是具备互联网思维，服务于三农领域的人，其核心是“三农 + 互联网”。

新农人的出现，是信息时代农民群体演进的结果。同传统农民、新型职业农民相比，新农人具有更鲜明的个性特征，群体先进性也更加显著。新兴职业农民，强调的是对现代农业生产技能的掌握，而新农人的优势则是在市场导向上。

从规模上看，新农人处于快速增长阶段。据阿里研究院统计，截止到 2014 年年底，阿里零售平台农产品卖家数量达 75 万家，同比增长达 98%，这也印证了近年来农产品电子商务旺盛的发展势头。参考以上数据，按照狭义新农人的定义，结合淘宝网店的就业带动效应，仅阿里零售平台上的新农人数量就已突破 100 万人，此外，还有相当数量的新农人以微博、微信为主要的活跃平台，这部分数据暂时无法获取。广义口径的新农人的数量则更加庞大。

互联网基因是新农人的核心基因，是新农人区别于传统农民、新型职业农民的最大不同。正是由于互联网的赋能，新农人具备了直接对接市场的能力，从而改变了以前农民信息能力薄弱的状况，从产业链的末端开始走向前台。第三方电子商务平台是新农人主要的经营平台。以淘宝网为例，其开放的平台型电子商务模式，为新农人提供了低门槛的创业渠道。以微博、微信为代表的新媒体平台，也是新农人的重要互联网阵地。一些新农人善于利用微博等新媒体工具来优化营销活动，取得了事半功倍的效果。新农人是天然“亲互联网”的群体，反过来，互联网也成为新农人越来越倚重的发展方式。

新农人是农民群体中最不“安分”的分子，他们拥抱互联网，崇尚市场经济，经营中大胆创新，具有开放、透明、分享特点的互联网，则为他们的创新提供了最佳的沃土。新农人也是大众创新的典范。诺贝尔经济学奖得主埃德蒙·费尔普斯认为，自下而上的“大众创新”，对于未来经济发展和社会繁荣至关重要。当上百万的新农人被互联网赋能之后，其所爆发出的创新能力，远远超乎外界的想象。

相对偏低的农民素质是解决三农问题的瓶颈。据农业部统计，中国农村劳动力中，高中以上文化程度仅占13%，小学以下文化程度占36.7%，接受过系统农业职业技术教育的不足5%。相比传统农民，新农人普遍具备相对较高的文化水平，这也是推动新农人持续创新的重要保证。过去几年时间里，一批接受过高等教育的年轻人，抱着创业造福家乡的愿望回归农村，形成了一波“新知识青年下乡”的热潮。

以分享、抱团为特征的自组织性，是网商群体的特征，也是新农人的重要基因之一。新农人和热心新农人事业的各界人士通过自组织，已经搭建起一些旨在为新农人交流互助、资源对接的平台，如新农人联盟、新农人联合会、农禾之家等，这些组织在帮助新农人学习成长、推动互惠合作方面发挥了积极作用。

电商巨头的下乡运动

在“互联网+农业”大潮中，电子商务企业自然是排头兵，近几年中国各大电商平台对农村倾注了前所未有的热情。中国政府密集出台农村电商政策，电商企业的纷纷下乡，农村人才加速回流。

【网易丁磊养猪】①

网易是中国领先的互联网公司，提供门户网站、在线游戏、电子邮箱、在线教育、电子商务、在线音乐等多种服务，2016年净收入为381.79

①《网易养猪场》. 百度百科. https://baike.baidu.com/item/%E7%BD%91%E6%98%93%E5%85%BB%E7%8C%AA%E5%9C%BA/9107661?fr=aladdin

亿元人民币（54.99 亿美元）。2010 年，网易开始涉足养殖业，从猪场建设、生猪养殖、屠宰等各环节，探索安全健康的生态养猪新模式。

建设过程：网易养猪场由清华大学人居设计团队设计，为了使猪能够享受一个适合生长的优质环境。网易邀请了来自欧洲、美国和国内多名业内顶尖专家进行考察论证，综合考虑地质灾害调查、地下水文勘测、土壤条件评估、生物安全测定、交通组织考察和其它饲养条件等因素，排查了浙江 48 个地方，最终选择了浙江省湖州市安吉县孝源村。

养猪场概况：养猪场于 2011 年 3 月 23 日落户浙江省湖州市安吉县。猪场建设规划图显示，养猪场占地 1200 余亩，当前规划的建筑占地 56 亩，主体包括大小 30 余座建筑，包含办公区、饲料房和猪舍等建筑群。网易农业事业部总经理毛山介绍说，猪舍采用全架空方式建造，将对地表植被的影响缩减到最小，也就是说丁家猪将全部住进空中阁楼。同时，按照国际生物防疫的通行做法将猪场分为红区、黄区、绿区，不同的颜色代表不同的生物防疫等级，区与区之间不能随意出入。

未来规划：网易的目标是要探索一种全新模式，福利养猪，既保证企业赢利，还提供安全、品优、健康和美味的猪肉。“我们未来要做养猪中国式公开课，把养猪模式放到网上，免费供大家学习借鉴，能够复制，从而带动整个产业的提升，既帮助农民致富，又拯救城市餐桌。”网易首席执行官丁磊曾这样描述自己的养猪愿景。“可发挥网企（互联网企业）强项，从育种到屠宰上市整个过程，都能够追溯，供消费者随时查询，即便是肉制品也可以找到来自哪一头猪。”“网易养猪场的建设基本不破坏生态，依坡地而建，设计施工都是环保的，不会产生污染。”

【阿里巴巴的进村战略】①

2014 年 10 月，刚刚完成美国上市的阿里巴巴集团推出了以“千县万村”计划为主体的农村战略，宣布将在未来 3~5 年投资 100 亿元，建立一个覆盖 1000 个县、10 万个行政村的农村电子商务服务体系。这意味阿里巴巴要在今后几年以线下服务实体的形式，将其电子商务网络覆盖到超过中国三分之一的县以及六分之一的农村地区。截至 2015 年 3 月，有 24

①《互联网+：从 IT 到 DT》．阿里研究院

个省市 31 个地县在阿里平台设立了“特色馆”，在淘宝网正常经营的注册地为乡镇和行政村的网店更是达到 163 万家，其中经营农产品的网店已经接近 40 万个。截至 2015 年 12 月底已经在 200 个县建设了 1 万个农村淘宝服务站。

浙江省桐庐县是阿里巴巴实施“千县万村”计划的第一站。2014 年 10 月 29 日，阿里巴巴在桐庐启动了“千县万村”计划的全国第一个县级运营中心，第一个村级服务站也在桐庐揭牌。阿里巴巴希望通过试点探索运营体系和服务体系，并把成功经验推向浙江乃至全国，形成一个全新的农村电子商务生态体系。

“农村淘宝”落地生根不久，便迎来了“双 11”的考验。桐庐农村淘宝网点交上了如下成绩单: 5 个镇 19 个村，累计成交 1229 单，总金额 209800 元，平均每店 11000 元，平均客单价 171 元。这一成绩单表明，中国农村蕴藏着巨大的消费潜力，电子商务则是提振农村消费的一把“金钥匙”。

在阿里巴巴的带动下，包括京东、苏宁等企业也推出了各自的农村电子商务计划，“电商巨头下乡”已成潮流。京东紧随阿里巴巴步伐于 2014 年 11 月推出农村电商计划，且推进速度相当快，到 2015 年 11 月已开 600 个县级服务中心，1100 个京东帮服务站，招募了 12 万名乡村推广员。苏宁在 2015 年 1 月才提出农村电商计划，2015 年计划建成 1500 家苏宁易购服务站，到 11 月实际建成 1000 家，同时还启动了电商扶贫“双百计划”。中国邮政加速农村电商布局，仅陕西就新建村级服务点 3000 个，而 2014 年就开始试点的山东、河南建设规模更大。中国电信也开始觊觎农村电商，在青海省开展了村级电商服务点建设试点，从代收费服务切入农村电商市场。联想投资农资电商云农场引发了农村电商又一个热点，农资电商平台建设纷纷上马，辉丰股份、诺普信、金正大、大北农等多家上市公司宣布介入农村电商市场。

助力农产品上行

长期以来，中国农产品流通市场呈现“小生产、大流通、大市场”的特征，农户和消费者之间隔着收货商、产地批发市场、销地批发市场、超市等环节，农产品流通环节多、损耗严重，经常出现“贱卖贵买”的现象。在互联网的催化作用下，农产品的流通模式也在发生嬗变，以电子商务为主要形式的新型流通模式快速崛起，在流通主体、组织方式、上下游影响等方面都呈现出积极的创新和变化。

【中闽弘泰农民专业合作社】①

中闽弘泰农民专业合作社位于福建省安溪县西坪镇南岩村，当地是铁观音茶叶的主要产区，合作社负责人王大伟祖辈都是当地著名的制茶工匠。在过去，当地农民一年到头辛勤种植茶叶。每到收获季节，村民就将茶叶运到县城的批发市场，销售给本地批发商。本地批发商再将茶叶销售给外地大型批发市场，如北京的马连道市场。销地大批发商再分销给中小批发商，然后进入零售门店，最终到达城市消费者手中。在这个交易流程中，中间环节很多，茶叶经过层层加价，最终售价已经比茶农的卖出价高了很多倍，大部分的利润被中间商拿走。2009 年，中闽弘泰农民专业合作社开始通过电子商务的形式卖茶叶，在淘宝商城开设了中闽弘泰旗舰店，仅仅两三年的时间，中闽弘泰已经成长为淘宝网茶叶类目的领先品牌。在淘宝网首页输入“铁观音”“茶叶”等关键词，无论是品牌列表还是商品搜索结果，中闽弘泰均排第一位。2010 年中闽弘泰旗舰店销售额突破 1000 万元，2011 年达到 3000 万元，2012 年达到 5000 万元，并先后获评阿里巴巴集团 2011 年度农村网商特别奖、2012 年全球十佳网商。相比销售额的变化，更大的变化在于，茶农拥有了交易的自主权。由于直接面对消费者，省去了中间环节，并且拥有自主品牌，因此中闽弘泰的利润率较以往有了大幅度提升，带动了当地农民增收致富。

近年来，各类生产者积极变身，直接对接电子商务平台，大量的农民和合作社踊跃变身网商，将自家或收购的农产品进行网络销售。与在集市上的传统售卖形式相比，他们面对的市场更大，议价能力也更强。

传统批发商和零售商主动求变。传统渠道的批发商和零售商对市场变化

① 《互联网+：从 IT 到 DT》，阿里研究院

高度敏感，同时他们又掌握着农产品流通链条上最多的资源，一旦投身电子商务，将会释放出巨大的能量。例如 2008 年以来寿光蔬菜批发市场里的种子批发商们开始利用淘宝网做生意，到目前接近一半批发商已经触电上网，经营较好的交易额已经超过线下渠道，最大的批发商甚至搬出了市场，专职做网销。

消费者由被动变主动，成为主导力量。互联网、移动互联网、社交网络赋予了消费者前所未有的获取信息的能力，消费者从孤陋寡闻变得见多识广，从分散孤立到相互连接，从消极被动到积极参与，最终扭转产销格局，占据了主导地位，不断参与到各个商业环节中。生产者与消费者的信息同步化，也为未来基于互联网的订单农业奠定了基础。

原产地农产品直销成热点。以电子商务为载体的原产地农产品直销已经成为一大热点。通过将农业生产者转变为网商，或者由电商运营商操盘，将农产品从原产地直接发货到消费者所在地，这在很大程度上克服了传统流通模式中流通环节繁琐、流通效率低、损耗严重的缺点，同时也建立了消费者与生产者互动的平台，促进信息对称。

生鲜农产品崛起。生鲜农产品一直是农产品流通领域的重点和难点。自 2013 年以来，生鲜农产品电子商务迎来爆发式增长，在淘宝网（含天猫）平台上，生鲜相关类目（水产肉类 / 新鲜蔬菜 / 熟食）连续两年保持最快增长，2012 年同比增长 99%，2013 年呈加速态势，增速更是高达 195%。

农产品预售模式兴起。在传统农产品流通模式下，生鲜类农产品由于距离的阻隔和供应链的影响，到达消费者手中后不仅价格昂贵，而且失去了最佳的新鲜味道。以销定产的 C2B 预售模式显示出了优越性。基于电子商务的预售模式汇聚了全国乃至全世界各地的原产地农产品，并且网络预售定制模式减少了农产品中间环节，对生产者和消费者不无裨益。当生鲜农产品尚未收获的时候，就提前在网上售卖，收集完订单之后，农民才开始采摘、安排发货——这样的预算模式让产地能够按需供应配送，大大了降低农产品的库存风险、生产成本和损耗。消费者由此也能够获得最新鲜、性价比最高的原产地农产品。

淘宝村的兴起和发展

随着电子商务在中国的发展，浙江、广东、江苏等地农村出现了一批专业的淘宝村，淘宝村是指活跃网店数量达到当地家庭户数10%以上、电子商务年交易额达到1000万元以上的村庄。淘宝村是中国农村经济和电子商务发生核聚变的典型产物。淘宝村的出现，不仅破解了农村信息化难题，有效提高了农民收入，提升了农民生活幸福指数，也成为拉动农村经济发展、促进农村创业和就业、缩小城乡数字鸿沟的新型渠道。根据阿里研究院发布的《中国淘宝村研究报告2016》，从萌芽到2016年，淘宝村走过约10年，全国淘宝村突破1000个、淘宝镇突破100个。

【淘宝村——江苏颜集镇】①

颜集镇地处江苏省北部，为宿迁市沭阳县下辖镇，长期以花木栽培被人所知，是一个典型的农业镇。近年来随着电子商务的发展，花木电商成为颜集镇解决农村、农业、农民问题的新手段。截至2013年底，颜集镇花木产业的年产值达10亿元左右，共有花木网店3200多个，带动就业1.2万人，也被授予首届全国“淘宝村”称号。

颜集镇花木种植的最初兴起，得益于其得天独厚的地质和气候，自古就享有“花木之乡”的美誉。上个世纪80年代末，颜集镇政府不断引导农民以种植苗木等经济作物替代农业作物生产。由于花木种植的收益高、见效快，先行农民很快成为当地学习的楷模，花木产业也就此在当地和全县得以推广。随着花木产业发展，当地农民逐渐分化出花木种植、花木经纪人和园林工程三种新角色，并形成比较稳定的“农户＋市场”的产业组织结构。

第一阶段——自发形成：颜集镇农民自发通过花木电商创新创业，跟随者模仿进入。2005年，当地花农胡义春尝试在网上开店，将电子商务带入花木销售市场。但由于农村网络建设、物流等基础设施相对不发达，从开始网上销售到产生经济效益花费了三年时间，才获得较高的收益。由于农村“乡里乡亲”这种非正式组织关系的存在，村民很快开始

① 《互联网+：从IT到DT》，阿里研究院

效仿和学习。加之电子商务初期的进入门槛并不高，到2009年，颜集镇就出现100余家电商。在此过程中，大部分网商的身份还是农民兼业，他们发展花木电商是受到电子商务市场的引导和“领先者”进入的内生驱动，属于典型意义的自发型创业。

第二阶段——快速扩张：“淘宝花卉批发市场”等专业化批发市场、以及物流及宽带等配套服务的形成，为当地网商规模化发展的直接动力。2009年之后，由于电商农户的产品需求逐渐多样化和规模化，市场经营范围扩大，开始销售来自于广东、山东、云南等多地的产品。新河镇周圈花卉市场占地180亩，销售各类花木1000余种，年成交额达1.5亿元。

此外，颜集镇政府推进“村村通黑色路，户户接宽带网”工程，“信息高速公路”畅通无阻。一方面，网商可以通过电脑迅速完成商品上架、图片描述、客服接单等具体工作；另一方面，部分网商可利用移动互联网完成手机终端服务，等等。另外，颜集镇还积极把快递公司引到镇内村内，方便花农开展网络销售业务，目前已入驻物流快递公司22家。据统计，2009年至2013年的短短4年内，颜集镇便拥有了3000多家网店。在网商最为密集的堰下村，全村几百户居民中，2/3的农户家里开有网店，并且多数农户同时开有多个网店，网店总数超过1000家。

第三阶段——升级转型：以专业培训和组团学习为基础，促进“农民网商”向“新农人”的转型升级。在沭阳县网上创业工程的推动下，颜集镇把2012年定为“花木提质增效年”，并围绕《沭阳县“网上创业”工程行动计划》，充分利用网络优势，着力培育“农民网商”向“新农人”转变。为了多渠道解决农民卖花难题，政府通过成立网络创业工作领导小组、大学生村官网上创业先锋队和网络创业孵化中心等机构，采取办班培训、大学生村官指导、党员干部结对帮扶等措施。该镇还专门在文化中心设立青年网络创业培训基地，定期邀请淘宝大学、咨询公司等进行销售等培训，解决网络创业、发展、升级过程中的问题，提升销售能力。

截至2016年8月底，在全国共发现1311个淘宝村，广泛分布在18个省市区。其中，浙江、广东和江苏的淘宝村数量位居全国前三位。各省市区淘宝村数量如下：

中国各省市淘宝村分布情况【图 8-9】[1]

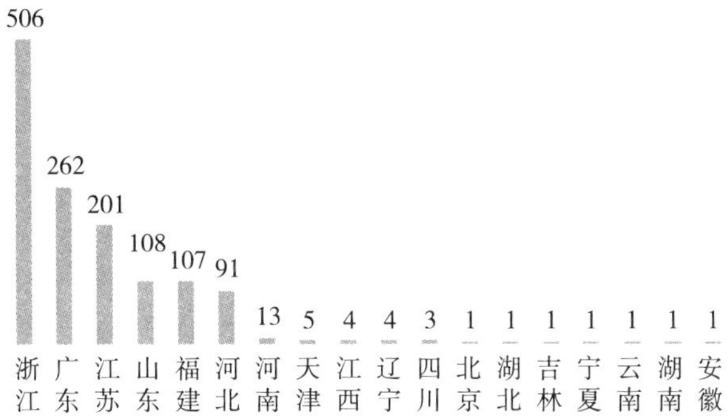

随着淘宝村在全国多个区域规模化涌现和集群化发展，“淘宝镇”开始浮现。结合各地实践及调研分析，阿里研究院对“淘宝镇”的定义如下：一个镇、乡或街道出现的淘宝村大于等于 3 个，就成为“淘宝镇”。这是在淘宝村的基础上发展起来的一种更高层次的农村电子商务生态现象。截至 2016 年 8 月底，在全国共发现 135 个淘宝镇，其中，浙江、广东和江苏淘宝镇数量位居全国前三位。各省淘宝镇数量如下：

各省市淘宝镇分布情况【图 8-10】[2]

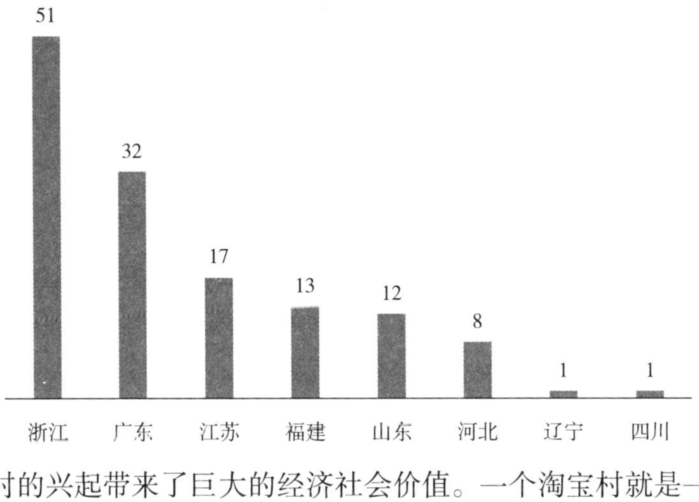

淘宝村的兴起带来了巨大的经济社会价值。一个淘宝村就是一个草根创业孵化器。截至 2016 年 8 月底，全国淘宝村活跃网店超过 30 万个。电子商务已经成为草根创业的重要方向。网商低成本创业，快速成长，创造直接就

①《中国淘宝村研究报告（2016）》. 阿里研究院. http://www.aliresearch.com/blog/article/detail/id/21242.html

②《中国淘宝村研究报告（2016）》. 阿里研究院. http://www.aliresearch.com/blog/article/detail/id/21242.html

业机会，进一步带动上下游产业发展，创造间接就业机会。阿里研究院的数据分析结果显示：淘宝村平均每新增 1 个活跃网店，可创造约 2.8 个直接就业机会。淘宝村在消贫致富方面也发挥着重要作用，2016 年，在国家级贫困县中发现 18 个淘宝村，其中平乡县 10 个，曲阳县和镇平县各 2 个，安图县、鹤庆县、南康县和郧西县各 1 个。一大批网商通过电商创业，增加收入，摆脱贫困。

对中国互联网来说，农村是一块既陌生又熟悉的“新大陆”。一个共识是，未来中国农村的互联网市场十分广阔，是一块亟待开发的“蓝海”。

实施“互联网+农业”，可以促进中国农业的转型升级、推进现代农业建设。农业产业要升级、要现代化，首先要培育新的经营主体，如新型职业农民、家庭农场、农民专业合作社、农民股份合作社、农业龙头企业、社会化服务组织等。这些组织的培育、商业模式的创新都可以发挥互联网的作用；其次，要推进现代农业建设和农业现代化，就是要推进农业的供应链、物流链的创新，这也是农产品电商、农村电商的重点；第三是推进农业产业链、价值链建设，比如发展农产品的储运、销售、加工，都需要技术创新。

实施“互联网+农村”，可以促进中国农村经济社会的发展转型。例如要提高农村基础设施水平，这个基础设施本身就包括互联网基础设施，还有教育、卫生、文化、社保等农村公共服务的提供，都要有服务平台，互联网就有这样的作用。再如，美丽乡村建设，要保护古村落、古村镇、古文化、古建筑，本身要建立一套数据系统进行保护。

实施“互联网+农民”，促进农民就业增收致富。比如说阿里的淘宝村、农村淘宝，都刺激了农民的就业。同时推动农村一二三产业融合发展，其核心是要打造新的农业产业体系、生产体系，让生产加工流通一体，让服务一体。发展休闲农业乡村旅游、精准扶贫，这些都可以通过“互联网+”实现。

第九章

中国互联网的治理体系

2006年12月，腾讯公司推出一款名为“QQ医生”的免费安全软件，并于2010年5月31日将QQ医生升级并更名为“QQ电脑管家”，同时上线木马查杀、插件清理、系统清理等功能，这些功能触动了360公司的“奶酪”。2010年9月27日，360发布直接针对QQ的“隐私保护器”，10月14日，腾讯起诉360不正当竞争。同年10月29日，360发布“扣扣保镖”安全软件，“3Q”大战正式打响。10月30日至11月2日，360安全卫士大力推广此外挂软件。11月3日，腾讯宣布将在装有360的机器上停止运行QQ。2010年11月4日，相关管理部门紧急出面制止了这场战斗，360宣布召回“扣扣保镖”，并发布公告称360和QQ实现完全兼容。

这场著名的“3Q”大战引出了中国互联网的治理问题，明明白白地摆在公众和政府面前。

企业竞争的无序性

中国的互联网巨头，百度、阿里巴巴和腾讯发力 O2O 产业，结合自身流量优势，推出产品来带动线下消费。同时，他们也通过并购企业的方式进入多个领域，如腾讯对出行的投资；阿里对社交、娱乐、电商的一体化布局；百度的“移动搜索 +O2O 场景 + 百度钱包”的交易生态等。在平台化战略指导下，几个大型互联网企业活跃在多个领域，这也意味着更加激烈的竞争。

3Q 大战后，腾讯为自己确定了开放的大平台战略，将社交平台、游戏业务、数字媒体和内容平台设定为未来的核心重点业务。随着移动互联网的持续发展，腾讯在一些领域看到了更为宽广的生态系统空间，包括电子商务、O2O 服务、互联网金融、在线教育、医疗保健等垂直领域。对这些新的领域，腾讯采用两个角度进入：对于具有相应经验的领域，侧重选择自己来开展业务；对于相对不熟悉的领域，将更多地采用开放式平台（open platform）战略。腾讯的 O2O 战略主要包括以微信公共账户为节点，接入微信支付、广点通实现流量变现；垂直领域则选择与其他商家合作的方式，如滴滴打车、大众点评等。

阿里巴巴的平台战略由网购平台、配送平台、系统平台、金融平台和娱乐平台构成。从 B2B 到 C2C 到 B2C，从一线城市到二三线城市到农村，从中国到东南亚到全世界，阿里巴巴已经完成了大网购平台的搭建。菜鸟网络的发展为阿里生态的建立提供了物流方面的能力。同时，阿里的 YunOS 作为第三大移动操作系统，智能终端设备装机量超过 1 亿部，是系统平台的核心。2014 年 10 月成立的蚂蚁金服，其旗下业务及相关业务主要有生活服务平台支付宝、智慧理财平台蚂蚁聚宝、云计算服务平台蚂蚁金融云、独立第三方信用评价体系芝麻信用以及网商银行等。此外，阿里也布局了文娱领域，大文娱版图下已涵盖了优酷土豆、虾米音乐、阿里体育、UC、阿里文学、阿里游戏、阿里影业、阿里星球、大麦网等多个业务板块。根据 2017 财年阿里季度财报显示，由 UCWeb、阿里音乐、优酷土豆等组成的阿里巴巴大娱乐版块，正在成为继电商业务、云计算之后的新主营业务和核心收入来源。

团购大战

2010年，团购起步，中国各地的团购网站如雨后春笋般诞生。2011年，团购行业受资本热捧，呈现疯狂式增长，并在之后经历行业洗牌，在团购寒冬季大批团购网站消声匿迹。团购模式由2010年从美国引进，随后竞相模仿、遍地开花，先后掀起了千团大战、剩者为王等两大热潮期。

自从2010年1月中国第一家团购网满座网上线后，2月到7月，中国涌现了几百家团购网。线下的商家将自己的商品或服务搬至线上并提供折扣优惠，引起用户的购买欲。2011年8月，是团购网站发展的鼎盛时期，团购网站不需要考虑仓储物流等硬性投入，属于"轻"公司，且资金回笼迅速，高峰时中国有5058家团购网站，被称为"千团大战"。2011年底，我国团购应用的用户规模为6465万人（如图9-11所示），用户增长率为244.8%。易观国际数据统计，2010年底至2011年上半年，团购行业从2612家增长至突破5000家，几乎以平均每天10家的速度快速增长；经过盘整期后，截至2014年6月，团购网站已经锐减至176家，存活率低至3.5%。2014年底，我国团购用户规模达到1.73亿，为争夺国内的团购市场，较知名的团购网站如拉手、美团、窝窝团、24卷、满座团、高朋网等开始进行融资比赛，铺天盖地的团购广告进入用户的日常生活，户外路牌、公交车身、主流网站、电视媒体上随处可见。过低的准入门槛在加速团购行业的发展的同时，也暴露出商品质量无保证、行业的恶性竞争等弊端，过度饱和也加速了市场洗牌。作为互联网业界盈利和增强用户黏性的有效工具，互联网巨头纷纷涉足团购行业。

2011—2015年团购使用情况【图9-1】①

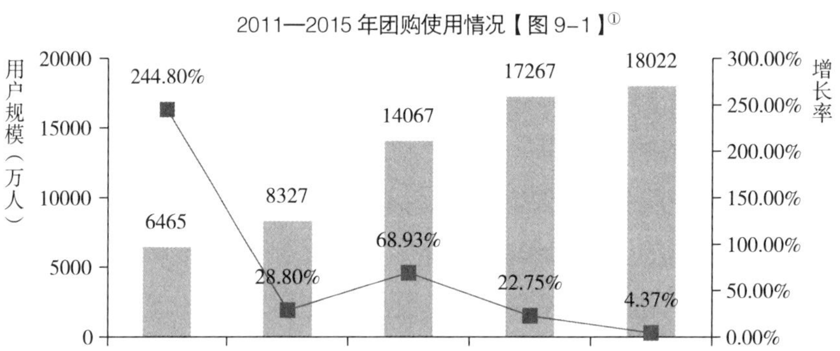

①《中国互联网络发展状况统计报告》，中国互联网络信息中心

百度2014年收购糯米网，同年腾讯注资大众点评。2015年团购网站深入布局O2O市场，一方面关注垂直细分领域，另一方面通过会员战略提升用户体验从而增加用户黏性。

电商价格战

2012年8月14日，京东CEO刘强东在微博宣布："京东大型家电三年内零毛利，所有大家电保证比国美、苏宁连锁店便宜10%以上。"此条微博发出后转发频繁，意味着京东以大家电为突破口向两家传统家电巨头苏宁、国美宣战。苏宁易购回应："所有产品价格低于京东，差价将两倍赔付消费者。"国美也作出回应："国美电子商城全线商品价格比京东商城低5%。"8月15日上午9点，这场业内外重点关注的价格战打响。除了三大主角，多家电子商务企业也加入价格战，包括易迅网、当当网、亚马逊。当价格战进行到第四天，三个主角均表达出倡导良性竞争环境的意愿。

在此之前的京东"6·18"店庆时，京东商城、天猫、当当网、卓越亚马逊、一号店等电商巨头均放出促销活动吸引消费者，可见中国电商业的竞争激烈程度。根据中国电子商务研究中心发布的《2012年度中国电子商务市场数据监测报告》，截止到2012年底，中国电子商务市场交易规模达7.85万亿，同比增长30.83%。其中，B2B电子商务交易额达6.25万亿，同比增长27%。网络零售市场交易规模达13205亿元，同比增长64.7%。

网约车VS巡游车

2015年5月21日，天津市数百辆出租车为对抗互联网专车，集体停驶。而在数天前，杭州市才刚刚出现出租车大面积罢运。5月18日，上海大众交通（集团）股份有限公司董事长杨国平曾在"上海出租汽车信息服务平台"发布会上表示："目前已有15个城市发生大规模的不稳定事件，希望上海不要发生。"

在中国互联网发展史上，互联网进入传统行业引发强烈震荡的例子比比皆是，而"互联网+车"可以说是最为瞩目的一个。这其中，以"共享经济"为主打牌，推行绿色出行的网约车，无疑是聚光灯下的焦点。互联网与资本的不断碰撞形成了庞大的互联网经济群体。伴随着分享经济的融合，网约车平台培育出中国极具典型的网络利益群体——网约车司机。

网约车司机，这个2016年被政府命名的“新人群”，早已同出租车司机群体、黑车司机群体一起构成了小型车出行服务人群的三大组成部分。在政府确认“网约车司机”合法之前，活跃在中国网约车平台上的专车司机已经近千万。人们在购买爱车自己享用的同时，也借助智能手机中的网约车软件，将更多的人送达目的地。借着“互联网+”与共享经济的东风，专车司机已经成为发达地区不可忽视的庞大社会群体。

互联网技术引发的“出行革命”繁荣背后，无法回避出租车司机的生存问题。在出租车司机眼中，专车司机和黑车司机没有任何差别，都挡了他们的“财路”。面对出租车司机集体罢运的汹涌民意，各地政府也做出了妥协与抉择。一时间，北上广等各大城市纷纷采取“查处专车行动”。同时，网约车的发展道路依然坎坷。司机刷单现象屡禁不止；与日俱减的网约车司机补贴；成倍提价的快车服务；失去了量的保证，又缺乏单位的高激励，不少人退出了专车司机的行当……刚体会到网约车便利的人们开始担忧它的未来。

【打车软件从竞争走向合并】①

Uber，2009成立，2010年6月正式于旧金山推出服务；2011年已经拥有3千到6千的用户，完成了1万到2万的行程；仅仅花费5年多的时间就成长为全球估值最高的非上市企业之一。Uber诞生后，打车软件快速兴起，随着智能手机的普及和移动互联网技术的发展，打车应用逐渐改变人们的出行方式。在中国，2010年5月，易到用车在北京成立，率先推出“专车”服务，当时的“专车”走的是中高端商务车路线。打车应用成为移动互联网中商业模式最可期待的服务类应用程序之一，资本的大量涌入促使多项打车应用的产生，包括“摇摇招车”、“滴滴打车”、“快的打车”、“大黄蜂打车”、“打车小秘”等。2013年5月，国内大小打车软件达40多款，价格战引发的恶性竞争和监管缺位等引起各界关注。打车

① 《2013—2014年打车软件市场分析报告》. 速途研究院. http://www.baidu.com/link?url=AfP9P5vwOYs8VWn9PtvCQKTdW4vbo6UO-TyRrZAeYj1_ok1 myPMwHtUh PjpmQ9MqPv6AeTBkNOeDxg9gIre0-_&wd=&eqid=d27450f50000405600000035aab7337

应用的累积注册用户从2012年的400万增长到2013年的2160万，这注定了打车软件领域的竞争将无比激烈（速途研究院：2013—2014年打车软件市场分析报告），纵观中国打车软件的发展历程，伴随着“补贴”、“合并”等词汇。

（1）快的与滴滴：从打车烧钱大战到合并

从打车软件混战到寡头之争，团购网站的发展历程仿佛再次重现。滴滴打车和快的打车分别于2012年9月和8月在北京和杭州上线，此后迅速在中国多个城市展开业务。2013年4月，快的获得阿里巴巴、经纬创投1000万美金A轮融资。2013年4月，腾讯注资滴滴1500万美金，上线仅半年多，滴滴打车就迎来了B轮融资。2013年8月，快的打车接入支付宝，在微信支付诞生前，成为中国唯一一家可以通过在线支付全部打车费用的打车APP。在2013年9月微信5.0改版后，滴滴也接入了微信支付。两款初具规模的打车软件与移动支付的结合成为打车烧钱大战燃起的前奏。“支付＋红包”补贴大战从2014年1月进行到5月，20亿元的投入使大战期间的用户享受到优惠，培养了打车软件的使用习惯。2014年年末与2015年初，滴滴和快的相继宣布完成了金额为7亿美元和6亿美元的D轮融资，腾讯和阿里再次位列各自投资者之位，战火从打车市场烧到了专车市场。易观国际数据显示，截至2014年12月，中国打车软件累计账户数量达1.72亿，而快的和滴滴的市场份额之和为99.8%。

在2015年情人节到来之际，曾经强有力的竞争对手滴滴和快的宣布战略合并，整合了激烈交战的打车市场。

（2）滴滴与Uber：从补贴大战到收购

2013年8月，Uber选择上海作为最先试运营的城市，并于2015年10月8日成立Uber中国，是Uber成立的唯一一个美国以外的独立公司并将服务器搬至中国境内。继2015年3月，Uber宣布人民优步降价30%后，11月份，Uber展开了新一轮的补贴活动。滴滴快的也不示弱，向乘客派发5折优惠券，同时开展大规模融资，带起了一轮“融资战”。Uber中国在2016年1月B轮融资20亿美元，而滴滴出行也通过融资储备了资金。

2016年8月1日，滴滴出行宣布与Uber全球达成战略协议，滴滴出行将收购优步中国的品牌、业务、数据等全部资产。Uber全球将持有滴滴5.89%的股权，相当于17.7%的经济权益，Uber中国的其余中国股东（包括百度）将获得合计2.3%的经济权益。

网约车是“互联网+共享经济”的排头兵。滴滴吞并快的、Uber后成为行业独角兽，政府也频频发声，为网约车正名。2016年7月28日，《关于深化改革推进出租汽车行业健康发展的指导意见》和《网络预约出租汽车经营服务管理暂行办法》出台，为争议不断的网约车行业注入了强心剂。经过了野蛮生长、寡头竞争、法律规范的三大阶段，网约车经济正在逐渐与中国发展境况磨合。

安全与隐私的治理问题

中国的信息化社会正在到来。当网民享受着数字化生活带来的便利同时，也在自己创造着全新的社交网络体系、生产流动网络和社会信用体系。随着中国互联网的发展，以此获得社会发展红利的互联网阶层正在快速形成。在享受数字红利的同时，不可避免地也要承接数字社会的负面。

病毒泛滥与密码外泄

网络的地位越来越重要，互联网的健康发展备受关注。“熊猫烧香”病毒的爆发、密码外泄门的警醒，网络安全成为网络世界的必备条件。《国民经济和社会发展信息化“十一五”规划》发布，提出了到2010年我国信息化发展的总体目标和具体目标，提出了统筹信息化发展的重点领域和基础条件的主要任务。互联网被列入战略性新兴产业“十二五”规划，“十二五”明确提出加快电子商务、电子政务相关产业发展，全面提高信息化水平。

【“熊猫烧香”病毒】[①]

由25岁的李俊编写的“熊猫烧香”病毒是一种经过多次变种的“蠕虫病毒”变种。2007年1月初，这种病毒肆虐网络，被感染的电脑出现瘫痪，所有可执行文件变成“熊猫手持三炷香”的图案。同时，此病毒还

① 腾讯科技. https://news.qq.com/a/20090720/000071.htm

具有盗取用户游戏账号、QQ 账号的功能。制造者还在网络销售该病毒，造成其大肆传播。《瑞星 2006 安全报告》和《2006 年度中国大陆地区电脑病毒疫情和互联网安全报告》将其列为十大病毒之首、2006 年度“毒王”。用户电脑中毒后可能会出现蓝屏、频繁重启以及系统硬盘中数据文件被破坏等现象。同时，该病毒的某些变种可以通过局域网进行传播，进而感染局域网内所有计算机系统，最终导致企业局域网瘫痪，无法正常使用。网络病毒一直是互联网用户心中的阴影，也为企业带来严重损失，“熊猫烧香”病毒事件引发了大众对网络安全的思考。

【密码外泄门】①

2011 年 12 月 21 日，国内著名开发者社区 CSDN 的 600 万用户账号和密码遭黑客泄露。随后，“密码外泄门”持续发酵，天涯网于 12 月 25 日发布致歉信，称天涯用户隐私遭到黑客泄露。用户信息泄露事件，造成了用户的不安与恐慌，也引发网民对网络信息安全的高度关注，网上出现大量网站数据库安全、密码设置和安全意识提升的讨论。

密码外泄事件发生后，CSDN 采取了三方面措施：重置信息遭泄露用户的密码、提醒使用前 100 个最常用密码的用户自行修改、请第三方信息技术公司进行安全审计。

自互联网诞生以来，网络安全问题就屡禁不止，在信息化发达的欧美等国也时常出现黑客攻击、病毒侵袭和信息泄露，经历了密码外泄事件，也使得我国互联网企业加大对信息安全防护的投入，更加重视用户信息的保护。

被诈骗袭击的网民隐私

【徐玉玉案】②

2016 年 8 月 19 日，临沂市罗庄区高考录取新生徐玉玉被犯罪嫌疑人

① 新浪财经. http://finance.sina.com.cn/roll/20111222/112411041160.shtml

②《检察日报》. 新华网. http://www.xinhuanet.com/legal/2017-07/20/c_129660047.htm

以发放助学金的名义，实施电信诈骗，被骗走9900元。案发后，徐玉玉与父亲到公安机关报案，回家途中心脏骤停，送医院抢救无效死亡。经过公安机关大力侦查，8月底，7名犯罪嫌疑人先后落网。

“徐玉玉事件”是中国基层遭遇信息社会而产生的负面问题的真实写照。徐玉玉因为不具备抵御信息诈骗的能力而被骗，不懂“信息社会常识”而被迫害；诈骗分子因为没有系统接受德育教育而行骗，不懂“信息社会规则”而迫害人。生活在信息时代，人们对于信息素养和法律意识的教育要求越来越迫切。

中国电信网络诈骗持续高发，手段多样。从2011年至2015年，中国电信诈骗案件数量从10万件飙升至约60万件。据统计，仅2016年1月至7月，因电信诈骗造成的经济损失就高达114.2亿元。从最原始的短信诈骗、刮刮卡中奖诈骗，到利用木马病毒窃取账户、密码诈骗，再到利用任意显号功能拨打电话诈骗，再到利用网页和电话混合诈骗，直至目前已发展到了通过移动客户端发送包含有木马程序等的诸如“积分兑换”等诈骗短信实施诈骗，电信诈骗已进入5.0版本时代。

在中国，电信行业相关配套的信息社会治理、用户信息素养亟需加强。中国社会已经成为全球电信诈骗的重灾区之一。湖南公安机关查获的某家非法调查公司收集的公民信息极其惊人，初步估计总量超过1.5亿条。其中一个名为“浙江富豪20万”的数据包内，详细列出了富豪们的家产、手机号、住址等，隐私一览无余。

电信诈骗发案率【图9-2】①

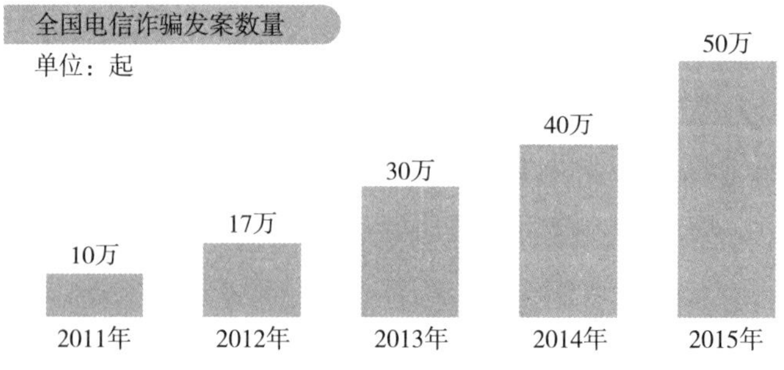

① http://www.xinhuanet.com/info/2015-07/09/c_134394790.htm

电信诈骗引发网民的强烈不安，隐私安全上升为中国互联网舆论场的新问题。“总有刁民想害朕”，这句网络流行语映射出 7 亿人次中国网民在信息爆炸的时代中对于网络安全问题的思考与焦虑。在对未来预期不确定的隐忧之中，网民小心地躲避着未知的威胁。“徐玉玉事件”向全社会敲响的了警钟，这一悲剧将会成为全民向电信诈骗集体宣战的转折点。

面对电信诈骗乱象，公安部重拳出击，严厉打击电信诈骗。在中国公安机关打击电信网络诈骗犯罪电视电话会议上，公安部副部长李伟透露：2016 年 1 月到 9 月，中国共破获电信网络诈骗案件 7.7 万起，查处违法犯罪人员 4.3 万名，同比上升了 2.3 倍，打掉各类诈骗犯罪团伙 6200 余个，捣毁诈骗窝点 6900 余个，收缴赃款、赃物价值人民币 23.4 亿元，为群众避免损失 47.5 亿元。

同时，各方持续发力，协同作战。中国最高法、最高检、公安部、工信部、中国人民银行、银监会等六部门根据有关规定联合发布《防范和打击电信网络诈骗犯罪的通告》，要求对互联网上发布的贩卖信息、软件、木马病毒等要及时监控、封堵、删除，对相关网站和网络账号要依法关停，对构成犯罪的要依法追究刑事责任。

中国政府的治理体制

随着互联网基础设施的完善、互联网用户规模的不断扩大以及信息化技术的迅猛发展，中国互联网商业模式逐步演进，政府规制不断加强，互联网法制亦进入建设期。在互联网进入早期，以门户网站为代表的简单商业模式占据主流，覆盖人群规模较小；随后，Web 2.0 媒体开始迅猛发展，逐渐削弱传统媒体的地位和作用，政府部门开始对网络媒体实行更大力度的监管；电子商务、网络广告、游戏、网络视频等互联网产业发展迅猛之时，政府随即采取措施优化产业发展环境，力图控制“有害和非法的信息”。在今天，互联网产业全面渗透、冲击传统行业，商业模式会变得更加复杂，传统的行政监管模式显然不能适应互联网时代发展的潮流，网络空间管理体系亟待完善。

法律法规监管措施的出台

自我国接入互联网后，网络管理法律、规定的出台有利于营造和谐的网络环境。尤其在互联网发展进入商业化阶段后，各类网络应用层出不穷，在迅速发展的同时也出现诸多不合理甚至危害社会的现象，网络监管尤其重要。

在接入互联网不到两年后，关于计算机联网方面的规定相继出台。1996年2月1日，国务院第195号令发布了《中华人民共和国计算机信息网络国际联网管理暂行规定》。其后，邮电部于1996年4月9日发布《中国公用计算机互联网国际联网管理办法》。公安部在1997年12月30日发布了由国务院批准的《计算机信息网络国际联网安全保护管理办法》。1998年3月6日，国务院信息化工作领导小组办公室发布《中华人民共和国计算机信息网络国际联网管理暂行规定实施办法》。

在网络安全方面，2000年1月1日，国家保密局发布了《计算机信息系统国际联网保密管理规定》。随着域名数量的增加以及论坛、网络新闻等受众增多，《互联网站从事登载新闻业务管理暂行规定》《互联网电子公告服务管理规定》《关于互联网中文域名管理的通告》《互联网文化管理暂行规定》等一一发布。2000年9月25日，国务院发布中国第一部管理电信业的综合性法规——《中华人民共和国电信条例》，中国电信业的发展步入了法制化轨道。同日，国务院公布施行《互联网信息服务管理办法》。

2013年，中国政府“网络安全与信息化小组”的成立标志着网络空间安全上升到国家战略层面。国家也重视对IT / 互联网产业等发展环境的优化，进而实现互联网对社会经济的整体拉动，并从技术层面和产业层面对网络空间实施引导和管理。但中国在网络空间顶层设计和战略规划层面与美国相比，仍然存在一定的差距。

在法制建设方面，由全国人大常委会法工委、网信办等部门牵头起草的《网络安全法》《电子商务法》《未成年人网络保护条例》自2017年至今陆续出台；新修订的《互联网新闻信息服务管理规定》于2017年6月1日实施；另外，网信办还制订了“互联网立法规划”，以加快推进网络立法。这意味着今后5到7年，较为完善的互联网法律体系将形成，中国网络法治化进程正在提速。

迈入网络理政时代

中国的发展处于工业化与信息化的交织阶段，这使得中国社会发展更加复杂。国家行政学院教授汪玉凯表示，国际互联网治理正处在认识的升华阶段，中国互联网治理面临挑战，提升互联网治理能力是实现网络强国的重要条件。

在这种境况下，网络理政就尤为重要。网络理政主要是指政府利用互联网、新媒体与社会各界沟通，及时了解社会动态和公众利益诉求，宣传和解释自己的方针政策，主动征求公众意见和建议。

网络理政强调以人民为中心，涉及政府信息公开、公众参与决策、多主体协同治理以及个性化便民服务等一系列重大问题。它在理念上强调民主、开放、参与和协商，通过多方参与治理的方式来解决治理中遇到的问题，实现政府与公众良性互动。

网络理政要求建立服务型数字政府，使政府依托数字信息技术进行决策、管理和服务。建设开放、透明、负责任的数字政府，可以大幅度提高行政效率，为人民群众提供更好的服务。实践中，建设数字政府、进行网络理政，需要在机制上进行一系列创新。

网络理政，意味着政府服务由单向转为双向，未雨绸缪，防“问”于未然。四川绵阳市委书记罗强在《人民日报》发文，“网络问政”实际上已经发展成“网络理政”。从“网络问政”到“网络理政”，虽仅是一字之变，但背后传导的是对网民态度的转变。在建立网络理政平台的过程中，各级政府应对现有政务网站、电子政务系统及其他网络政务平台进行整合，优化升级，逐步实现一个网络理政平台全方位政务服务。鼓励服务对象对政府部门的服务范围、服务标准和服务质量评价反馈，切实发挥社会监督作用，促进政府全面提高服务水平。网络理政的关键词是“理”，政府应当针对不同群众的需求，提供个性化服务，优化网络政务服务。

网络理政，意味着政府服务由管理转为治理。中国国家主席习近平指出，“治理和管理一字之差，体现的是系统治理、依法治理、源头治理、综合施策。”这对转变政府职能提出了注重系统性的要求。“互联网+”政府治理体系中，治理的主体包括政府、企业、社会组织和公民等。对政府而言，治理的过程就是政府自身从“管理者”到“服务者”角色的转变过程；对非政府部门而言，治理就是从被动管理到主动参与的过程。“互联网+”政府治理过程中，需要重构治理主体之间博弈与合作的新型关系，完善多方共治机制以及实现共治的制度保障。

网络理政的提出具有里程碑的意义。网络理政与数字政府建设必将在未来若干年内，取得跨越式的进步和发展，成为国家治理体系和治理能力现代化的重要支撑和应有之义。在互联网成为人们主要的交流渠道和沟通平台的今天，政府适应形势，推动网络时代下的国家治理体系与治理能力现代化势在必行。

中国网络理政地方实践体现出了中国政府在网络理政创新方面的三大特征：唤醒“沉睡数据”，打破“信息孤岛”，协作转变治理思维；简化审批流程，全程透明阳光，提高行政效率；政民互动，探索多方互动协同治理，提升政府亲和力。

从单向到双向

新一届中央领导集体上任以来，敏锐地洞察到互联网建设的重要性，网络安全被提升到前所未有的高度。2014 年 2 月 27 日，习近平在中央网络安全和信息化领导小组第一次会议上强调，“没有网络安全就没有国家安全，没有信息化就没有现代化”。这一论述，把网络安全上升到了国家安全的层面，列于和国家信息化同等重要的位置。习近平将之形象地比喻为，“网络安全和信息化是一体之两翼、驱动之双轮”。

2015 年 6 月，第十二届中国人大常委会第十五次会议初次审议了《网络安全法（草案）》。2016 年 11 月 7 日，第十二届中国人民代表大会常务委员会第二十四次会议以 154 票赞成、1 票弃权的结果，通过了《中华人民共和国网络安全法》。2017 年 6 月 1 日起该法正式施行。

网络安全法的制定，有关部门在草案制定调研、发布征求意见等多个环节的立法过程中，从单向的指令计划向双向的交流互动转变。2014 年上半年，法工委组成工作专班，开展网络安全法研究起草工作。通过召开座谈会、论证会等多种方式听取中央有关部门，银行、证券、电力等重要信息系统运营机构，一些网络设备制造企业、互联网服务企业、网络安全企业，有关信息技术和法律专家的意见，并到北京、浙江、广东等一些地方调研，深入了解网络安全领域存在的突出问题，掌握各方面的立法需求。在此基础上，先后提出了网络安全立法的基本思路、制度框架和草案初稿，会同中央网信办与工业和信息化部、公安部、国务院法制办等部门多次交换意见，反复研究，提出了网络安全法草案征求意见稿。经同中央国安办、中央网信办共同商量，再次征求了有关部门的意见，作了进一步完善，形成了网络安全法草案。

《网络安全法》完善了国家信息网络立法规划，体现了立法的科学性原则，也遵循了互联网的发展规律；它的编制打破了过去由部门立法的弊端，改由中国人大法工委直接起草，更加体现立法的民主性；特别注意的是，草案的第一稿开始，就向全社会公开，征集了包括网络安全厂商和广大网民在内的多方面意见，使得网络安全法更加适应时代要求，更加符合发展规律，更加反映人民意愿。

在我国，一方面，随着社会的变迁，过去以单位制为依托的政府直接控制社会的单向度管理，已经难以达到及时调节社会矛盾冲突、促进社会公平正义，维持社会秩序和稳定的目的；另一方面，随着人们物质生活水平的提高，社会需求不断增加，而且社会需求向着多样化和个性化方向发展，政府提供的整齐划一的公共服务越来越难以满足不断增加的多样化和个性化的社会需求。

在互联网发展早期，理论界普遍认为互联网是不应该被控制或是不能被控制的。但随着互联网问题的不断涌现和学术研究的进一步深入，理论界对于互联网的控制问题有了新的认识。对于如何控制，学者们画出了多条准绳来规制互联网的发展与治理，各国也提出有利于国家利益的互联网治理主张与方案。政府逐渐意识到，如果只是被动回应社会需求，公民和社会组织的一切活动仍然依靠国家和政府发出指令实施控制，那么，国家和政府将不堪重负，社会秩序和社会稳定也难以维持。因此，政府需要主动让渡空间，切实转变职能，将政府做不好、做不到的事情交给社会，保障公民参与公共事务管理的权利，真正培育民间社会的自我管理和自治能力。

对于中国而言，互联网以独特的方式介入中国共产党主导的改革进程中：一方面，改革催生了中国互联网的起源和快速发展；另一方面，互联网也影响了改革的既定议程，并成为改革的重要组成部分。大量的互联网法律法规相继出台，中国互联网在治理结构上也基本形成了“分工负责、齐抓共管”为核心，兼顾治理互联网信息、规范互联网行业发展、打击网络违法犯罪的治理格局。一方面，暴力机关以强硬作风严厉打击违法行为，另一方面，宣传部门开始有意识地遵循和利用互联网传播规律进行宣传，常态化、全方位治理模式正在形成。从整体上看，中国政府在严格地履行其支持、引导与管理互联网的职权，虽然方式引起人们的评议，但互联网形态仍然处在变化之中，任何敢于尝试的举动都应该给予理解。

互联网可用来传播信息、表达诉求、进行政治沟通，网络问政应运而生。随着网络技术不断更新，网络的影响力空前增强，政府触网也远远突破了“问”的范畴。实际上，网络理政已成为新形势下政府施政的重要实践形式。从网络问政向网络理政转变，这是中国政府顺应网络技术变革、从被动到主动的调整，从深层次反映了其高度的网络认知自觉。

在网络问政转型网络理政的道路上，浙江省开启了率先的探索。从 2010 年 8 月开始，省委主要领导对人民网网友留言进行公开回复。浙江网民留言办理件已连续 3 年入选“中国网民留言办理十大案例”。网络问政逐渐成为浙江各级各地收集网络信息、了解民情、集聚民智、科学决策的工作方式：不管是人大的立法项目建议、监督建议议题，还是政府的为民办实事事项，亦或政协的重点履职工作选题建议等，都通过网络平台广泛征集社会各界的意见和建议。2014 年中国智慧政府发展年会上，浙江政务服务网被评为 2014 年中国政府网站“最佳政务平台实践奖”，并名列榜首。2014 年 6 月，浙江政务服务网正式上线，标志着浙江从网络问政走向网络理政。

互联网的“官民”交汇中，同样需要互动和沟通。面对因信息不透明而爆发的互联网社会群体性事件，中国政府不断改革，建立起更加开放的政务公开制度。网络问政行为，在政治过程中属于输入的环节，更为关键的是输出，即相关政策的制定和实施。所以，网络问政虽然重要，但更为重要的是“问”政之后的“理”政，它是网络问政的落脚点和归宿。

从管理到治理

从管理到治理，一字之差，体现的是党的执政理念的转变。互联网时代下，新的社会治理理念，既有鲜明的目的导向，也蕴涵着社会管理理念的转型升级。同时，网络治理主体也呈现出多元化趋势，从传统的政府单一主体拓展到政府、社会组织、企业、公众多元协商共治。如何更好地构建多元协商机制和治理路径，考验着政府的智慧。

政府发挥统筹引领作用，制定法律规范、实施行政管理、制定产业政策、明确技术标准等。中国互联网发展基金会、中国文化网络传播研究会、中国互联网信息中心、中国互联网金融行业协会等行业组织，积极开展行业自律、倡导网络文明、培养良好风尚。广大网民踊跃开展监督，参与互联网违法和不良信息举报。有调查显示，85.6% 的网民认为网络正能量信息日渐增加，90.6% 的网民对中国网络健康发展充满信心。

网络理政的思维模式强调以人为本、权利平等和公平正义。网络理政通过再造政府决策、管理和服务模式，优化组织结构，能够全面提升政府履职能力。互联网的平等、开放和共享特质恰好契合了打造开放政府、透明政府，参与政府和回应政府的治理理念和服务模式。建设网络理政环境需要智慧政府为代表的软件建设、智慧城市为代表的硬件建设、互联网法院为代表的制度建设。

中国政府已然注意到了这一点。把握好网络群众路线与互联网治理的尺度，成为当前中国互联网社会面临的新课题。一方面，中国政府主动触网，采取积极的态度倾听网络民意。从“胡温新政”的网络上新年问好，再到习近平主席的发布军报微博，中国政府采用人民所习惯的信号型姿态来表达对网民的重视，改进宣传与了解民意的方式，梳理理政脉络，贯彻落实网络群众路线。另一方面，中国政府不断加强公民的通识教育，尤其是科普教育，通过两微一端的途径及时在网络上辟谣；加大信息公开力度。

2008 年 5 月 1 日，《中华人民共和国政府信息公开条例》正式实行，中国政府开始加强对于公民知情权的保护。在国务院新闻办的推动下，新闻发言人制度也渐趋成熟，政府部门新闻发言人素质逐渐提升，有效地提升了政府的公信力。

把握好网络群众路线与互联网治理的尺度，成为当前中国互联网社会面临的新课题。一方面，中国政府主动触网，采取积极的态度倾听网络民意。从网络上新年问好，再到发布军报微博，中国国家领导人采用人民所习惯的信号型姿态来表达对网民的重视，改进宣传与了解民意的方式，梳理理政脉络，贯彻落实网络群众路线。另一方面，中国政府不断加强公民的通识教育，尤其是科普教育，通过两微一端的途径及时在网络上辟谣；加大信息公开力度；严厉打击网络造谣；抵制境外势力“煽风点火”，避免更深层次的危机发生，完善互联网治理模式。

2016 年 11 月，国务院办公厅印发《关于全面推进政务公开工作的意见》实施细则，进一步推进决策、执行、管理、服务、结果的“五公开”。将“部门主要负责人是‘第一解读人和责任人’”写进文件。

建设智慧政府

> 网络安全和信息化是事关国家安全和国家发展、事关广大人民群众工作生活的重大战略问题，要从国际国内大势出发，总体布局，统筹各方，创新发展，努力把我国建设成为网络强国。没有网络安全就没有国家安全，没有信息化就没有现代化。建设网络强国，要有自己的技术，有过硬的技术；要有丰富全面的信息服务，繁荣发展的网络文化；要有良好的信息基础设施，形成实力雄厚的信息经济；要有高素质的网络安全和信息化人才队伍；要积极开展双边、多边的互联网国际交流合作。建设网络强国的战略部署要与“两个一百年”奋斗目标同步推进，向着网络基础设施基本普及、自主创新能力显著增强、信息经济全面发展、网络安全保障有力的目标不断前进。
>
> ——习近平

电子政务的进展

如果从 2002 年国务院信息化工作办公室建立为标志，中国电子政务已经整整经历了十多年的发展历程，取得了重要进展。

基础设施的建设，为中国的电子政务快速发展提供了物质保障。以行业为代表的电子政务系统建设取得了重要突破，一大批带“金字头”的电子政务应用系统，如金桥工程、金卡工程、金关工程、金税工程等取得明显成效。此外，政府内部办公、对外管理和服务整体上对电子政务应用系统的依赖度提高；政府门户网站建设取得了重要进展，门户网站在提供信息服务、办事服务以及政民互动服务方面发挥着越来越重要的作用。政务微博、微信、移动 APP 应用已成为各级政府部门发布权威信息、加强政民互动、提升社会治理能力的一个重要组成部分。《2015 年人民日报—政务指数微博影响力报告》显示，截至 2015 年 12 月 31 日，微博平台认证的政务微博达到 152390 个，当年度政务微博发博量达到 2.5 亿，阅读量达到 1117 亿。此外，2008—2014 年，电子政务市场规模持续较快增长，未来仍将保持较快增长。

2008—2014 年中国电子政务市场行业市场规模情况【图 9-3】[①]

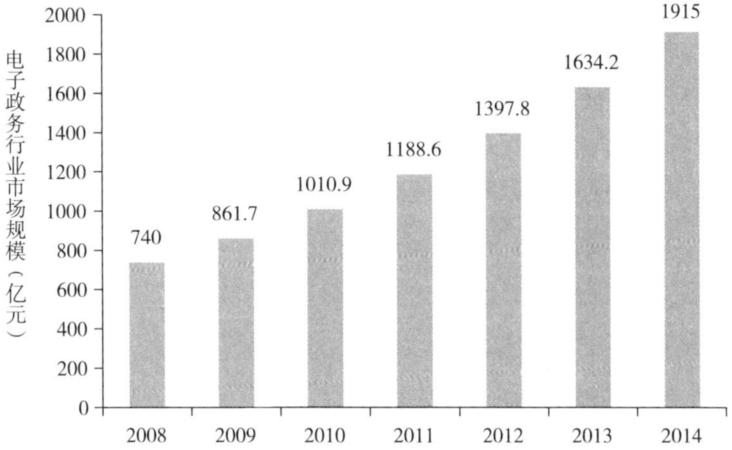

云计算、物联网、大数据、移动互联网等新技术正加快向政务领域渗透，形成一系列创新应用。以云计算为例，中国政府高度重视云计算的发展，把云计算列为重点发展的战略性新兴产业，并确定了北京、上海、杭州、深圳和无锡 5 个试点城市，先行开展云计算服务创新发展试点示范工作。地方

① http://www.chyxx.com/industry/201609/445222.html

政府也成为中国云计算的主要推动者，北京、上海、成都、武汉、深圳等多个地方都发布了地方云计算战略规划，如北京发布了“祥云工程”，上海启动了“云海计划”。

互联网观念的推广，为中国的电子政务快速发展提供了思想动力。2015年的中国两会上，李克强总理在政府工作报告中首次提出“互联网+”行动计划。“互联网+政务服务”的实质是围绕政府的一场互联网革命。“互联网+政务”主要是借助云计算、大数据技术推动政府搭建平台，让百姓享受信息技术带来的便捷服务。

互联网+政务的实现还将不断改变政府的组织结构，最终将建构出适合信息时代发展需要的政府组织形态。中央纪委监察部在其官方网站手机客户端上开通“反‘四风’一键通”举报窗口，主要受理违规公款吃喝、公款旅游、违规配备使用公务用车、违规发放津补贴或福利、违规收送礼品礼金、大办婚丧喜庆等问题的举报。用户只需下载安装手机客户端，就可通过手机照片、视频和文字说明举报身边的“四风”问题。

在中国，随着互联网+政务的热潮来袭，传统、机械的电子政务计划正在向现代、有机的智慧政府过渡。智慧政府是理政环境的软件建设。智慧政府充分利用物联网、云计算等技术，实现政府、市场、社会多方协同的公共价值塑造。2016年两会政府工作报告中指出，要大力推进“互联网+政务服务”，通过网上政务办事大厅、两微一端以及不断涌现的社会化服务平台推进公共服务互联网化已成趋势。

全新的智慧政府概念涵盖智能办公、智能监管、智能服务、智能决策四大领域。以智能监管为例，其采用物联网技术对政府监管对象进行自动感知、自动识别、自动跟踪。在中国，物联网建设正在与基础设施与公共政策息息相关。目前，在遍布中国的高铁车站中，具有人脸识别功能的视频监控系统被广泛建设，用来协助公安部门抓捕逃犯。与此同时，北京加强建立PM2.5自动监测网，市民可以上网查看各监测点的PM2.5浓度，数据每个小时采集一次。而在智能服务方面，政府部门把电子化公共服务打包成App供人们下载、使用。香港特区政府组织开发了56个App，主要涉及教育、卫生、环境、就业、出行等民生领域。而在内陆，两微一端的政务传播矩阵也大大方便了人们的生活。

智慧政府研究的视角和内容【图 9-4】[①]

智慧政府研究的视角		智慧政府研究的内容
信息技术维度	关键技术	云计算、物联网、移动互联网、大数据、人工智能、语义网络、实境网络、Web 3.0
	特征表现	移动性、无缝性、实时性、集成性、泛在性、可视化、透彻感知、需求预测、快速反应、个性化订制、主动服务、场景导航、无障碍服务、一站式服务、基于位置的服务
	应用平台	政务网站、政务微博、政务微信、移动 APP、RSS 订阅、维基百科、社交网络
	终端渠道	个人电脑、智能手机、平板电脑、智能电视
公共管理维度	主要问题	信息垄断、数字鸿沟、信息超载、信息孤岛、信息生态、网络安全、稳私保护
	实现方式	政府数据开放、政府业务协同、信息资源共享、跨政府部门合作、公共服务外包
	功能作用	经济调节、市场监管、社会管理、公共服务、民意征集、政策制定、发展规划、科学决策
	服务内容	公共教育、医疗卫生、交通出行、劳动就业、社会保障、企业开办、经营纳税等

中国政府的信息化进程【图 9-5】[②]

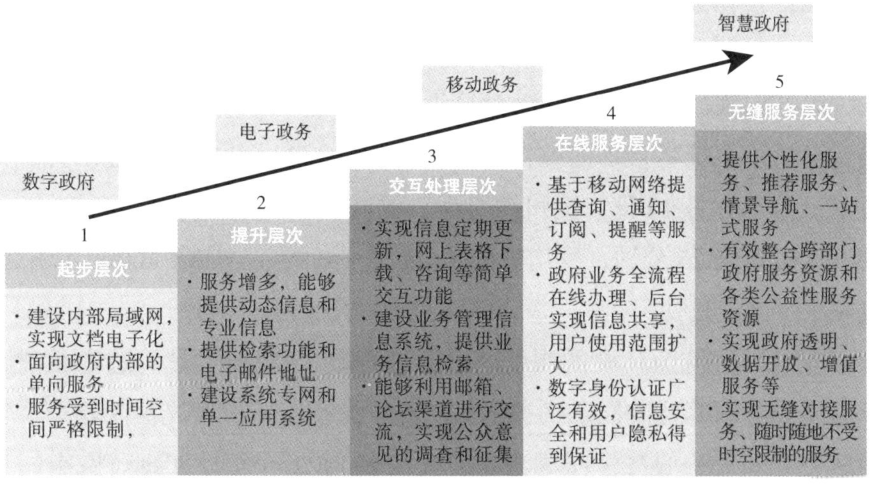

2014 年，贵州省启动“云上贵州”平台建设。省网上办事大厅已实现省市县三级审批服务部门全部入驻，初步实现“进一张网办全省事”的大审批服务格局。围绕电子政务、智能交通、智慧物流、智慧旅游、工业、电子商务、食品安全等方面启动了“7+N”云工程建设，电子政务云作为 7 朵云中的中枢神经，是贵州省发展大数据产业、建设智慧贵州的核心云。

① 中国知网
② 百度百科

网络理政的实践

2017 年 8 月 18 日，中国首家互联网法院——杭州互联网法院正式揭牌成立。在这里，起诉、立案、送达、举证、开庭、裁判，每个环节全流程在线，诉讼参与人的任何诉讼步骤即时连续记录留痕，当事人可以“零在途时间”“零差旅费用支出”完成诉讼。

“目前还没有一个国家采用这种新的方式，这无论从法学理论还是实践上来说，都是一种创新思路。”西湖区人民法院的一名法官这样评价“互联网法院”在中国的诞生。英国曾动议成立“线上法院”，酝酿了 2 年，至今没有实现。而现在，杭州互联网法院已经成功审理了大量互联网案件。

今年 5 月 1 日起，杭州互联网法院的前身——杭州铁路运输法院就正式上线“网上诉讼平台”，集中管辖杭州地区网络购物合同纠纷等 5 类案件。原告使用手机号码注册账号后，在线填写起诉状、提交相应的证据材料，勾选所需依据的法律条文，5 分钟便可起诉立案。系统会自动提取电子商务平台的当事人身份信息、网上交易过程及各类表单数据，最大限度实现网络证据在线一键式引入。同时系统自动计算诉讼费用，当事人可通过支付宝或网银缴纳。随后，系统将自动向被告送达诉讼信息，被告可以上网登录查看并提出抗辩。截至 8 月 15 日，杭州铁路运输法院共立案 2605 件，审结 1444 件，平均开庭时间仅 25 分钟，平均审限 32 天，开庭案件均实现 100% 在线庭审、在线判决、网上送达。

以互联网法院为代表的制度建设助力理政环境改善。“沟通零距离、服务无障碍”互联网法院同步推进网络法院、智能法院、阳光法院建设，实现了司法公开和诉讼服务全面覆盖。中国已有 1.8 万个法院实现了庭审同步录音录像、同步记录、同步显示庭审记录，可提供光盘刻录。一张小小光盘，体现了法院的公开透明，也体现了法院主动接受监督的态度，切实增强了老百姓对案件审理公平正义的“获得感”。

中国同样积极探索依法治网、公开管网的治理路径，探求蕴含互联网思维的创新管理模式。2017 年 6 月 7 日，北京市网信办依法约谈微博、今日头条、腾讯、一点资讯、优酷、网易、百度等网站。“约谈”“账号管理”“网站主体责任”……这一则消息的背后，涉及近年来互联网领域的多项规章和规范性文件。2014 年 8 月 7 日，国家互联网信息办公室发布《即时通信工具公众信息服务发展管理暂行规定》，被称为“微信十条”；2015 年 2 月 5 日，《互联网用户账号名称管理规定》发布，被称为“账号十条”；2015 年 4 月 28 日，《互联网新闻信息服务单位约谈工作规定》发布，简称“约谈十条”。2017 年 5 月 2 日，国家网信办颁布了成立以来的第 1 号令——《互联网新闻信息服务管理规定》。同时，《互联网信息内容管理行政执法程序规定》《互联网新闻信息服务许可管理实施细则》也相继出台。

没有严明的规则之治，就没有有序的网络空间。互联网主管部门发挥统筹引领作用，不断推进相关规章制度建设，是网络生态治理取得成效的重要经验之一。从“微信十条”“账号十条”“约谈十条”三个“十条”先后出台，到国家网信办 1 号令、2 号令相继公布，中国的互联网生态治理逐渐走上快车道。

网络理政与数字政府建设是国家治理体系和治理能力现代化的重要支撑和应有之义。2016 年 12 月 16 日，在复旦大学与中山大学联合举办的首届互联网治理智库联盟高峰论坛上，复旦发展研究院传播与国家治理研究中心发布“2016 中国网络理政十大创新案例”。从中华人民共和国商务部门户网站到广东、上海、湖北、山西、宁夏等地方数据开放、网络服务、政府回应等案例名列榜上，代表了中国政府网络理政和数字政府建设的创新方向。相关案例充分反映了从中央部委到各级地方政府积极努力建设开放、透明、负责任的数字政府的有效举措。

数据铁笼的建设

在贵阳的街道上，民警在路上拦下一辆车，驾驶员下车配合民警做酒精吹气检测。司机涨红的脸显示出明显的醉意，伸入钱包的手正在表现出向民警“求情”的强烈意愿。而他不知道的是，只要驾驶员一吹气，数据马上传到后台，系统就会正式启动，民警必须按照“蓝色”部分规定的流程办理，如果出现未在规定时间送检血样、验血结果显示超标没有立案等情况，系统均会自动启动报警系统。

“醉驾案件办理的风险，有主观的、也有客观的，甚至有来自上级领导的不正当干预，自动运行的数据处理模型能够及时发现、提醒和控制各类异常行为，对执法干警本人而言，既是监督也是保护。”贵阳市交管局法制处处长樊劲松说。

在贵阳，借助卫星定位，移动查岗系统能实时记录民警的行动轨迹；利用执法记录仪，民警执法过程实现可记录可追溯；依托移动警务通，民警开出电子罚单，数据直接与后台链接。点点滴滴中，在以数据织密的权力监管和制约的铁笼中，实现了对自身廉政风险的高效防控。用数据描述行为、用制度编织笼子，让权力运行不再任性而为。

这一系列特殊的行政管理模式被称为“数据铁笼”，是中国国家大数据战略实施背景下的有效实践。2015 年 2 月，国务院总理李克强考察北京·贵阳大数据应用中心，为“数据铁笼”点赞。李克强说，把执法权力关进“数据铁笼”，让失信市场行为无处遁形，权力运行处处留痕，为政府决策提供第一手科学依据，实现“人在干、云在算”。

“数据铁笼”模式是针对中国“熟人社会”国情和大数据技术开发的有效融合，是具有中国特色的网络理政利器。“数据铁笼”通过建立“用数据说话、用数据决策、用数据管理和用数据创新”的全新机制，用大数据的方法对业务流程和个人履职行为全过程记录，并对数据进行深度挖掘，一方面对业务流转过程中体现权力运行的数据进行融合分析，发现薄弱环节、寻找权力异常，增强事前预警，形成制约权力运行的铁笼，提升政府效能和服务民生水平。另一方面形成个人诚信档案，实现以大数据的方式对公务员的制约、考核、评价体系模型，最终实现把权力关进制度的笼子。它通过大数据平台的融合和分析，变人为监督为数据监督，变事后监督为过程监督，变个体监督为整体监督，使权力运行过程中的风险能够被及时发现、预警，有效防控权钱交易、权力寻租现象。

贵阳市公安交管局围绕“可公开、可记录、可分析”三个目标，目前已建成了 20 多个信息系统平台，实现了对执法人员内外业务的全程记录，对权利风险点的分析、监督和制约。在“数据铁笼”模式下，交管业务各项数据汇聚到大数据融合平台，大数据融合平台会根据设计好的“数据处理模块”统一进行预警、跟踪和反馈。

透明执法的数据约束、数据上“云”的现代治理、科学评价的风气建设……数据铁笼模式让贵州省走在行政体制改革的前列。贵州省委大力支持“数据铁笼”建设，提升了行政管理的现代化水平，构建起铁笼一般的评价体系与监督机制。

第十章

网络空间的人类命运共同体

“当互联网只是一个概念的时候，人们看到的是技术；当技术实现作为产品的时候，人们看到的是工具；当工具被广泛使用的时候，人们看到的是生活方式和工作方式；当互联网成为一种工作、生活方式的时候，互联网就代表了这个时代。”

——高红卫，中国航天科工集团董事长

在互联网发展史上，近10年发生了由量到质的变化。不论是作为工具还是平台，还是人们对网络的使用和认知，都显现出了一种确切无疑的演进：由工具的、实践层面的实用和切入，抵达了人类社会秩序与制度层面的挑战与重塑——世界将面临一场“旧制度与新数字革命”的碰撞与对冲。围绕互联网的公共讨论和学术话语正在“从强调可能性、新鲜感、适应性、开放度的新生状态，到把风险、冲突、威胁、常规化、稳定性和控制看作当务之急的发展期之痛”的迁移。

互联网正在给人类经济、社会、政治、文化等各个方面带来深刻变化，并将持续在未来产生更为深远的影响。互联网决不仅仅是一项技术、一类工具、一个产业，它已与各个行业、领域融合，所引发的变革是划时代的、深层次的、也是颠覆性的。互联网使人们的生活更加便利，共享单车、共享汽车随处可见，然而它并不流于人们获取信息、购物的平台，它的魅力吸引众多年轻人投身于互联网行业，用自己的技术、才智为世界带来改变。互联网孕育了太多的新发现、新改变、新理念，正在锻造一个前所未有的时代——既是最好的也是最坏的时代。

人类网络公域的崛起

从技术渗透到价值塑造

信息技术会带来产业变革，变革的核心力量是数字信息的规模。据IDC报告显示，2010年，全球数据总量突破了ZB大关（1ZB约为1万亿GB）。2011年，产生与复制的信息量超过1.8ZB——在5年中增长了9倍。在2014年的报告中，数据增长的趋势进一步明确："由于物联网，数字宇宙每两年翻一番，2013年到2020年数据量将增长10倍，从4.4万亿GB到44万亿GB。"数据数量的增长带来了对其价值的重新认知。从海量数据中可以挖掘出前所未有的价值。这些海量数据的集合，形成了所谓的赛博空间（cyberspace）。

信息的价值被重新挖掘塑造，会导致整个社会的经济发展重心从以制造业为主转向软件和服务业：从inside到outside（从重视产品到重视生态环境）；从scale up到scale out（从纵向扩展到横向扩展）；从关注设备、软件到更关注数据；从赛博空间到人机物三元融合世界。

作为一种依托互联网而存在的文化形态，网络文化与科学技术有着紧密的关系，人、网络、信息、文化四位一体。因此技术载体在网络文化的形成和发展历程中起到了关键甚至决定性的作用。技术是人的文化延伸，技术的特点决定了社会和文化背景的特点，一项技术的革新必然引发社会和文化的改变，也会改变人的认知和价值观。

德国技术哲学家拉普曾指出："技术是复杂的现象，它既是自然力的利用，同时又是一种社会文化过程。"互联网的诞生和全球化的应用，使我们前所未有地开始同时生活在一个双重的世界里，即传统的物理世界和数字化的虚拟世界。在新建构的两个世界的关系中，我们又催生了这两个世界的融合，诞生了新媒体的两种新应用：虚拟现实和增强现实的媒体应用。有趣的是，这两种新媒体技术使得传统概念中的主体和客体的界限也愈发模糊化了。我们不仅生活在一个Internet（互联网）的时代，更开始进入到一个"everything in Internet（一切尽在互联网）”的世界中。“Everything in Internet”就是人类自己建造的一种新型公域。

移动技术改变人和世界的关系

这个由计算机技术和移动通信技术耦合所产生的技术大系统催生了“泛媒体化”时代。从人在生活中的关注力和直接作用点来看，今天的一切都在媒体化，不管是社交聊天、网络金融、还是滴滴打车，都以媒体的形式而不是技术的形式展现在大众生活中。新媒体在今天正在催生一种新的人的存在活动，一种新的身份认知活动。其中社交媒体发挥了极大的作用，在移动的社交媒体中，人与世界产生了新的意义关系，社交媒体的本质是它形成了一种新的关系世界，在人与人的交流中形成了新的人际关系、新的社会关系。所以我们看到不是新技术本身，而是在新技术影响下的一种新的方式，正在对我们人性的形成和变化产生着越来越大的作用。在随时随地的互动下，新媒体的价值内涵已经远远超出了传统媒体的消息传播意义，它已不能仅仅作为“体用观”中的“用”——一种工具，从新媒体与人的虚拟存在关系来看，社交媒体文化在今天正在逐渐成为一种新型社会生活状态。我们每一个人，作为“我”，作为“此在”（海德格尔提出），所存在的价值和意义、所存在的过程和形式、所存在的意志与自由，都在新媒体所建构的主体间的关系中，在物理世界和虚拟世界的二重实践和切换存在中，在新媒体形成的“主体—客体关系模糊化”的新世界中，被重新定义和重新存在。

智能技术改变人与知识的关系

现在的人工智能技术可以建立起媒体与人的一种新型关系（人机交互界面关系），生产出一种能够做出互动反应的媒体智能机器——APP。APP 以新的人类智能模拟方式或近似的方式，以新的知识方法来建立人类的知识体系。通过 APP，我们可以剥离出蕴含在社交媒体之中的三种基本智能关系特征，存在于以下三个方面：一是新媒体与知识形成的数据关系。社交化的新媒体产生了大量的社会数据，透过数据结构之间的关系，社交媒体帮助我们依托“大数据”走向“大决策”。二是新媒体与知识形成的计算关系。人们通过相应的技术，形成了对大数据在云端的计算能力和数据云的整合能力，依托这种能力，我们可以再进一步建立起一套在计算机逻辑推理方法上所形成的新型知识体系。三是新媒体与人类累计智能的关系。通过新媒体间的互动，我们不仅可以实现人机之间的新互动行为和新协作行为，更重要的是，当这种新的协作关系建立后，我们又使新媒体成为人类一种新的智能累计方式。

翻译技术打破语言的隔阂

语言是人类特有的财富，是人类最重要的思维工具和交际工具。然而，鉴于人类语言的多样性和复杂性，作为人类社会中一种重要社会现象的语言也是人类了解世界及相互了解的障碍。打破因不同语言而产生的隔阂，顺畅地开展跨地域的人际交流、沟通是人类的美好梦想。在“地球村”越来越小的当下，国际交往日益频繁，人们对翻译（尤其是优质翻译）的需求越来越强烈。人工智能的发展推动了机器翻译的进步。引入深度学习技术的机器翻译软件，将基于神经网络进行翻译，通过借助海量计算机模拟的神经元，模仿人脑“理解语言，生成译文”。人工智能翻译先将翻译稿画面中的背景和文字分离。卷积神经网络使计算机能够识别同色的不同像素点，在模糊、脏乱的背景中准确识别出字符。随后，通过深度学习技术，将字符拼写成单词。最终，计算机会利用模糊查找技术去查词典，翻译出已识别的单词。人工智能翻译已大幅提升翻译的准确度，甚至有望达到人工翻译的水准，达致“译文流畅，符合语法规范，易于理解”的基本目标。具有深度学习能力的人工智能翻译软件，并不是一开始就具备强大的翻译能力，而是像刚出生的婴儿一样通过学习大量双语对照的句子，逐渐提升翻译水平。科大讯飞公司已经研制出了一款人工智能话筒，对着这个话筒说一段汉语，不到1秒就可以有实时翻译出来的英文语音从话筒中传出，意思准确，发音自然、清晰、流畅、纯正。这一技术代表着世界上最强的翻译水平，并且又陆续升级了日、韩、法、西等语种。

得益于人工智能技术、语音识别、翻译软件等应用取得显著发展，解决了互联网对多语种的支持问题，突破语言障碍，真正实现了互联网的无国界交流互通，让更多文化内容得以展现，也让更多文化成果得以传承，有助于人类文化以数字化形式在网络空间持续繁荣。当然也要考虑文化的多样性。国际组织积极推动网络文化多样性，联合国通过《2030年可持续发展议程》明确提出信息通信技术对保护文化创意和文化多样性的重要作用。G20杭州峰会《数字经济发展与合作倡议》认可多语言原则的重要性。

网络公域的特征

马克斯·H. 布瓦索最早提出了"信息空间（网络空间）"概念，可以由此来理解当下国家间有关网络的竞争，以及国家实力动态变化，可以认为是网络公域概念的最早版本。"信息空间"描述了知识和信息在数据化后获得了巨大的流动性，改变了社会规则，和现实发生剧烈冲突。我们使用"信息空间"的概念是以其展现未来的社会图景：一方面现实空间所有的人、财、物、行为都终将会越来越多地迁移到网络空间中，形成巨量的网络数据和映射关系；另一方面，网络上的信息将以数据的形式构建新的人与人、人与物、物与物之间的沟通，通过对数据价值的挖掘提升现实社会的运行效率，从而深刻影响现实社会。

网络公域的全球性

网络公域融合了现实物理空间和网络空间。这两种完全不同特性的空间具有不同的内在规律，也代表着工业时代和网络时代两种不同的模式。经济全球化进程让来自五湖四海的人生活在一起。通过网络空间，不同文化、宗教背景之间的人们的接触交流更为频繁。各国首脑在全球峰会上的发言可以通过网络直播的方式直接呈献给世界观众；跨国企业通过新的通信工具召开员工会议；各国民众可以在同一个网络视频下留言讨论。

人类的群体思维模式被称为群蜂意志，一个人类群体大脑记忆库的建立：最初的时候各个神经记忆节点的搜索路径是尚未建立的，当我们需要反复使用的时候就慢慢形成强的连接。在互联网诞生之前这些连接记忆节点的路径是微弱的，强连接是极少的，但是互联网出现之后这些路径瞬间全部亮起，所有记忆节点都可以在瞬间连接。互联网的蜂群意志所拥有的自我调节机制，给了人类做整体未来决策提供了超越以往、前所未有的体系支撑，基于这样的记忆模式，人类重新改写各个行业，也改写着人类未来。互联互通带来巨大的经济效益，网络空间跟实体空间的各行各业交汇融合，对各国经济结构具有全局性影响。全球用户昼夜不断的生产和更新内容、超越时区的贡献和分享，形成无法抵制的联网效应。

任何国家都难以承受孤立于网络公域之外的后果。在移动互联网兴起以后，以手机为代表的移动硬件不仅打破了原有 PC 对于网络使用的空间限制，还带来了更丰富的个人数据生产和传输，并由此推动了 O2O 商业模式的兴起——将线上行为与线下消费直接联动，越来越多的实体产业从接受网络支付开始慢慢被重塑。新一代信息技术产业正走向网络化和智能化，产业链重心也从制造业转向数据和信息内容本身，打破了行业间的隔阂，互联网平台企业借由数据向传统产业不断输出影响力。信息技术与医疗、教育、金融等行业的深度融合不断拓展出新型应用，引发商业模式变革。在这一背景下，各国纷纷提出信息政策，寻找国家未来发展的驱动力量。

在后文中，我们将试图从平台和国家战略的角度解析当前信息空间竞争的主要格局，从而把网络的今天与明天连接起来。当数据化的信息开始流动起来，速度、数量、内容的爆发性增长形成了一个“全球网络生态”，而互联网企业则是这种“全球网络生态”的具象化形态。当下信息空间的主要发展动力就来自于此。在这种迅猛整合的背后，是信息流动的本能欲望，而信息流动则是互联网的本质意义。人类使用新的信息技术最终塑造出了完全不同于物质商品的消费形式，使得信息流动具备经济价值，而信息流动的价值杠杆又将影响物质世界的格局。

平台型企业扮演主角

从历史上看，核心技术变革会改变国际格局。当一个蕴含巨大变革的未来远景日益清晰的时候，获得并使用这一核心变革的国家将赢得快速发展的机遇。在实际的运作中，核心技术变革主要体现在平台型企业的应用深度。

平台型企业并不是信息时代的首创，但是平台型互联网企业将这一模式提升到了新的高度。我们从制造业可以看到类似的情形，例如波音公司把一架飞机分解为无数零部件和模块，交给供应商生产，甚至让供应商参与零件与模块的研发，而自己则成为一个设计和系统集成的平台，其核心能力体现在对系统和流程的设计、控制和优化。在信息技术时代，平台型互联网企业对这一模式加以提升的重要标志是，其整合能力已经突破了单一生产链条和产业的相关性屏障，形成了一个多点突破与多链延伸的网状结构。目前在信息领域中，产业链向上下游延伸，呈现更大规模的垂直整合，形成生态系统。无论是从流量还是从市值上看，排名靠前的互联网企业已经脱离了单一功能或单一产品的阶段，依靠庞大的用户规模形成了平台化商业模式，并从平台中获取企业升级动力。

在全球范围内处在第一集团位置的脸书、苹果、谷歌和微软，它们将决定互联网发展速度，引领互联网产业走向，以苹果和谷歌为代表的“操作系统 + 硬件终端 + 服务平台”发展模式将互联网和移动互联网紧密结合在一起。随着传统互联网、移动互联网及相关产业的融合，社会化网络和智能终端开启的平台移动化和智能化将加速这个生态系统竞争的激烈性和复杂程度。互联网企业营收多元化，各产品和业务的交融，会使生态系统内竞争个体的界限越来越模糊。

实际上还有第三种力量在网络的大环境中影响着所有人，那就是网络本身所代表的国际化的开放与共享，人类历史上从未有过一项发明能够像互联网一样贯通精神与物质，连接科技与人文、社会与经济，真正的海纳百川、网罗万物。开放、共享、互联、互通是互联网与生俱来的精神本质，在发展和被使用的过程中，它实现了全球的连接，打破传统地缘与时空的藩篱，消弭语言的隔阂。人们生活在网络时代、在电磁波的覆盖下、在网络的包容中，无时无刻不在被互联共享的精神内涵所影响、改变、同化着。国际舞台的主角已然发生变换，一个事实上的“网络国家”（Netstate）正在崛起，凌驾于现实世界的民族、国家之上。

中国对网络公域的贡献

截至 2015 年，全球互联网用户数量达到 32 亿。其中使用率最高的是欧洲，拥有互联网接入的家庭占比 82.1%，其次是美国的 60%。在个人网民方面，中国互联网用户约 6.49 亿，普及率 47.9%，占全球互联网人数的 22%；

美国互联网用户 2.8 亿，普及率 87%，网民约占全球 10%。中国参与互联网的个体最多，而且正处于快速增长期。对比美国的数据，中国互联网渗透率仍将继续迅猛增长。

据 Alexa 网站统计，全球流量前 100 名的网站中，中美两国网站占据了半壁江山：美国网站数量为 33 个，中国 19 个（此数据未计算美国的全球网站在其他国家的统计数量，若将谷歌、亚马逊等在其他国家的网站包括在内，美国的数量为 56 个）。根据 2015 年“互联网女皇”玛丽・米克尔的报告，全球互联网上市公司中市值前 15 名的企业充分体现出中美的高集中度。从网络和信息空间的角度来说，最近 10 年中国的崛起确实是一个非常大的变化。互联网上市公司全球排名前 10 位中，除中国占据 3 席，其他均为美国公司。中美两国已成为信息空间中的双子星座。

创新的商业模式和技术标准

中国是全球接入设备最多样化的国家，手机、平板电脑、电视接入等网络都呈现较大增幅，塑造“无处不在”的网络空间。以 BAT（百度、阿里和腾讯）为核心的互联网企业，在海量用户数据资源的基础上，尝试将信息数据与现实需求结合，通过构建售货机、一卡通、团购、拼单、同城服务等多种途径重构本地服务，带动网上流量向线下消费行为的转变，形成了近年来具有中国特色的 O2O 产业模式。

从 20 年 IT 产业的发展看，中国积极推动中国企业参与国际化进程。率先兴起的硬件制造业，如联想电脑、华为网络设备和智能手机，为全世界网民提供了大部分廉价的上网工具；以互联网高科技服务业为主，推动了国际电子商务的发展，仅仅在 2017 年的第一季度，中国银联卡全球交易额约合 1.9 万亿美元，而 Visa 今年一季度交易总额仅为 1.75 万亿美元，这意味着中国银联在交易总额上已成为全球第一的国际卡组织。2014 年中国的快递数已经超过美国。在 2015 年第一季度，阿里巴巴的营收达 6001 亿元人民币，同比增长 40%，全年预计为 5300 亿美元，而去年沃尔玛全年营收总额仅为 4822 亿美元。以上这些不容忽视的指标都说明了中国在信息空间的巨大竞争力。

2017年，中国TD-LTE进入国际4G标准，据今年6月统计显示，TD-LTE分布在全球37个国家和地区的63家商用网络，占据了全球4G基站总数的一半，承载34%的4G用户。同样是2017年第一季度，微信每月的活跃用户已经达到5.49亿，用户覆盖200多个国家和20多种语言的使用者，使用微信的便利化和强大功能，已经成为人们不可或缺的日常通讯工具。

造福“一带一路”国家

2013年，习近平主席提出共建“一带一路”新丝绸之路倡议。古时中国人带着丝绸牵着马匹走进大漠深处，今天我们传承着交互往来的丝路精神，拥抱网络时代的开放共享，走上和平与友谊之路。“一带一路”沿线是世界上最具发展活力和潜力的地区之一，地域广阔、人口众多、资源丰富。60多个国家以发展中国家居多。中国提出的“一带一路”倡议内容涉及政策沟通、设施联通、贸易畅通、资金融通、民心相通五方面，以中国几十年来的发展道路和成功经验为其他发展中国家提供方案选择和借鉴，也将中国梦与沿线各国人民的美好梦想对接起来。信息技术可以为梦想的实现提供有力保证。

中国工程院的吴曼青院士认为：“既有看得见的‘一带一路’，也有看不见的、信息化的‘一带一路’”。信息化的“一带一路”，能够把沿线国家各种各样的要素，连成一个有机整体，形成一张互联互通的网络，为沿线各国的发展提供支撑和服务，使各国能够共享信息化的便利。信息化建设是“一带一路”倡议中的重要组成部分。以信息化建设带动毗邻发展中国家网络工程建设，缩小与发达国家之间的数字鸿沟，共同适应和推进全球数字化发展进程。通过完善中国以及沿线国家的信息基础设施建设与数字网络服务体系，带动沿线国家之间的信息互联互通，打造数字丝绸之路，促进各国经济、社会和生态发展，通过空间资源合作、融合发展、数据交换，将各国数据资源链接起来，构建起大数据生态圈。

中国国家信息中心正在建设“一带一路”大数据中心，以广泛深度归集全球“一带一路”相关信息并建设综合数据库为基础，数据种类从国内表层的省情数据、丝路政策到沿线国家地区里层的投资贸易、经济与产业、科研机构、企业等信息，为沿线国家提供多元化、个性化、可视化的大数据产业和服务。腾讯公司在“一带一路”的号召下，发挥信息能力这一核心优势，通过微信、QQ 两大社交平台，以及新闻客户端、QQ 浏览器，并联合腾讯投资的搜狗、京东、滴滴等公司的平台信息，构建起涵盖社交、新闻、媒体、搜索、电商、出行等诸多领域信息的平台，支持“一带一路”沿线国家和地区的信息互联互通。腾讯云服务器、微信海外版、微信支付、网络文学、音乐等产品在沿线国家影响力持续提升。微信在马来西亚、泰国、印度、印尼、中东等国，用户总量超过 7000 万。腾讯云服务器遍布世界各地，在全球 20 个地区内运营着 25 个可用区，为中外企业提供云计算和大数据分析服务。中国航天为老挝研制发射“老挝一号通信卫星”，并成立合资公司协助其地面开发及运营。中国电信 2016 年以来开始实施跨中亚、南亚、西亚区域多国陆缆合作建设的丝路光缆项目，覆盖吉尔吉斯斯坦、塔吉克斯坦、阿富汗、阿塞拜疆等内陆国家；建设中巴欧（CPE）、中缅欧（CME）高速信息走廊，非洲信息高速公路项目等；并参与修建多条“一带一路”沿线海缆建设，为亚太－非洲方向、亚太内部注入充足的传输容量储备，着力打造以中国为枢纽的“全球信息高铁”，促进区域信息互通和应用，消弭鸿沟。

从古代丝绸之路到新时期的“一带一路”，变的是技术与手段，不变的是信念与精神。

积极推动合作彰显担当

据世界知识产权组织统计，近两年技术创新的成果有 80% 来自互联网领域。超高速网络、物联网、移动互联、大数据、云计算、人工智能，信息科技日新月异，深度融入人类生活、社会治理、经济发展、科技创新之中。互联网的高速发展也带动了网上支付、网络购物用户规模的加速增长，互联网正成为中国经济增长新亮点，世界经济复苏新动力。

接入国际互联网 20 多年来，中国不仅以惊人的速度发展成为互联网大国，而且作为联合国常任理事国，还一直以增进网络空间和平繁荣为己任，积极参与国际互联网治理体系塑造与规则制定，稳步走进国际互联网舞台的中央。中国积极与美国、英国、韩国等国建立双边互联网交流平台，加强沟通合作，推进互信合作；通过召开“世界互联网大会”“中国－东盟网络空间论坛”和“中国－阿拉伯国家博览会网上丝绸之路论坛”，积极搭建互联网领域国际交流的中国平台；通过建设陆上丝绸之路、搭建空中丝绸之路、打造网上丝绸之路，服务“一带一路”发展战略及沿线国家；积极支持《G20 数字经济发展与合作倡议》的通过和贯彻落实。

避免“公地”悲剧

网络公域类似草原公地，如果各个网络公域的参与主体各自为政，很容易发生悲剧。

> 1968 年，英国学者哈丁（Hardin）在《科学》杂志上发表了一篇题为《公地的悲剧》的文章，提出了困局经济学。一群牧民一同在一块公共草场放牧。一个牧民想多养一只羊增加个人收益，虽然他明知草场上羊的数量已经太多了。但是，作为理性人，每个牧羊者都希望自己的收益最大化。在公共草地上，每增加一只羊会有两种结果：一是获得增加一只羊的收入；二是加重草地的负担，并有可能使草地过度放牧。经过思考，牧羊者决定不顾草地的承受能力而增加羊群数量。于是他便会因羊只的增加而收益增多。看到有利可图。许多牧羊者也纷纷加入这一行列。由于羊群的进入不受限制，所以牧场被过度使用，草地状况迅速恶化，悲剧就这样发生了。

防止“盲人摸象”

盲人摸象的故事对于人们认识网络空间具有启发意义。“其触牙者即言象形如芦菔根，其触耳者言象如箕，其触头者言象如石，其触鼻者言象如杵，其触脚者言象如木臼，其触脊者言象如床，其触腹者言象如瓮，其触尾者言象如绳。”这个故事的本来寓意是不能只凭片面感知或局部经验，就想做出全面的判断。

但是，盲人摸象是建立在大象真实存在的基础上。对于虚拟的网络空间来说，目前的现状多是存在各种南辕北辙的看法，也存在各种差异巨大的实践。但这些不同的看法和多样的实践能否构成对于网络空间的整体看法？也就是说，关于网络空间这头大象是否真实存在？仍然没有准确的答案，缺少一个总体的看法。

与此同时，网络安全也日益成为人们共同关注的主题。网络犯罪、网络反恐、网络战争影响人们对网络空间的认识。网络安全已经渗透到社会生活的每个细节，影响政治、经济、军事、外交各个方面，涉及网信、工信、公安、安全等所有部门。在全球，网络空间军事化程度加深，勒索病毒肆虐。在中国，网络犯罪成为第一大犯罪类型。

从数字经济到网络安全，网络空间所涉及的议题不断拓展，具备了多重属性，关乎万亿数字经济规模，涉及国家安全，影响政治稳定，是一个拥有多个论坛、主题、主体及线索的万花筒，涉及所有政府部门，包容理想主义和现实主义等价值观，折射出各种冲突性和复杂性。 正是在这个背景下，中国首先提出了网络空间命运共同体的观点。这种观点的基本内容是，不管网络空间这个真实整体是否存在，它都提供了一个新的改变世界和认识世界的机遇，给世界发展、和平及繁荣带来机会。网络空间命运共同体是一个整体的看法，包容政府、企业、民间团体多个治理主体，满足政治、经济和人文的诉求，兼顾历史和现代、国内和国际语境。

互联网发展是无国界、无边界的，渗透到人类生存生活的方方面面，成为从事几乎所有人类活动的共同平台，人类对互联网的依存度甚至将超过能源和电力。网络霸权、网络监听、网络监控、网络攻击、网络犯罪、网络侵权、网络窃密等就相等于在公共草原的过度放牧，会产生严重的危害。

中国人的天下思想

网络空间充满未知、争议、冲突和博弈。人们不得不回归到一个古老的命题：我们如何看待别的文明、文化、宗教、种族、国家？我们把跟自己身份不同的人看作什么人？是一些宗教逻辑认为的需要征服的异教徒？是一些市场逻辑希望征服的潜在消费者？是尚未开化的野蛮人？还是和平共处的伙伴？这是网络时代的世界观问题。

中国哲学家赵汀阳认为，中国人的世界观是天下理论，是文明一体论。他描述了中国人思维的整体性：“中国从来都是综合地使用各种思想，从来都不单独地使用某种思想，比如说，在价值观方面以儒家为主，但在方法论上则主要是道家和兵家，在制度技术上又很重视法家，如此等等，从而形成系统性。中国思想只有一个系统，思维的综合性和整体性正是中国思想的突出优势，不理解这一点就不能表达完整的中国思维，就是个根本性的失败。”（《天下体系》）从世界观上看，中国人跟这个世界是和解的，承认世界文明和文化的多样性，包容他者。中国没有去征服他者的冲动，而是认为世界无外：“中国人认为世界无外。它就只有内部而没有不可兼容的外部，也就只有内在结构上的远近亲疏关系。于是，与本土不同的他乡只是陌生的、遥远的或疏远的，但并非对立的、不可容忍的和需要征服的。对于天下，所有地方都是内部，所有地方之间的关系都以远近亲疏来界定，这样一种关系界定模式保证了世界的先验完整性，同时又保证了历史性的多样性，这可能是唯一能够满足世界文化生态标准的世界制度。”

在关于世界政治的问题上，中国的世界观，即天下理论，可能是唯一考虑到了世界秩序和世界制度的合法性的理论，因为只有中国的世界观拥有“天下”这个在级别上高于/大于“国家”的分析角度。天下理论可以说是一种能够把文化冲突最小化的世界文化制度，而且这种文化制度又定义了一种以和为本的世界政治制度。文化制度总是政治制度的深层语法结构，亨廷顿[①]也意识到了这一点，所以在文明关系上重新理解了国际关系，可是他只看到了冲突，这毫不意外，不过是主体性思维和异端模式的通常想法。

独乐乐不如众乐乐

中国的古训里就有“独乐乐不如众乐乐”，“穷则独善其身，达则兼济天下”，信息时代技术带我们走进了更加互联互通的数字社会，但这终究不是一个地区、一个国家的自享其乐，这个时代，自享其乐与坐困愁城无异。因为数据是通过碰撞与聚合才能释放其内在价值、信息是通过互联和共享才能发

① 萨缪尔·亨廷顿（Huntington Samuel P.，1927—2008）美国当代政治学家，因主张“文明冲突论”而闻名于世。

挥更大作用。

这种互联网精神正呼应、契合了中华千年文明传承、隐藏在我们基因中的“集体意识”，“一生二、二生三、三生万物”的宇宙观世界观，数字空间的 0 和 1，本质就是阴与阳的互化共生，这些古老的智慧与力量在网络时代无所不能的辐射与连接中被快速地激活、唤醒、开启，并向世界输出人类命运共同体的“中国主张”。越是历史的就越是现代的，越是民族的就越是世界的，这是文化的审美规律，也是文化存在与传承的发展规律。

让互联网更好地造福世界人民；要严厉打击网络犯罪，完善个人信息法律保障，坚决扫除网络诈骗、网络色情、网络赌博、网络暴力、网络欺凌、网络恐怖主义等任何形式的网络犯罪，保护网络主体不受犯罪危害；保护每一位地球公民的网络权益；要积极推进网络空间法治化进程，增强国内国际网络空间法律和制度供给，加快网络空间建章立制，让网络空间成为人人都能安心交流、交往、交易的净土，实现国家网络安全、个人网络权益、网络科技创新、数字经济繁荣的协调发展。

从经济学的角度看，解决哈丁公地的“秘方”，就是把参与各方的责任明确化，世界各国针对网络空间国际规则和全球治理体系变革展开热议，国家的网络主权不可回避地成为争议的焦点；互联网的出现令主权复杂化，网络促进相互依赖，数字革命要求国家政府间彼此合作，利用好、发展好、治理好互联网必须深化网络空间国际合作，携手构建网络空间命运共同体。国家网络主权和网络空间命运共同体似乎存在着很大张力，中国的实际解决方案是什么？

网络空间的主权观

1576 年，法国律师让·博丹在他的《共和六书》中首次提出“主权”概念，这个概念后来被民族国家接手，在 19 世纪末、20 世纪初达于顶点。二战以后，这种主权理论开始走向衰微，例如，博丹当年将对金钱、信用和财政政策的控制列为主权国家的三大支柱之一。但全球化经济早已发现了主权国家的“阿喀琉斯之踵”，可以在瞬间给任何国家造成经济地震。可以说，在全球共同体内，很多人所理解的主权的对内和对外方面的绝对性既不符合实然，也不符合应然。主权除了对外向国际组织、跨国公司和全球公民社会组织转移，对内也在向地方政府和民间组织转移——国家主权在现实生活中正开始走向多元化。

在习主席出任网络安全与信息化组长之后，中国从战略层面明确了网络主权的重要性。2015 年 6 月，第十二届全国人大常委会第十五次会议通过《中华人民共和国国家安全法》，首次明确了“网络空间主权”概念，规定“加强网络管理，防范、制止和依法惩治网络攻击、网络入侵、网络盗窃等违法犯罪行为，维护国家网络空间主权、安全和发展利益”。

有关网络主权的争议

有关网络主权问题，在国际社会上存在深层的分歧和质疑，矛头主要集中在三个方面：

一是认为网络主权与互联网精神相对立，主权的排他性有悖于互联网精神的互联互通，强调网络主权会人为制造新问题，导致互联网碎片化。例如，电子前线基金会（Electronic Frontier Foundation）发起人巴洛（John Perry Barlow）发表《网络空间独立宣言》认为，网络空间生来自由，民间力量自会明辨是非，形成网络空间新的社会契约，解决冲突和争议，中、美、俄、法、德等各国政府都是工业时代的产物，均不拥有网络空间的主权。

二是认为网络主权与人权相对立，互联网应该支持言论自由，主权的介入则阻碍了信息自由流动。国际人权组织大赦国际（Amnesty International）认为，中国的网络主权主张侵害了言论自由，并以此为由号召苹果、谷歌、脸书、领英等科技公司抵制中国。

三是将网络主权与多利益攸关方治理模式相对立，网络主权会引发互联网治理模式之争，政府主导的多边治理可能会挑战多利益攸关方治理模式。美国商务部助理部长施特里克林（Lawrence Strickling）表示对中国的立场感到困惑，认为中国一方面表示支持多利益攸关方，另一方面却在乌镇峰会提倡网络主权。

网络主权问题在网络空间国际规则中有着特殊的重要性，成为诸多问题树的树根，其他问题由此衍生。因此，只有在这一问题上理清分歧、达成共识，才有国际合作的前提和基础。深入剖析这三个主要矛盾，实质上矛盾的背后所反映的是国家、国民和国际这网络空间三大主要行为体之间的利益诉求之争。单从某两点的各自利益出发，必然形成对立、无解、各执一词的局面。如果可以把视域拓宽，认清每一个行为体的本质需求，三点成面，或可圈定出一个对话共视区，问题便有了可讨论、权衡的空间。

传统的、实体空间的国家主权，存在天然的排他性。对内强调至高无上的权威性，对外强调不可侵犯的独立性。当人类进入了网络社会，由于开放性、全球性特点，使另外两个行为体的体量增长，作用凸显。这个时候谈国家主权，一定要拓展国际和国民两个视角。

国民视角：国民与网民有着追求自由的天性，会因吸引法则物以类聚形成同类社群，既有活力生机，又存在冲突、乱象；既有一定程度的组织性，又难免紊乱、松散；既拥有美好的价值观，又难辨舆论乱象，易被蛊惑诉诸极端主义、民粹主义。ISIS 等伊斯兰极端组织通过网络招募战士，世界各地竟有年轻人趋之若鹜。在无序的环境下，完全靠网民治网，自律效果并不好，自由也无法得到保障。要维护每一个网民的自由，就必须要有秩序来平衡，这就注定网络不能是法外之地。秩序的建立和形成需要外力，需要国家、政府层面制定规则，依法治网，保障网民的合法权益。技术不是万能的，技术本身不会提供秩序和安全，需要主权来提供相应的法律保障。

国家视角：国家追求安全与发展，具有更多的纵向垂直特征。国家拥有征税的权力，还拥有军队、警察等威慑力量，这是 17 世纪中叶后期形成的威斯特伐利亚主权国家体系的特征。讨论网络空间的国家视角，需要将国家分成两类：发达、强势的上游国家和发展中、弱势的中下游国家。对于发达国家、强势国家来说，它们既可以利用上游地位引领建设和平、美好、创新的网络空间，也可能诉诸单边主义，利用自身技术优势威慑、监控世界，甚至将网络空间军事化、政治化，后果则是抬高了整个国际的危机形势。挪威和平学者加尔通（Johan Galtung）研究的结论是西方发达国家越民主越好战。对于发展中国家、弱势国家来说，网络主权有着特殊意义，国家既能以主权为国际法中唯一认可的法律武器来抵制强势国家的霸权与好战主义，也可能无端放大网络主权概念隔绝本国国民的信息渠道。国家与国民这条双向关系也不是对立的，而是相互依赖和依存的关系。习近平主席在“4·19”重要讲话中指出：“网络以人民为中心。”要让互联网更好地造福人民。在网上倾听民声，了解民意，集中民智，引导民主，更能体现执政党的智慧。这样互联网的自由活力也会给国家发展带来繁荣生机。国家既要保安全又要谋发展，既要管网也要用网，因此就需要兼顾对国际、国民两个行为体的关系，利用网络空间建设符合自身国情的民主体系，也树立国际地位以保国家稳定。

国际视角：国际社会追求开放与包容。国际互联网代表技术创新的主流，人类文明生活的大势。国际社会要追求开放与包容，因为这里既有大国关系的角逐，又有东西方文化的碰撞，还需兼顾发达国家和发展中国家的利益平衡。国际社会的最大特征是经济全球化以及反经济全球化力量的全球化。

化解争议的“三视角”模型

从国家视角看，国家要解放思想、转变观念，正确看待安全与发展的关系，可以将互联网为我所用，趋利避害。国家主权通过一定的让渡，融入国际体系，可以让国际间的开放互通为国家带来更多发展机遇，促进文化交流、经济合作以及安全上携手应对。国家与国际之间有相互依赖、包容、让渡的关系，达成对立统一。习近平主席说：“中国开放的大门不能关上也不会关上。”

从国际视角看，互联网在技术上实现了全球互联互通，但只要国家还存在，就不可能无视国界和国家主权。要防止过度追求开放，越过底线，网络强国更应主动协助填平数字鸿沟，积极让渡和共享网络资源和治理经验，克制使用不对称手段谋取短期利益的冲动。在全球一网的基础上，创造更多的利益契合点，让世界各国都能够取得经济繁荣、文化昌盛、安全保障，这才与“互联互通，共享共治”的互联网精神本质相契合。

国家追求安全与发展时，需要向国际开放；国民在追求自由时，需要国家提供秩序保障；国际追求开放时，需要包容不同国家的多元文化。这些多边关系看似对立，实则统一，看似矛盾，却相互依存。每个行为体不能总是一味追求自己利益的最大化和绝对化，而是需要一定的相互“让渡”，在三边所限定的共视区内达成最佳的平衡，也就是要在网络空间的地球村、一条船上，寻求守望相助。

发展与安全、自由与秩序、开放与包容之间都是一组动与静的统一，阴和阳的平衡。其实这三个行为体本身的诉求并不是绝对冲突和对立的，只不过放到不同范畴，而表现出一定对立关系，但最终我们追求的是大格局下的整体平衡，有让有合，对立统一。很多时候，通过观念的转变，视角的转化，就可将一些矛盾化解。

虽然传统主权天然排他，但在全球化时代的网络主权需要考虑合理让渡。过去习惯把网络主权的争论焦点放在网络空间到底应不应该有主权，也就是放在主权的“演进性”或“延伸性”上，其实这根本就是一个无须争论的事实。认为网络空间没有边界，认为网络空间不适用于国家主权，这种观点已被现实所否定。网络空间早就成为继陆海空天之后的第五疆域，美国总统奥巴马的讲话中早就把它视为一个作战域，并组建了 133 支网络战部队。各国不管在网络主权的提法上如何各执己见，在实践层面却无一例外对本国网络加以管治，防止受到外部干涉和侵害。这些都是对承认网络主权的实践明证。分歧并不在于是否认同网络主权，而在于主权覆盖哪些区域，通俗地说，就是“脖子”以上还是以下的部分。这个问题反映了不同国家对网络安全的痛点是不一样的。国际社会应当尊重和理解各国的不同关切。因此，我们认为研究的关键，要用分层的方法来具体分析网络主权的可分性，进而找到主权“排他性”与“让渡性”的适用域。

三视角下的网络主权三层特征【图 10-1】

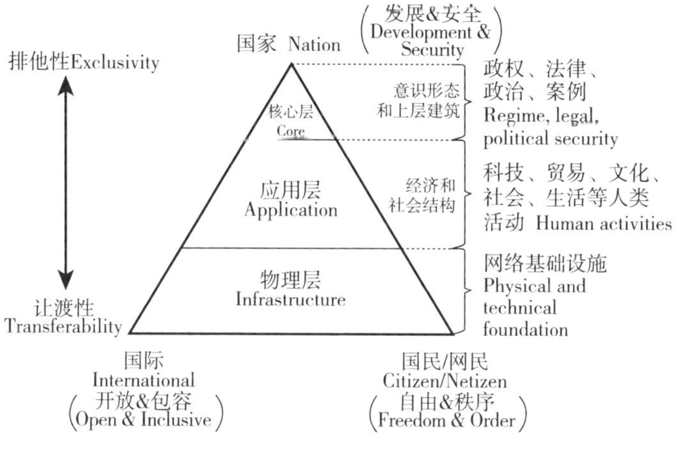

【三视角模型的详细解析】

底层：物理层，包含网络基础设施。这一层的关键是追求标准化，全球一网、互联互通。互联网，继粮食、水以及电之后，成为各国发展的必备基础设施和先决条件。这一层里，需要各国做出集体让渡，开放共享，强势方更要向弱势方主动让渡，发达国家把成果向发展中国家输出，以填平数字鸿沟。2005年信息社会世界峰会上，成立了全球数字团结基金，致力于弥补全球数字鸿沟，就属于这个范畴。

中层：应用层，包含了互联网平台在现实中的广泛应用。互联网载体融入了人类在科技、文化、经济、贸易及日常等方面的各种活动。新的世纪，技术的崛起延续了工业时代的势头，现实空间和网络空间，呈现出多姿多彩的面貌：大英百科全书相对于维基百科，新华书店相对于亚马逊，中国移动相对于Skype，中国工商银行相对于余额宝，希尔顿酒店相对于民宿Airbnb，百货大楼相对于阿里巴巴，传统的出租车相对于滴滴优步。后者都具有一个相同的特点，建立在网络或移动应用平台之上，更容易跨越主权国家的范畴。在ICANN所管辖的域名体系中，各国都认可".cn"（中国）、".de"（德国）、".ru"（俄罗斯）、".jp"（日本）等国家代码顶级域的主权属性。同时，顶级域名的注册已经向省份和城市开放，".Helsinki"（赫尔辛基）、".London"（伦敦）、".NYC"（纽约）等城市名称也都成为顶级域名，获得跟".fi"（芬兰）、".uk"（英国）、".us"（美国）等国家级域名同样的待遇。它们都属于各国行政区划内的城市，完整携带主权属性。网络主权在这一层次的影响应该因地制宜，合理让渡，支持多边与多方共治，实现自由与秩序平衡。既不允许滥用互联网的联通性来挑战主权国家的核心利益，也不能以传统主权的排他性动摇全球一网的基础平台。让渡与排他的比重具有弹性，因其网络主权能否得到国际规则的尊重而互动。

顶层：核心层，包含政权、法律、政治安全和意识形态，涉及执政根基，是一个国家的核心利益，具有不可侵犯的排他性，不容挑战。顶层重在体现政府的主导作用，"互联网的公共政策制定权是一国的主权，每个国家对境内信息基础设施承载的信息拥有天然的管辖权"，这是联合国专家组已经达成的共识。尊重各国自主选择网络发展道路和网络治理模式，是让各国政府承担国家责任、开展国际合作的基本前提。因各国的国情、宗教、文化背景差异，分歧是客观存在的。文化的多样性是人类的生存常态，不能用一种文化强行格式化这个世界的所有文化，需要尊重差异，包容多样。

网络主权的对立统一

综合这三个分层，可以进一步理清多边与多方的分歧。两种模式其实并不冲突，而是在网络空间的不同区域、不同层级有不同的适用性。涉及意识形态、政策、法律、制度和政权安全问题肯定要充分发挥国家政府的主导作用，充分体现多边治理的优势。

基于这个理论，针对网络主权的三大质疑可迎刃而解、不言则喻：

第一，关于网络主权违背互联网精神的质疑，其实是国家与国际之间的对立统一。坚持网络主权绝不排斥互联网精神。“同一个世界，同一个网络”，不容置疑。承认“网络主权”是基础，是为了各国能够平等参与互联网的全球治理，不仅实现互联互通，而且还要共享共治。

第二，关于网络主权与网络自由的分歧，其实是国家与国民之间的对立统一。以防火墙为例，面对网络空间日益恶化的安全态势、“颜色革命”的严峻挑战、上游强势资本的冲刷，网络对抗能力还不够强大的发展中国家，不能对政权和国家的安危无动于衷。就像让一个整日面对恐怖袭击威胁的国家，放下反恐的戒备，解散反恐的武装也不可能。我们反对网络强国动用国力支持穿越他国防火墙的行为。但是随着安全的好转，互信的加深，民主的成熟和技术的发展，也会更加精准、高效地封堵有害信息，将防火墙收窄。顶层所覆盖的范围实际上是面积很小的，过度扩大顶层区域的面积，不利于各方在网络主权上达成共识，这也是中国一直在努力研究、不断改进的内容。

第三，关于多边与多方对立的疑虑，其实是国家、国际、国民三者之间的对立统一。提倡网络主权并非要取代多利益攸关方治理模式。各国政府也是多利益攸关方的一员，既要发挥政府在多方中的作用，同时也应当尊重、鼓励企业、社群、专家、智库发挥专业技术优势，参与治理。但要防止以多利益攸关方排斥政府的参与和关键问题的主导。在核心层和应用层，涉及意识形态、政策、法律、制度和金融安全问题，必然要充分发挥国家政府的主导作用，充分体现多边治理的优势。美国和欧洲发布《欧美隐私盾协议》，最终取代了此前由于斯诺登泄密事件而废止的《安全港协议》。新协议较为妥善地协调了国民、国家，以及国际社会之间的关系。由于欧盟是跨大西洋数据流通中相对弱势的一方，新的框架协议明确规定美国安全部门不可以大规模、毫无鉴别地搜集欧洲用户的信息。欧洲公民在自身隐私受到侵害的时候，既可以向本国政府部门申诉，也可以越过本国政府直接向美国公司申诉。新协议从实质上体现了网络空间的主权含义，也是政府主导下维护网络主权的法律实践，值得研究借鉴。政府在国际和国内重大事件当中是举足轻重的定盘星，这是不争的事实。关键时刻，政府该出手时就出手，当放则放，当管必管，不容回避，也必须担当。

网络主权植根于现代国际法，是国家权利和责任的综合体现。任何一个负责任、有良知的国家政府都不会漠视新空间的发展与安全，也不应排斥、阻挠其他国家的主权申张和全球共治的合理诉求。尊重“网络主权”是开展国际合作的前提，也是构建良好秩序的基础。网络时代和全球化背景下的“网络主权观”，需要突破实体空间的局限和二元对立的误区，站在网络空间命运共同体的维度，以俯瞰全景的视角，科学把握排他性与让渡性的对立统一。中国坚持网络主权，也在合理让渡主权，中国重视国家安全，也在推进国际合作与开放发展，让政府和多利益攸关方在网络空间的不同层面发挥相应主导作用。

如果说构建人类命运共同体是网络空间的世界观，那么多维思考的三视角理论应当视为网络空间破解难题的方法论。一个全新的世界观，必然呼唤与之相称的的方法论，从而找到人类到达理想境界的桥和船。

网络空间人类命运共同体

中国不仅提出网络主权论，还提出了人类网络空间命运共同体观点。二者结合，才是中国有关网络公域的全面主张。

事实上，经过连续四年世界互联网乌镇峰会，中国最终明确交代清楚了网络空间命运共同体与网络主权之间的关系。网络空间命运共同体是世界观和理想，是个一级概念、人文概念、经济概念；网络主权是个二级概念、安全概念。网络空间命运共同体是最高的、首要的、总体的概念，也是个理想主义概念，是全球互联网治理的逻辑起点，体现了对共识、理想、价值、新文明的追求。网络空间命运共同体同时是个经济概念，追求创新和发展，跟中国的全球经济战略密切配合、呼应。

网络空间给人类带来巨大机遇，同时也带来不少新的课题和挑战。各国在网络空间互联互通，利益交融，休戚与共。国际社会应携起手来，加强对话交流，共同维护网络空间和平、稳定与繁荣，共同构建网络空间命运共同体。

中国主张：文明平等

网络空间前所未有地为人类文明提供了碰撞、交汇、融合的可能。无论是传统还是现代，本土或是外来，相近或是矛盾，高雅或是通俗，都共居于网络文化的大通道、大平台中。当然也不可避免地在事实上加剧文明的冲突。倘若是同质文化便谈不上冲突，倘若从不交流也谈不上冲突，只有当异质文化之间相互接触时才会伴随着这样或那样的化学反应。而这正是网络的独特意义，是文化演进的内在逻辑，也是技术进步推动人类社会发展、意识提升的镇痛阶段。

2014 年 3 月 27 日，在联合国教科文组织巴黎总部的讲话中，中国最高领导人习近平在全球场合阐述了自身对文明、文化，以及宗教的基本观点，较早阐释了人类命运共同体的人文诉求。文明多样性和平等论是这次讲话的核心内容。借助 70、80 年代末期奠定的开放环境，数字经济在中国繁荣发展，创新、创意层出不穷，中国成为名副其实的数字经济大国、强国。就文明多样性来说，“文明是多彩的，人类文明因多样才有交流互鉴的价值。”“世界上有 200 多个国家和地区，2500 多个民族和多种宗教。如果只有一种生活方式，只有一种语言，只有一种音乐，只有一种服饰，那是不可想象的。”就文明平等论来说，“文明是平等的，人类文明因平等才有交流互鉴的前提。”“文明交流互鉴不应该以独尊某一种文明或者贬损某一种文明为前提。”“要了解各种文明的真谛，必须秉持平等、谦虚的态度。如果居高临下对待一种文明，不仅不能参透这种文明的奥妙，而且会与之格格不入。历史和现实都表明，傲慢和偏见是文明交流互鉴的最大障碍。”在贯彻多样性和平等论的基础上，各个文明构成了命运共同体："当今世界，人类生活在不同文化、种族、肤色、宗教和不同社会制度所组成的世界里，各国人民形成了你中有我、我中有你的命运共同体。"

习近平提出的命运共同体思想跟联合国教科文组织（UNESCO）的理念不谋而合。21世纪初，UNESCO通过《世界文化多样性宣言》，认为"尊重文化多样性、宽容、对话及合作是国际和平与安全的最佳保障之一"，希望"在承认文化多样性、认识到人类是一个统一的整体和发展文化间交流的基础上，开展更广泛的团结互助"。UNESCO希望利用新的信息传播技术促进文明间的对话合作。"新的信息传播技术迅速发展，推动了全球化过程，既对文化多样性是一种挑战，但也为各种文化和文明之间进行新的对话创造了条件。"在《保护和促进文化表现形式多样性公约》序言第19条，UNESCO表示："信息传播技术飞速发展所推动的全球化进程为加强各种文化互动创造了前所未有的条件。"

乌镇峰会：四项原则、五点主张

世界互联网大会首创于2014年11月，是中国目前举办的规模最大、层次最高的互联网大会，也是世界互联网领域的高峰会议。大会选择了坐落在浙江省桐乡县风景别致、古香古色的东方水城——乌镇，作为永久会址，目标是将其打造成为互联网界的"达沃斯论坛"。首届大会以"互联互通共享共治"为主题，搭建连接中国与世界的国际平台，让世界各国在沟通中求共识，在共识中谋合作，在合作中创共赢，在共赢中求大同。四年以来，乌镇峰会的成功举办成为了中国看世界、世界看中国的新窗口，受到了国内外越来越广泛的关注，每次大会的主旨发言和主题成果更是成为了引领网络大潮的风向标。

2015年12月16日，在第二届世界互联网大会乌镇峰会上，习近平主席提出了构建网络空间命运共同体的理念，表示"网络不应为各国角力战场"，"网络空间是人类共同的活动空间，网络空间前途命运应由世界各国共同掌握。各国应该加强沟通、扩大共识、深化合作，共同构建网络空间命运共同体。"提出了全球互联网发展治理的"四项原则""五点主张"，得到国际社会积极响应。

【四项原则】

当前，互联网领域发展不平衡、规则不健全、秩序不合理等问题日益凸显。国际社会应该在相互尊重、相互信任的基础上，加强对话合作，推动互联网全球治理体系变革，共同构建和平、安全、开放、合作的网络空间，建立多边、民主、透明的全球互联网治理体系。我们应该坚持尊重网络主权，尊重各国自主选择网络发展道路、网络管理模式、互联网公共政策和平等参与国际网络空间治理的权利。我们应该坚持维护和平安全，网络空间不应成为各国角力的战场，更不能成为违法犯罪的温床，维护网络安全不应有双重标准。我们应该坚持促进开放合作，创造更多利益契合点、合作增长点、共赢新亮点，推动彼此在网络空间优势互补、共同发展，让更多国家和人民搭乘信息时代的快车、共享互联网发展成果。我们应该坚持构建良好秩序，依法治网、依法办网、依法上网，同时要加强网络伦理、网络文明建设，发挥道德教化引导作用。

【五点主张】

第一，加快全球网络基础设施建设，促进互联互通，让更多发展中国家和人民共享互联网带来的发展机遇。第二，打造网上文化交流共享平台，促进交流互鉴，推动世界优秀文化交流互鉴，推动各国人民情感交流、心灵沟通。第三，推动网络经济创新发展，促进共同繁荣，促进世界范围内投资和贸易发展，推动全球数字经济发展。第四，保障网络安全，促进有序发展，推动制定各方普遍接受的网络空间国际规则，共同维护网络空间和平安全。第五，构建互联网治理体系，促进公平正义，应该坚持多边参与、多方参与，更加平衡地反映大多数国家意愿和利益。

在 2016 年乌镇召开的第三届世界互联网大会上，习近平主席的致辞再次强调要推动网络空间实现“平等尊重、创新发展、开放共享、安全有序”的四项目标，更明确坚持以人类共同福祉为根本的理念，为构建网络空间命运共同体提供了导航仪，指明了新方向。这一提法标志着国际网络空间治理新格局正在加速形成。“网络空间命运共同体”蕴含着当今互联网时代人类利益攸关、命运相通特征的倡议和方案，充盈着对人类共同命运与人类福祉的深切关怀，彰显了中国方案的智慧与担当。

2017 年 3 月 1 日，中国外交部、国家互联网信息办公室联合发布《网络空间国际合作战略》诠释了网络空间的重要性和复杂性，包容了理性主义和现实主义两种关于网络空间的价值观，兼顾了多边和多方两大全球互联网治理理念，阐释了中国政府在网络安全和数字经济两个领域的国际合作战略，传递着携手共建网络空间命运共同体的最强音。中国已经把建立网络空间人类命运共同体落实到实际工作中。

构建人类命运共同体的实践

互联网是一个由互联网企业、使用者、政府乃至国际组织等多元主体构成的虚拟空间，互联网治理也应是由所有利益相关方共同参与的治理过程。习近平总书记强调发挥政府、国际组织、互联网企业、技术社群、民间机构、公民个人等的作用，既体现了全球互联网治理的属性要求，也是执政党治理互联网的基本原则。网络空间的战略稳定必须有多边、多方不同层面的交流机制，“多边”和“多方”分别在网络空间的不同层面发挥着不同的主导作用。在目前已有的代表官方、民间不同层面对话机制上，还应建立跨体制、跨文化、多元互动的交流平台、对话机制，让官方和民间的声音可以交互，让不同国家观点可以碰撞。

【观潮论坛】

观潮论坛由国家创新与发展战略研究会、中国国际战略学会、360 企业安全集团共同发起，关注互联网治理、网络安全、网络空间规范、跨境数据流通、知识产权和隐私保护等众多领域。观潮论坛致力于打造我国网络空间领域重要战略智库，中、美、俄、欧等国家、地区顶级专家学者，以及企业领袖、政府要员及退役军方将领与会，围绕全球网络空间治理和国际规则制定等问题展开战略对话，进行思想碰撞。

2016 年 8 月，观潮论坛在北京成立。论坛主席郝叶力提出“三视角下网络主权的对立统一”理论得到了国际社会的广泛认同，让国际社会听懂并开始认同“中国声音”。俄罗斯安全互联网联盟总干事丹尼斯·大卫多夫表示，“三视角”的理论框架如同金字塔模型，后续可按照该框架进一步深化。美国前陆军少将约翰·戴维斯不仅高度认同，还在其官网上亲笔撰文，对“三视角”做进一步的解读。他认为，“三视角”理论有助于更全面地认识和了解网络主权，可以作为研究网络空间国际规则的基础。

2017年9月12日，第二届观潮网络空间论坛在国家会议中心召开。以“全球威胁、全球共治”为主题，直面问题、求同存异，探讨网络空间国际合作、共享共治的原则、方法与路径。郝叶力表示，“构建的观潮论坛，就是要让网络空间的不同国家、不同行为体，能以多维视角研究问题，多种声音相互启迪；让政府、军队、企业、智库都能参与其中，发挥不同层面的作用，形成合力；还要针对当前网络空间全球治理中不容回避的问题，针对这些痛点、难点、焦点，一起探讨解决之道。在网络安全领域，不断促进中国和国际社会的互动，让世界倾听中国声音、认同中国理念、进一步读懂中国，为全球网络空间治理提供全新视角。”

美国前海军四星上将、第六舰队司令官、参谋长联席会议副主席威廉·欧文斯，美国前陆军少将、国防部高级军事顾问约翰·戴维斯，微软副总裁陈实等均参与其中。勒索病毒的爆发、第五届联合国信息安全政府专家组谈判无果等重要网络安全事件，都迫使着全球和区域层面进行更广泛的沟通协作。第二届观潮论坛围绕上述热点问题展开热议。

观潮论坛也是乌镇峰会大潮之下的一朵浪花。它从多元视角为“世界读懂中国，也让中国读懂世界”开创了更加开放、包容的沟通平台。

总之，习主席提出人类命运共同体的思想，不是海市蜃楼，在网络时代，已然具备“人类命运共同体”的技术基础和“地缘”条件。技术基础不必再述，地缘就是人类在网络公域中“你中有我”、“我中有你”的共生关系。互联网将时空高度压缩，把地球变为“网球”，世界越来越小，人与人、国与国之间近乎零距离。同为地球村，同在屋檐下，即使存在分歧，也不能靠拳头解决问题。传统的地缘关系因网络的特性而被打破，地缘政治的根基动摇，国际关系体系必然改变。空间的零距离导致任何攻击都会伤害自己，殃及世界，没有赢家。既然现代战场时空已经改变，那么传统的安全观、战争观也必须改变。合则两利，斗则两伤，“合”是核心，合作是主旨，传统地缘政治讲零和，网络空间讲融合，最起码也是竞合，这就是命运共同体。

图书在版编目（CIP）数据

网络时代的中国 / 吕本富，郝叶力编著．—北京：
外文出版社，2018
（读懂中国）
ISBN 978-7-119-11439-2

Ⅰ．①网… Ⅱ．①吕… ②郝… Ⅲ．①互联网络—产
业发展—研究—中国 Ⅳ．①F426.67

中国版本图书馆 CIP 数据核字（2018）第 051643 号

本丛书列入国家社会科学基金重大委托项目和
《“十三五”国家重点图书、音像、电子出版物出版规划》项目

出版策划：国家创新与发展战略研究会
出版指导：陆彩荣 徐 步
出版统筹：胡开敏 于 瑛 曾惠杰

责任编辑：蔡 箐
装帧设计：柏拉图创意机构
印刷监制：冯 浩 秦 蒙

网络时代的中国

吕本富 郝叶力 编著

© 外文出版社有限责任公司
出 版 人：徐 步
出版发行：外文出版社有限责任公司
地 址：中国北京西城区百万庄大街 24 号 邮政编码：100037
网 址：http://www.flp.com.cn 电子邮箱：flp@cipg.org.cn
电 话：008610-68320579（总编室） 008610-68996177（编辑部）
008610-68995852（发行部） 008610-68996183（投稿电话）
制 版：北京杰瑞腾达科技发展有限公司
印 刷：北京盛通印刷股份有限公司
经 销：新华书店 / 外文书店
开 本：700mm × 1000mm 1/16 印 张：22 字 数：220 千字
版 次：2019 年 3 月第 1 版第 3 次印刷
书 号：ISBN 978-7-119-11439-2
定 价：55.00 元

版权所有 侵权必究 如有印装问题本社负责调换（电话：68995960）